国家自然科学基金青年项目:
分布决策环境下基于层次任务网络的应急资源规划方法
(项目批准号71501151)

教育部人文社会科学研究青年基金:
城镇防汛应急物资公私协同储备与调度研究
(项目批准号20YJC630154)

武汉理工大学研究生教材专著资助建设项目

公共安全与应急管理：
规划与调度

Public Safety
and Emergency
Management:
Planning & Scheduling

王 喆　李墨潇◎著

人民出版社

目　　录

第一章　绪　论 ……………………………………………………… 1

    第一节　公共安全与应急管理发展形势 ……………………… 1

    第二节　突发事件相关概念界定 ……………………………… 8

    第三节　应急管理理论研究进展 ……………………………… 13

第二章　应急行动方案制定决策 ………………………………… 28

    第一节　应急行动方案制定基本概念 ………………………… 28

    第二节　应急决策过程 ………………………………………… 31

    第三节　描述性应急行动方案决策 …………………………… 35

    第四节　规定性应急行动方案决策 …………………………… 39

第三章　应急情景构建与推演 …………………………………… 49

    第一节　应急情景构建基本概念 ……………………………… 49

    第二节　情景构建 ……………………………………………… 50

    第三节　情景推演 ……………………………………………… 60

第四章　应急任务规划理论与应用 ……………………………… 74

    第一节　智能规划的基本原理 ………………………………… 74

    第二节　HTN 规划的基本原理与应用 ……………………… 76

    第三节　分布式规划基本原理与应用 ………………………… 84

第五章 基于 HTN 规划的多 Agent 应急行动方案决策模型 ·········· 93

　第一节　基于 HTN 规划的多 Agent 决策框架概况 ·········· 93

　第二节　多 Agent 应急行动方案决策模型描述 ·········· 95

　第三节　多 Agent 应急行动方案决策算法 ·········· 98

　第四节　案例分析 ·········· 109

第六章 基于 HTN 规划的应急协商模型与方法 ·········· 116

　第一节　面向应急协商的 HTN 规划理论基础 ·········· 116

　第二节　基于 GoCo 的多部门协商模型 ·········· 127

　第三节　应急任务规划的多部门协商算法 ·········· 133

第七章 应急物资公私协同储备模型与算法 ·········· 140

　第一节　应急物资公私协同储备基本概念 ·········· 140

　第二节　应急物资分类及需求 ·········· 143

　第三节　城镇多层级应急物资储备库及出救规则 ·········· 145

　第四节　城镇应急物资公私协同储备模式 ·········· 149

　第五节　城镇应急物资公私协同储备策略 ·········· 158

　第六节　城镇应急物资多层级公私协同储备模型与算法 ·········· 165

　第七节　算例分析 ·········· 175

第八章 应急救援队伍多任务指派模型与算法 ·········· 188

　第一节　地震应急医疗救援基础研究 ·········· 188

　第二节　地震应急医疗救援队伍指派决策 ·········· 195

　第三节　地震应急医疗救援队伍多任务指派模型 ·········· 205

　第四节　九寨沟地震案例分析 ·········· 217

第九章 应急物流定位选址模型与算法 ·········· 229

　第一节　应急物流基本概念 ·········· 229

第二节　应急物流选址中的受灾点影响 …………………………… 240

第三节　基于 TOPSIS 的救援需求紧迫程度模型 …………………… 245

第四节　灾民心理变化对应急物流选址的影响 …………………… 247

参考文献 ……………………………………………………………… 263

后　记 ………………………………………………………………… 277

第一章　绪　论

第一节　公共安全与应急管理发展形势

改革开放以来,我国经历了40多年的经济高速成长,工业化和信息化进程尚在深化,城镇化和智能化进程又不断加速,区域发展不平衡和社会竞争加剧,以及社会转型期的利益矛盾错综复杂,使得国家公共安全面临新问题和新挑战。现代人类文明社会是人与自然和谐共生的开放式复杂巨系统,同时呈现出复杂巨系统的脆弱性特征。随着社会发展,威胁公共安全的众多突发事件不断出现,而且日益复杂。面对突发事件,合理的风险管控与应急处置,不仅考验着政府的执政能力和应变能力,检验着人类的智慧和社会的韧性,甚至还潜移默化地影响着人类的未来。因此,公共安全与应急管理作为国家安全的主要组成部分,正在发生深刻的变革,其中蕴含着许多亟须解决的重要问题。

公共安全是指人民群众和人类社会维持生活、生产等日常活动正常运行所需的稳定可持续发展的环境和秩序。公共安全内涵广泛,侧重于分析安全问题的公共属性,包括社会安全、经济安全、生产安全、生活安全、食品安全、交通安全、信息安全、生态安全和技术安全等。公共安全治理需要全社会共同参与,是为人民服务,以人民利益至上的公益性事业。公共安全保障作为国家重大需求,不仅考验政府的执政能力与应变能力,也检验着社会的安全韧性。

应急管理作为公共安全保障的基础条件和核心问题,是针对突发事件提出的。按照 2006 年国务院发布的《国家突发公共事件总体应急预案》和 2007 年全国人民代表大会常务委员会通过的《中华人民共和国突发事件应对法》规定,突发事件是突发的,造成或可能造成严重社会危害,需要采取应急处置措施干预的事件;包括自然灾害、事故灾难、公共卫生事件和社会安全事件 4 类。突发事件的预警级别按照威胁程度由高到低定级为 Ⅰ 级(特别重大)、Ⅱ 级(重大)、Ⅲ 级(较大)和 Ⅳ 级(一般)4 个级别,分别用红橙黄蓝表示。突发事件应急管理工作中,政府和其他公共机构需要组织应急保障力量,通过事前预防与灾害减除、事发防灾准备、事中应对与处置、事后恢复与重建等工作,保障人民群众生命财产安全,维护社会和谐和可持续发展。

传统安全议题主要关注国际关系中政治、军事、外交、地缘等方面的安全威胁。第二次世界大战以来,伴随着冷战结束,人类社会进入了以"和平与发展"为主题的平稳发展期,世界各国均关注内部的社会与经济发展,国际秩序相对稳定,经济全球化和国际分工给部分发展中国家提供了发展机遇。世界各国转而关注非传统安全问题,呈现出"从应战到应急"的趋势。非传统安全观扩展了国家安全内涵,关注非政治与军事的关乎人类生存和社会可持续发展的全球性挑战问题,包括"恐怖主义、大规模杀伤性武器扩散、金融危机、严重自然灾害、气候变化、能源资源安全、粮食安全、公共卫生安全等"。世界各国纷纷将本国先进科技投入非传统安全威胁应对领域,将重大突发事件应急响应中的表现作为衡量科技实力成熟度和领先程度的重要标准。而在对历次突发事件的应急处置及其反思中,应急管理学科也逐步走向成熟,形成了较为完整的知识体系。

2001 年 9 月 11 日,美国本土遭受严重的恐怖袭击,恐怖分子劫持民航客机撞向纽约世界贸易中心,造成 2996 人遇难。其后的反思中,美国学术界提出非常规突发事件应急管理与新国土安全观。非常规突发事件是指事先毫无征兆或征兆很少,以致超出人们的心理惯性和社会的常态秩序的事件。对外政策调整中,美国调整了中东战略,发动了阿富汗战争和伊拉克战争。对内政策调整中,为了统筹美国的公共安全保障力量,将新国土安全观付诸实践,2003 年美国组建了国土安全部(Department of Homeland Security,DHS),将原应急事务管理总署(Federal Emergency Management Agency,FEMA)降编于国土安全部辖下,并纳入原先属于其他部门的边境与出入境事务、基础建设安全、核生化防护等相关业务,这是美国联邦政府半个世纪以来最大的机构变动。

2002 年 12 月至 2003 年 7 月,"非典"(严重急性呼吸综合征,SARS)引发疫情,影响了我国和多个国家、地区,造成临床诊断病例 8422 例,死亡 919 例。其后的反思中,我国学术界提出了以"一案三制"为基础的突发事件分类分级应急管理体系,并关注非常规突发事件研究。一案三制,即以应急预案体系为基础,建设突发事件应急管理的体制、机制和法制。2005 年,国务院办公厅设立国务院应急管理办公室,统筹履行国务院值守应急、信息汇总和综合协调职责。同时,我国加强建设国家基本应急保障力量,相继出台了国家总体预案和突发事件应对法规。

2004 年 12 月 26 日,苏门答腊岛西印度洋发生里氏 9.3 级大地震,引发印度洋大海啸,部分地区海啸高达 30 米,造成超过 29.2 万人罹难,当中三分之一是儿童。印度洋大海啸应急救援中国际协作作用显著。12 月 31 日,中国国际救援队伍抵达印度尼西亚棉兰机场进行救灾,成为第一个赴印度尼西亚的国际救援队。在其后的救援过程中,国际救援合作起到了关键作用。

2005 年美国卡特里娜飓风引发路易斯安那州新奥尔良市水灾,造成 1833 人遇难,救灾指挥权一度由海岸巡防署接管。事后,美国政府反思"重反恐、轻救灾"的情况,重新扩充应急事务管理总署(FEMA)的人员和经费,将其提升至准部级部门。进一步发展专业化救灾力量,循序"一事一法"和"一阶段一法"的原则,强化政府与专业救灾企业、研究机构等非政府组织的合作与联系。

2008 年 1 月开始,我国华南发生大范围冰雪、低温、冰冻灾害,造成铁路交通系统中断和公路交通系统大规模堵塞。针对该事件暴露出来的问题,学术界关注到公共安全脆弱性评估和应急管理能力建设。在完善自然灾害应急预案的基础上,加强基础设施建设以解决"信息孤岛"问题,健全交通系统、电力系统、通信系统等应急管理部门的应急联动机制,防范和化解应急处置中的薄弱环节和"木桶效应"。

2008 年 5 月 12 日,四川省汶川县发生里氏 8.0 级大地震,造成 69227 人罹难,374643 人受伤,17923 人失踪,是我国自唐山大地震以来伤亡最惨重的地震灾害。自 2009 年起,国家将 5 月 12 日定为全国防灾减灾日,开展防灾减灾宣传教育活动,积极推动广大学校开展形式多样的应急演练活动。在巨灾后的反思中,各地政府均加强应急保障力量建设,构建统一领导、综合协调、分类管理、分级负责、属地管理的应急管理体系。政府各职能部门也逐步明确了其应急职责,逐步形成纵向到底、横向到边的突发事件应急保障组织体系。同时,各地都加大了应急管理信息化平台建设力度,应急预案体系逐步健全,应急案例库、应急专家知识库和应急调度系统建设力度取得进步。

一方有难,八方支援,汶川地震应急救援同样也是一次大规模的社会动员,广大民众、企业和民间组织参与赈灾活动,体现了中华民族的凝聚力。随后,救灾志愿者组织不断发展壮大。很多企业深刻体会到赈灾等社会公益事业的意义,从而热心支持慈善事业,体现企业的社会责任。一些优秀的企业借助赈灾活动带来良好的声誉脱颖而出,受到广大民众的认可。民间组织参与救灾活动的方式逐步规范化。网络通信和社交媒体开始在突发事件应急救援活动中发挥越来越广泛的作用。这些现象在后来的突发事件应急救援中起到了良好的作用。

2008 年的三聚氰胺事件严重打击了中国奶制品行业的信誉,长期困扰奶制品行业的健康发展。民以食为天,食品安全事件如果不能有效应对,将引发整个行业乃至社会的信任危机。事后,我国出台了食品安全管理法规,并根据实践经验不断修订这些法规。除了加强食品药品安全监管,也强调食品安全的社会治理,强化疾控部门的职责。

美国"9·11"事件后的十年是国际反恐合作局势逐步形成的时期,诸如 2004 年马德里"3·11"爆炸案、2004 年别斯兰人质事件、2005 年伦敦七七爆炸案、2006 年"7·11"孟买连环爆炸案等有组织恐怖主义袭击严重威胁民众安全。世界各国均加强了出入境管控,提高了基础设施和重点防护目标的安保级别。天眼系统等大型安防系统不断完善。

2011 年 3 月 11 日,日本本州岛东部海域发生里氏 9.0 级地震,并引发海啸。事后,学术界关注灾害群和灾害链的研究,对灾害演化机理及其控制措施有了更深刻的认识。学者们以此为案例分析重要生产基地的选址,不仅需要考虑生产要素的集聚程度,还需要考虑对各类突发事件的防御能力和韧性。

2011 年的甬温动车追尾事故再次给安全生产敲响了警钟。伴随着工业化进程的深入,我国的基础设施实现了跨越式发展,大量高新技术应用于基础建设领域。在高新技术选型与应用的关键阶段,既要关注硬件安全问题和软件安全问题,也要关注人员素质和安全管理。随着我国经济快速发展,安全生产责任重大,交通事故、危险化学品事故、工矿商贸事故所造成的生命财产损失位居安全生产责任事故前列。例如 2010 年 3 月 28 日山西王家岭煤矿透水事故、2011 年 11 月 16 日甘肃正宁幼儿园校车事故。

2014 年 12 月 31 日,上海外滩踩踏事件暴露了城市密集人群安全管理和大型活动安全管理中存在的问题。2015 年的东方之星客船倾覆事件暴露了内河航运风险认知与船员职业培训中存在的问题。2015 年的天津滨海新区爆炸事故暴露了危化品运输管理中存在的问题。这些事件都表明在经济社会高速发展的时期会不断出现新的安全问题,而整个社会需要在发展中正视和解决这些问题。

美国 9·11 事件后的第二个十年里,国际反恐形势出现变化,出现了诸如 2016 年美国奥兰多枪击事件、2016 年法国尼斯恐怖袭击事件、2017 年美国拉斯维加斯枪击事件等独狼式恐怖袭击,隐蔽性和威胁性更强,表明国际反恐局势错综复杂,国际合作任重道远。

近几年来,危化品重特大事故有上升趋势,需要警惕和加强安全管理,典型突发事件是 2019 年江苏盐城天家宜化工厂爆炸和 2021 年十堰"6·13"燃气爆炸事故。城市森林交界域火灾是另一个需要警惕的安全问题,典型突发事件是四川省凉山州木里县的森林火灾。

2020 年新型冠状病毒引发疫情,对社会发展造成了前所未有的冲击和挑战。新冠疫情不仅考验公共卫生与应急管理体系,还检验经济社会发展的韧性和质量。

纵观第二次世界大战以来的公共安全发展趋势,人类社会正是在突发事件的一次次冲击和破坏中恢复,不断反思与总结,建立健全公共安全体系。结合世界政治、经济、人文、自然、生态等多种因素,我国当前的公共安全态势表现出以下特征。

一是突发事件数量大、种类繁多。我国幅员辽阔,处于欧亚板块、太平洋板块、印度洋板块的交汇地带,涵盖热带、亚热带、暖温带、中温带、寒温带和高原气候区六个气候带,呈明显的阶梯形地形。基于国土特征,我国国土可划分为海洋灾害带、东南沿海灾害带、东部灾害带、中部灾害带、西北灾害带和青藏高原灾害带六个灾害带;自然灾害频发,种类繁多,演化复杂。我国已基本实现工业化,连续 12 年位居世界最大的制造业国家,拥有完整的工业体系与工业门类,随之而来的是安全生产责任重大、形势严峻,稍一放松,安全生产事故就会反弹。而工业生产所带来的环境污染使得环境治理同样形势严峻。

二是公共安全形势复杂性增加,危险源增多,风险防控难度加大。截至 2020 年,我国城镇化率已达 63.89%,拥有主城区常住人口超 1000 万的城市 6 个,超 500 万的城市 10 个,超 100 万的城市 77 个。人口聚集使得城市综合体安全韧性管理形势复杂,交通事故、危险化学品事故、工矿商贸事故等生产事故危险性增加,城市生命线工程老化问题值得警惕。自然灾害、传染病疫情等突发事件冲击城市社会,更易出现灾害群集、灾害群发现象。超高人员密度和超强人员流动性使得公共卫生安全形势更为复杂。而国际反恐形势也使得社会安全事件的治理复杂性增加。

三是重大突发事件冲击的范围"由点击线,由线击面",损失通常更为严重。改革开放以来,我国的基础设施建设得到了飞跃式发展,目前我国的公路网络519.8万公里,铁路网络14.6万公里,天然气和原油管道11.5万公里,特高压输电线路4.8万公里,有力地支撑了我国国际国内双循环的新发展格局。但是,如果没有建立有效的预警措施和处置手段,突发事件的波及范围也更容易通过道路、隧道、桥梁等基础设施快速蔓延。如2021年7月20日,郑州地铁5号线事件,由五龙口停车场严重内涝开始,积水冲垮挡水墙,快速蔓延至整条线路,造成重大损失。

四是突发事件信息传播速度快,国际国内舆论相互影响。2020年,我国网民规模已达9.89亿人,互联网普及率为70.4%。移动互联网用户数为16亿,5G网用户数为1.6亿。突发事件信息具有话题性强,传播主体多元,交互性强,自媒体关注度高等特征,通常能够成为互联网追逐的热点议题。而在中美贸易争端的大背景下,在新冠疫情的冲击下,世界经济不确定因素增加。国际国内网络争议性和煽动性议题呈现上升趋势,网络攻击事件增加,网络安全形势严峻。

针对公共安全面临的挑战,国家建立统一指挥,专常兼备、反应灵敏、上下联动的应急管理体制,实行综合协调、分类管理、分级负责、属地管理为主的工作方针。新时代复杂多变的公共安全形势对应急管理体系建设提出了更高更严的要求,应急管理工作正在发生深刻的转变。一是从各部门单项突发事件应急管理转变为综合的全灾种应急管理;强调多部门应急联动机制及其全社会参与途径的设计,从而打破条块分割的固有思维模式。二是从重视事中应急处置转变为重视事前的灾害预防与准备,强调突发事件全生命周期管控。三是在改革和发展的进程中,解决应急响应"上面千条线,下面一根针"的问题、应急执法能力与依据不足的问题、安全意识淡薄的问题、自然灾害防御体系和安全生产管理体系的信息壁垒问题等关键问题和新挑战。四是在对突发事件的反思中实现经济社会的可持续发展。

第二节 突发事件相关概念界定

一、突发事件概念界定

突发事件的概念早期是通过英文词汇的含义翻译而来。《牛津英语词典》的"突发事件"（Emergency）词条为：一个严重的、意外的、通常是危险的和要求立即采取行动的情况。而《中华人民共和国突发事件应对法》根据突发事件发生的原因、机理、过程、性质和危害对象，将突发事件分为自然灾害、事故灾难、公共卫生事件、社会安全事件四类。自然灾害是自然能量意外释放引发的威胁人民生命财产安全的突发事件，主要包括水旱灾害、气象灾害、地震灾害、地质灾害、海洋灾害、生物灾害和森林草原灾害等。事故灾难是由于人们生产生活引发的、违反人们意志的造成意外损失的事件，主要包括交通事故、危化品事故、工矿商贸等企业的各类安全事故、公共设施和设备事故、核与辐射事故、环境污染和生态破坏事件等。公共卫生事件是影响公众健康的事件，主要包括传染病疫情、群体性不明原因疾病、食品安全和职业危害、动物疫情以及其他严重影响公众健康和生命安全的事件。社会安全事件主要由社会问题诱发，主要包括恐怖袭击事件、民族宗教事件、经济安全事件、涉外突发事件和群体性事件等。这四类突发事件往往是相互交叉和关联的，某类突发事件可能与其他类别的事件同时发生，或者引发次生、衍生事件。

突发事件分级方面，《中华人民共和国突发事件应对法》根据社会危害程度、影响范围等因素将突发事件分为特别重大、重大、较大和一般四级。相应的预警级别由高到低划分为特别重大（Ⅰ级）、重大（Ⅱ级）、较大（Ⅲ级）、一般（Ⅳ级）四个级别，并依次采用红色、橙色、黄色、蓝色加以表示。突发事件具有以下显著特征。

（1）突发性：突发事件发生的实际时间、地点、规模和危害难以预测。特别是非常规突发事件，往往事先毫无征兆或征兆很少，以致超出人们的心理惯性和社会的常态秩序。引发突然发性导致应急领域专家需要在资源稀缺、响应时间受限、信息高度缺失等决策条件不充分的环境下进行应急决策，对现有的决策方法提出了新的挑战。

（2）危害性：突发事件通常会给人民群众的生命财产带来严重损失，对国家社会的和谐发展带来严重危害。而且这种危害通常是社会性的，受害主体也通常是群众性的。如果这种危害在短时间内大范围蔓延，则可能滋生出更严重更广泛的危害。

（3）复杂性：突发事件的起因复杂，通常由政策、经济、社会等各种因素交织在一起。随着突发事件蔓延、演化和持续发酵，会导致"涟漪反应""连锁反应"和"裂变反应"。例如2011年3月日本大地震，由日本东北部地震引发海啸，影响到太平洋沿岸的大部分地区，并造成日本福岛第一核电站发生核泄漏事故。

（4）时效性：突发事件通常会迅速发展。某些非常规突发事件从预兆、萌芽、发生、发展、高潮，以至结束，周期非常短暂。很多突发事件一旦从量变到质变，其破坏能量会迅速释放，且快速蔓延；如不及时采取相应的应对措施，将会造成更大的人员伤亡和经济损失。

（5）不确定性：突发事件是小概率事件。其发生和发展机理模糊，演化规律不明，导致很难预测突发事件的发展趋势。而应急决策过程中出现的大量不确定信息加大了应急决策的难度。

（6）动态性：突发事件通常处在不断的演化之中。而且突发事件会不断地改变其所在环境，同时应急响应环境的恶化会导致突发事件危害的蔓延；如果处理不当，可能导致事态迅速扩大。因此，应急决策中也需要根据实际情况动态地监控应急态势，实时制定和执行应急行动方案。

可见,突发事件的概念强调突然和危险。英文中与 Emergency 比较接近的概念,还有事件(Incident)、事故(Accident)、危机(Crisis)、灾害(Disaster)和致灾因子(Hazard)等。事件强调严重的冲突。事故强调意外。危机包含"危险"与"机遇"两方面,主要指面临的严峻危险和困难,强调事件处于危险与机遇的转折点。根据联合国国际减灾战略(United Nations International Strategy for Disater Reduction,UNISDR)《减轻灾害风险术语》,灾害是指社区或社会功能被严重打乱,涉及广泛的人员、物资、经济或环境的损失和影响,且超出受到影响的社区或社会动用自身所具备的资源进行应对的能力。而致灾因子是指某种危险的现象、物质、人的活动或局面,它们可能导致对人员生命或健康的伤害、财产或生活的损失、社会经济的扰乱、环境破坏。可见,灾害强调事件的损失和影响,而致灾因子强调事件的各种风险隐患。值得注意的是,灾害是依据已经发生的一组突发事件而被认定,通常需要制定防灾减灾规划予以干预和控制。如果这组突发事件由自然因素导致,则是自然灾害;如果由技术因素导致,则是技术灾害。而技术灾害和人为灾害的区别,一般认为,技术灾害在肇事人的主观意愿上是想避免的,例如工业事故灾害和食品安全灾害;而人为灾害则是肇事人主观意愿难以判断,时常就是有意为之,如恐怖灾害和环境污染灾害。Natech 灾害是自然灾害、技术灾害的耦合,是由自然灾害触发的技术灾害。在研究论述时,简单起见,灾害的特性分析需要两起及其以上的具体的有共性的突发事件支撑。例如,某地区连续出现了两起以上的同类的交通事故,我们可以称该地区出现了一种交通技术灾害。

二、灾害系统三角形与公共安全三角形

从灾害学视角,突发事件是由自然或者人为的能量意外释放引起的,并认为灾害系统是由孕灾环境、承灾体和致灾因子三要素构成的。灾情则是一定时间和空间范围内,孕灾环境、承灾体和致灾因子三者共同作用所导致的生命和财产损失情况。而从信息科学的视角,灾害是致灾因子子系统与其外界环

境的交互过程中,物质、能量、信息的交互过程出现了异常状况。

中国工程院院士范维澄教授凝练公共安全发展规律,提出了公共安全科技的三角形框架,认为公共安全科技发展可以用三角形来表示,三边分别代表突发事件、承灾载体和应急管理。三个节点统称为灾害要素,一般而言包括物质、能量和信息。应急管理是指采取人为控制和干预的手段,预防或减少突发事件的发生及其造成的后果。

灾害系统三角形从灾害防御的视角,公共安全三角形从安全管理的视角,分别对突发事件相关概念进行了梳理,其对比图如图1.1所示,关键要素属性总结如表1.1所示。下面对承灾载体(承灾体)、孕灾环境等概念进行界定。

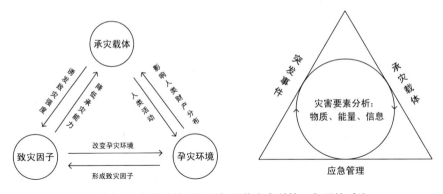

图1.1 灾害系统三角形与公共安全科技三角形的对比

表1.1 公共安全与应急管理的关键要素属性

关键要素	属性
突发事件	类型:自然灾害、事故灾难、公共卫生事件和社会安全事件等
	强度:描述了突发事件的等级
	时间:发生时间
	空间:受影响的空间范围
	传播形式:物质、能量、信息三种主要形式

续表

关键要素	属性
承灾载体 (承灾体)	影响范围:描述地理边界
	受影响人群:伤害程度、人数
	受损实体:实体名称、实体类型、位置、损坏程度
	受影响系统:系统类型(包括地理环境、生态系统、经济系统、信息网络、交通运输系统等)、破坏程度
孕灾环境	社会环境、政治环境、经济环境、人文环境、法律环境、生态环境、自然环境、安全文化与意识
应急管理	应急决策目标集合:目标名称、目标类型、目标制定部门、目标承担部门、目标级别、目标权重,以及目标之间的资源约束和时间约束等偏序关系集合
	应急资源集合:资源名称、资源类型、资源数量、资源规格、资源品种、资源位置描述和所属单位。应急资源类型包括应急劳动力资源、应急物资、应急科技与智力资源、应急信息资源、应急避难场所等
	应急领域知识,包括应急预案、应急案例、应急管理制度、标准操作程序、法律法规、会议记录和文书等
	事前预防阶段应急任务:环境脆弱性分析、防灾减灾规划、风险识别与排查。环境脆弱性分析包括:降低基础设施与建筑物的脆弱性、降低自然资源与环境的脆弱性、降低生命安全与健康的脆弱性、降低社区脆弱性。防灾减灾规划包括基础设施防灾规划、网络安全防灾规划、反恐怖袭击或人为破坏防灾规划、自然与文化防灾规划、环境保护与污染治理防灾规划、生命安全与健康防灾规划、社区减灾规划
	事发准备阶段应急任务:灾害监测预警、危险源控制及消除、建立应急管理体系、应急培训与演习。灾害监测预警包括突发事件监测预警、情报信息融合与综合预警。建立应急管理体系包括编制应急管理指导性文件、建立应急准备系统、建立沟通协调机制、建立完善应急规划体系。应急培训与演习包括:开发实施应急能力建设项目、应急队伍建设和应急培训、应急演练活动、应急能力评估及改进
	事中处置阶段应急任务:态势感知、目标识别、应急行动方案制定与执行、事态监视与评估。应急行动方案制定与执行包括搜索与救援、紧急医疗救护、公众疏散和就地避难、应急人员安全健康保护、紧急交通运输保障、应急资源调配与服务、遇难者管理、现场环境保护、现场危险因素应急处置。
	事后恢复阶段应急任务:灾损评估、重建管理、经验总结与运用。重建管理包括受灾人员援助与关怀、基础设施和建筑物重建、环境与自然资源重建、经济社会重建

承灾载体或者承灾体(Hazard Acceptor)是突发事件作用的客体,也是突发事件应急管理的保护对象。承灾载体的构成非常复杂,一般包括人、物和系统三个方面,即涵盖了突发事件影响的人群、建筑、土木工程、自然环境、地理环境、生态系统、经济系统、信息网络、交通运输系统等,而且这三个方面相互交织无法分割。及时掌握承灾载体的状态和发展趋势是应急管理的基础。

在突发事件影响下,承灾载体将出现本体破坏和功能破坏两种形式的破坏;这两种形式的破坏危害不同,其发展机理也不同,因此研究方法也不同。承灾载体和突发事件是相互影响共同发展的,突发事件对承灾载体的破坏可能会引起其内在的危害因素激活而意外释放,从而导致次生、衍生灾害,以致形成突发事件链;而次生、衍生灾害将给承灾载体带来新的破坏。

承灾载体具有复杂性、开放性和层次性的特点。复杂性是指承灾载体涉及的实体要素众多,而且相互关联耦合。开放性是指承灾载体并不是孤立和封闭的,承灾载体会与其他实体通过信息交互等方式相互影响;因此应急管理中的承灾载体处于不断的演化之中,这导致了在某些情况承灾载体的概念边界是模糊的。层次性是指承灾载体具有从宏观、介观到微观的层次结构。

孕灾环境通常包括自然孕灾环境和社会孕灾环境。自然孕灾环境包括由大气圈、水圈、生物圈及陆地表层构成的地球外部圈层,由地壳、地幔、地核构成的地球内部圈层。社会孕灾环境则包括社会环境、政治环境、经济环境、人文环境、法律环境等。

第三节　应急管理理论研究进展

国家高度重视公共安全与应急管理工作。为此,学术界不断拓展应急管理理论研究,取得了长足进展。

一、应急管理四阶段理论

突发事件的演化过程通常包括潜伏期、爆发期、高潮期、缓解期、消退期等生命周期。随着研究的深入,学术界认识到应急管理不仅仅是突发事件事中的处置过程,而且是突发事件全生命周期的管理。为此,应急管理四阶段理论作为突发事件的全灾种全生命周期应急管理划分理论,将应急管理划分为事前预防、事发准备、事中处置和事后恢复的四阶段交替进行的动态过程,如图1.2所示。目前,我国应急管理体系正在从重视事中的应急处置转变为重视事前的灾害预防与准备,也是力图在社会常态运行阶段就对突发事件进行有效科学的干预和控制。值得注意的是,应急管理专业培养的是突发事件应对的综合管理人才,是为贯彻落实总体国家安全观,集成管理科学与安全科学等学科,以自然灾害、事故灾难、公共卫生事件、社会安全事件等突发事件的综合应对为研究对象,通过事前预防与灾害减除、事发防灾准备、事中应对与处置、事后恢复与重建等工作,保障人民群众生命财产安全,维护社会的健康可持续发展。国家安全视角下应急管理学科建设是以构筑应急管理专业人才在突发事件应对中的情报分析和综合决策能力为核心,重点培养六大能力,包括现场调查与风险识别、应急数据收集与情报筛选、应急情景建模与编程、快速制图与可视化指挥、应急演练等活动策划与实施、精准沟通与危机公关;打破传统学科边界,形成综合交叉的应急管理科学特色知识体系。

缩减阶段(Mitigation):该阶段是指社会系统常态运行时期,从环境、系统、结构和人员角度出发,事前制定全灾种防灾减灾规划,缩减社会系统的长期风险,提高社会系统的韧性及抵抗突发事件冲击能力的自循环状态,即缩减力(Reduction)构筑阶段。该阶段在建立应急管理体系的基础上,以日常管理为具体形式,通过风险评估与脆弱性分析,针对全灾种制定防灾减灾规划和风险防控管理,并制定和实施防灾减灾战略。

准备阶段(Preparedness):该阶段指为减轻或防止特定突发事件冲击而做

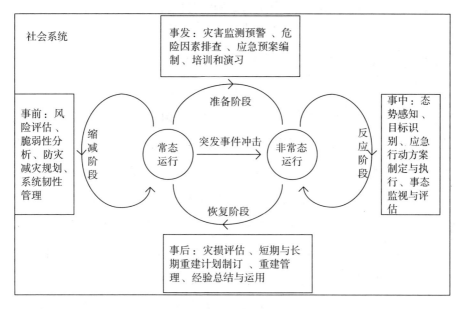

图 1.2 应急管理四阶段

的准备工作,是社会系统从常态运行转变为非常态运行的转换过程,即预备力(Readiness)构筑阶段。预警阶段的主要任务包括灾害检测与预警、危险因素排查、应急保障力量建设、应急预案编制、培训和演习等。针对已辨识的危险源,制定应急预案,组建应急管理团队并规划各方工作任务;对系统中存在的危险因素进行排查,预估潜在的突发事件,将社会系统危险性降到最低;依据可能发生的突发事件组织培训和演习,以防造成突发事件冲击后无法从容应对的局面。按照美国联邦应急事务管理总署事件命令系统(Incident Command System,ICS)标准,准备阶段需要建立全灾种计划编制(Plan)、组织与装备(Organize Equip)、培训(Train)、演练(Exercise)、评估与改进(Evaluate Improve)的应急准备环路闭环管理。

响应阶段(Response):该阶段指社会非常态运行下的应急响应过程。即突发事件冲击后,各单位各组织面对非常态运行的社会系统高效有序进行应急响应的过程,即反应力构筑阶段。响应阶段的主要决策过程包括应急态势感知、应急处置目标识别、应急行动方案制定与执行、应急资源调配、应急情报分析与共享、事态监视与评估等。应急响应阶段的主要工作内容包括接警与灾情报送、指挥与调度、警报与灾情发布、应急通信、公共关系、事态监测与评估、警戒与治安、人群疏散与安置、人员搜救、生活救助、医疗救护、工程抢险、紧急运输和应急资源调配等。我国应急响应工作的基本原则是建立统一指挥,专常兼备、反应灵敏、上下联动的应急管理体制,实现综合协调、分类管理、分级负责、属地管理为主的工作方针。而应急响应通常需要在信息缺失、资源稀缺、目标模糊、时间紧迫和后果难以估计等决策条件不充分的情况下开展,因此更需要科学严谨的应急决策过程。应急决策通常包括态势感知、目标识别、方案制定与执行等环节。现代应急决策通常需要借助应急决策支持系统的情报分析和情景推演等能力,因此,迫切需要培养高水平的应急决策指挥队伍,能够胜任现场调查与风险识别、应急数据收集与情报筛选、应急情景建模与编程、快速制图与可视化指挥、应急演练等活动策划与实施、精准沟通与危机公关等工作。

恢复阶段(Recovery):该阶段是指突发事件得到控制后,社会系统从非常态运行恢复为常态系统运行的过程,即恢复力构筑阶段。恢复阶段主要工作包括灾损评估、短期与长期重建计划制订、重建管理和总结经验并运用。灾后重建工作包括物资层面和心理层面;将突发事件造成的人员伤亡、财产损失及影响进行汇总,依据实际受灾环境制订恢复计划并开展灾后恢复行动,总结此次应急管理存在的问题及可取之处,将其凝练汇总为应急案例,为今后应急管理工作提供经验支持。

二、一案三制

我国的应急管理体系建设自从 2003 年"非典"疫情以来不断发展和进步,逐步形成了自主的建设思路。学术界将其主体建设内容总结为"一案三制",即应急预案、应急体制、应急机制和应急法制。

应急预案指的是在面对可能发生的各类突发事件而预先制订的应急处置、救援、决策计划等。我国的应急管理实践中非常注重将应急预案作为痕迹管理的重要依据。2003 年 11 月,国务院办公厅成立突发公共卫生事件应急预案工作小组,开始全面布置政府应急预案编制工作。2004 年,国务院办公厅分别印发《国务院有关部门和单位拟订和修订突发公共事件总体应急预案框架指南》和《省(区、市)人民政府突发公共事件总体应急预案框架指南》。2006 年 1 月,国务院正式颁布了《国家突发事件总体应急预案》,并陆续发布了应对自然灾害、事故灾难、公共卫生事件和社会安全事件的应急预案,共计 4 大类 25 件专项应急预案、80 件部门预案。2008 年汶川地震后,各地政府普遍加强了自然灾害应急预案修订及预案演练工作。2013 年 10 月,国务院颁布的《突发事件应急预案管理办法》推进了应急预案制度在基层地区的建设。同时,各地方政府也陆续按照总纲开展了本级政府的预案编制工作。全国"纵向到底、横向到边"的应急预案体系逐步形成。

应急管理体制是为保障公共安全,防范和化解各类突发事件对社会的破坏和冲击,消除突发事件的负面影响,而建立的以政府为主导,社会组织与人民群众共同参与的有机体系。2006 年,《国务院关于全面加强应急管理工作的建议》指出,要建立健全"统一领导、综合协调、分类管理、分级负责、条块结合、属地管理为主"的应急管理体制。2018 年,应急管理部成立,以防范化解重特大安全风险为目标,整合优化应急力量和资源,健全公共安全体系,打造统一指挥、专常兼备、反应灵敏、上下联动、平战结合的中国特色应急管理体制。通过分析公共安全与应急管理发展趋势,可以看到应急管理工作面临更复杂和综合的新挑战,应急管理体系顶层设计中仍然需要在发展中解决"政府—市场—社会"的定位及关系问题、应急联动中的"上面千条线,下面一根针"问题、应急管理体系的运行效率及其评价问题、应急管理中的政策工具选择问题等关键问题。

应急管理机制是突发事件全过程管控中系统化、制度化、程序化、规范化和理论化的方法和措施。从外在形式来看,应急管理机制体现了政府各部门在应急管理中的具体职能;从实质内涵来看,应急管理机制体现了以相关政策、法律法规和部门规章为基础的政府应急管理工作流程,能反映出应急管理体系中各部门之间及其内部的运作关系;从运作流程来看,以突发事件全生命周期应急管理为主线,包括预防准备、监测预警、应急处置、恢复重建等环节。2006 年 7 月,《国务院对于全面加强应急管理工作的建议》指出,要建立"统一指挥、反响灵敏、协调有序、运转高效"的应急管理机制。此后,各地政府不断建立健全应急管理机制,在危险源排查监控机制、灾害监测预警机制、应急情报分析与共享机制、应急协商联动机制、应急社会动员机制、突发事件发布与舆情引导机制、应急储备社会化保障机制等方面做了大量工作。2018 年,应急管理部成立,为全方位推进应急管理机制建设提供了统一指挥和政策保障。

应急管理法制是有关政府应急管理的主体、职权、行为及程序、违法与责任和救济关系等法律规范的总称。应急管理法制建设的总要求是有法可依,有法必依,执法必严,违法必究。2007 年之前,我国已经拟订涉及公共安全与突发事件的法律 35 件,行政法规 37 件,但是这些法律只适用于特定领域突发事件的应对工作。2007 年 8 月《中华人民共和国突发事件应对法》的颁布实施,标志着我国应对各类突发事件有了更为明确、完备的法律依据和法制保障。目前,我国已基本建立起以《宪法》为依据、以《突发事件应对法》为核心、以其他相关单项法律法规为配套的应急管理法律体系。应急管理工作也逐渐进入了制度化、规范化、法制化的轨道。但是,2018 年应急管理部成立以来,在应急管理实践发展中出现了应急现场执法能力与依据不足等新问题,特别是新冠疫情应急处置中的经验和教训亟须总结,很多学者呼吁尽快修订完善应急管理法规。

三、应急管理战略分析

应急管理战略分析是针对公共安全的宏观建设目标,分析历史突发事件演化规律,分析与决策全局性、长远性和根本性的重大谋划与策略的过程。全面应急管理理论是以科学发展观为指导,以构建社会主义和谐社会为目标,前瞻国民经济社会发展的长远需求,以现代科学技术为手段,科学管理,以人为本,更新观念,全方位思考,系统规划,分布建设实施,完善应急管理制度,对突发公共事件实施全过程、全系统、全方位、全手段、全面应急响应、全社会管理的"六全"管理模式。根据经济社会环境和突发事件特征,各地需要因地制宜地组织与规划应急管理战略分析,常用的方法包括 SWOT 分析、PEST 分析、霍尔三维结构等,下面分别介绍。

(一)SWOT 分析法

SWOT 分析法又称态势分析法,在企业战略管理中得到了广泛应用,并已拓展到多个领域。该方法通过对研究对象的内在条件和外在环境进行分析,找出优势(Strength)、劣势(Weakness)、机会(Opportunity)和威胁(Threat),运用系统分析的思想,把各种因素相互匹配加以分析。从而利用有利条件提高核心竞争力,及时发现解决问题,规避风险,有针对性地实现自身的战略目标,明确未来的发展方向。下面以湖北省自然灾害防御系统建设为例,进一步说明 SWOT 分析法在应急管理战略分析中的实际运用。

1. 内部因素分析(SW)

内部因素分析的目的是通过内部的优势和劣势分析厘清目前自然灾害防御系统的发展水平。湖北省是我国长江中下游沿江省份之一,省内山区有滑坡、泥石流等地质灾害,平原地区多洪涝、干旱等气象灾害。在灾害防御建设方面,形成了以湖北省应急管理厅为中心,按照分级负责的原则,联合省自然资源厅、省水利厅、省林业局、省地质局等多个部门坚持统筹兼顾,实现协同联动的工作机制。主要有以下优势。

一是健全的灾害预报预警业务体系:湖北省建有自动气象站,雨量站、水文站、水位站共同组成的"省—分中心—市—县"四位一体的实时气象灾害监测系统,各县级山洪灾害监测预警平台利用公共网络报送水位雨量信息,可以产生山洪预警信息,并发送山洪预警、防洪警示短信。

二是先进科技助力灾害防御:"楚农气象"微信公众号已推出,提供资讯推送、农业技术指导、专家在线咨询、巨灾保险试点等多项惠民服务,与农业技术推广中心、专业合作社(龙头企业)签订合作协议。山洪灾害防御预案建设较为完善,能够做到有案可依,科学防御。

三是多级协同,全面部署:成立了由省长、省应急厅指挥,由省直部门和有关单位一把手担任成员的防汛抗旱指挥部。气象部门与涉农涉灾部门签署了合作协议,成立了农业气象专家联盟。各社区将建设应急服务站,积极破解应急管理"最后一公里"问题。

四是防御物资储备充足:拥有防御水旱灾害的"国家—省—市—县"四级应急物资储备库。

五是应急保障队伍健全:通过全国综合减灾示范社区创建和应急保障队伍队伍建设,形成了健全的应急救援人才体系。构建了水利系统水旱灾害防御专家库,专业涵盖科研、勘察、水文监测和水工程管理等多个领域。通过应急演练项目建设,增设夜间项目等措施,提升了应急救援人员专业水平。

六是强大的财政支持:自然灾害防御资金来源包括省级专项经费、中央补助资金、省重点项目建设资金等。为全力推进扶贫驻点村综合减灾工作,湖北省财政厅给予每村 10 万元补助,用于加强农村防灾减灾能力建设。

在多部门协作开展全省灾害防御体系的建设过程中,难免会暴露出很多问题,亟待解决。

一是商业保险救助比例过低:湖北农村自然灾害补救主要依靠国家财政转移支付,资金有限。而商业保险救助占比低,农民对于灾害类保险认知程度不够,对于一些自然灾害险种设置不够完善,导致通过金融保险行业减轻灾后恢复、重建工作资金压力在目前实施起来还比较困难。

二是软硬件支撑能力欠缺:在政务信息化建设上,由于各级技术服务单位软件系统各不相同,经常出现数据不一致乃至冲突的问题,对灾害防御系统的内部信息流通造成阻碍。从近年的防汛情况看,主要力量集中于汉江、长江防汛等大型工程建设,然而中小河流的防洪基础硬件设施不足,在控制性工程、预报调度科学研究、工程运行管理等方面有所欠缺,成为制约湖北省洪涝灾害防御能力提升的短板。

三是部门职责边界不明晰,信息共享渠道不通畅:除了数据格式不匹配问题,应急管理部门和相关部门之间存在职责边界划分不够明晰等问题也会阻碍灾害防御系统的信息流通。目前,风险防范体制机制仍存在分工不清、责任不明的现象。中小河流的灾害信息检测预警体系仍需完善。

四是应急物资储备结构不合理,缺乏专业人才:全省虽然储备大量应急物资,但快速调运配送效率不高。救援队伍人数众多,但其中专业救援队伍数量少、规模小,应急管理专业人才缺乏,难以适应"全灾种、大应急"要求。目前省减灾委成员单位拥有针对单一灾害的风险评估模型和应急预案,仍缺少综合灾害、衍生次生灾害风险评估模型,缺乏有经验的专业人才对该方面问题进行研究和解决。

五是灾害防御基础设施建设不到位:灾害防御基础设施无法产生直接经济效益,其建设明显落后于国家整体实力进步,并且存在明显的区域差异。对于重要设施的灾害防御水平亟待提升。防灾科技基础设施建设不足,目前湖北省获批组建的首个应急管理部重点实验室正在挂牌组建中。

2. 外部环境分析(OT)

外部环境分析的目的是从中挖掘对自然灾害防御有利的、值得发扬的因素,以及对自己不利的条件,并对之后的战略决策和发展规划产生影响。当前环境下,我国灾害防御系统建设正在如火如荼地开展中,各省在政策落地执行过程中产生积累了大量的宝贵经验。然而,全球气候变暖仍给发展中的中国带来了诸多不利影响。结合外部环境因素,对湖北省灾害防御展开分析,其中主要机遇包括以下方面。

一是国家对于灾害防御的政策重视和强有力支持:近年来,国家组织编制并印发《中华人民共和国防震减灾法》《国务院办公厅关于进一步加强气象灾害防御工作的意见》《国家地震应急预案》等法律法规和指导政策,提出了"两个坚持、三个转变"等新理念、新思想、新战略,有效地引导和推进湖北省灾害防御系统的建设。

二是国家灾害防御能力不断强化:2018年党和国家机构改革之后,我国形成了以应急管理部门为基础的新一代国家应急管理体系,并在新一代灾害防御体系建设方面取得了长足进步。

而自然灾害防御面临的主要威胁如下。

一是气候状况偏差,水土流失严重:据国家气象水文预测,主汛期我国气候状况总体偏差,降水总体呈"南多北少"分布,长江中下游、淮河、珠江流域西江和北江等地可能发生区域性较大洪水。2020年湖北省现有水土流失面积31639.54平方公里,土壤侵蚀类型主要为水力侵蚀。与2019年相比,全省水土流失面积减少385.23平方公里,减幅1.20%。但水土流失问题未得到充分解决。

二是风险隐患复杂化:在新形势下,我国公共安全面临的风险和挑战严峻复杂,传统安全和非传统安全风险高度聚集、相互影响、相互作用,应急处置不当可能产生一定的政治安全风险,影响国家安全。各类风险隐患多,其中不乏矿山、危险化学品等高危行业,安全基础建设薄弱,多种风险因素耦合下可能会造成群死群伤灾害事故,给灾害防御系统的建设带来诸多安全隐患。

三是自然灾害防御力量不均衡发展:我国灾害防御能力在风险识别、备灾与应急响应、技术与工程防御、经济支撑与减灾保障等方面进展不均衡,区域差异显著,仍有较大提升空间。灾害防御能力区域差异明显,如东西部差异、城乡差异尤其需要关注。对于特殊高风险地段、高风险时段的设防能力不足。

SWOT分析法可做到全面、系统、准确,是一个完善的分析优势、劣势、机会、威胁的通用分析方法。在实际运用中,常结合分析结果,有针对性地指定发展战略,形成SWOT分析战略矩阵图,一目了然。结合上面的分析结果,可进一步制定相应的战略选择,做出湖北省灾害防御系统建设的 SWOT 分析战略矩阵图,如表 1.2 所示。

表 1.2 SWOT 分析战略矩阵

类别/条目	优势 Strength	劣势 Weakness
	1.灾害预报预警体系健全 2.先进的科学技术 3.多部门协作 4.防御物资储备充足 5.应急保障队伍健全 6.强大的财政支持	1.救助欠缺 2.软硬件支撑不足 3.部门职责边界不明晰,信息共享渠道不通畅 4.应急物资储备结构不合理,缺乏专业人才 5.灾害防御基础设施建设不到位
机会 Opportunity	SO 战略	WO 战略
1.国家对于灾害防御的政策重视和强有力支持 2.全国灾害防御建设积累大量经验	1.推动灾害防御事业现代化建设 2.强化个性化灾情防御服务 3.加大防灾减灾资金投入力度 4.加强科技支撑能力建设	1.积极调动社会力量 2.发挥金融保险行业作用 3.提高全社会防范意识 4.加强灾害防御基础设施的结构性建设
威胁 Threat	ST 战略	WT 战略
1.气候状况偏差,水土流失严重 2.风险隐患复杂化 3.全国灾害防御不均衡发展	1.积极开展人工影响天气作业 2.提高预测预报的准确率和精细化水平 3.推进防御法制和机制的建设 4.加强灾害防御的国际合作	1.广泛开展防灾减灾救灾演练 2.加强部门联动,形成防灾减灾合力 3.搭建全方位信息共享平台

（二）PEST 分析法

PEST 分析是战略管理外部环境分析的基本工具,PEST 分析分别代表了从政治（politics）、经济（economy）、社会（society）、技术（technology）出发,通过分析这四类要素对研究对象所处的宏观环境进行把握,并评价这些不同的要素对战略管理的影响。下面以我国自然灾害防御系统建设为例,进一步说明

PEST 分析法在应急管理战略分析中的实际运用。

1. 政治要素

党的二十大报告指出,提高公共安全治理水平。坚持安全第一、预防为主,建立大安全大应急框架,完善公共安全体系,推动公共安全治理模式向事前预防转型。推进安全生产风险专项整治,加强重点行业、重点领域安全监管。提高防灾减灾救灾和重大突发公共事件处置保障能力,加强国家区域应急力量建设。强化食品药品安全监管,健全生物安全监管预警防控体系。加强个人信息保护。

2. 经济要素

2019 年,财政部发布文件,要求在公共服务领域推广运用政府和社会资本合作(PPP)模式,提出引入社会力量参与公共服务的供给,为公私协同应急储备模式提供了发展机会。而中央预备费主要用于洪涝灾害灾后恢复重建等方面。

3. 社会要素

2020 年共有 1.38 亿人次因各类自然灾害受灾,死亡失踪 591 人次,房屋损坏 186 万间;农作物受灾面积达 19957.7 千公顷,直接经济损失约 3701.5 亿元。其中,共出现 33 次大范围强降水过程,平均降水量较常年偏多 11.2%;超过 150 座城市进水受淹或发生内涝;森林火灾 1153 起,主要集中在 2 至 5 月间;干旱和地震灾害总体偏轻。

4. 技术要素

2019 年,为促进科技成果转移转化,落实创新驱动发展战略,财政部印发通知,加大国家设立的中央级研究开发机构、高等院校科技成果转化有关国有资产管理授权力度,视情况不需要上报主管部门和财政部进行审批或备案,优化管理和评估程序,以支持科技创新。

(三)霍尔三维结构模型

霍尔三维结构由时间维、逻辑维以及知识维三部分组成,广泛应用于应急管理战略分析,如图 1.3 所示。

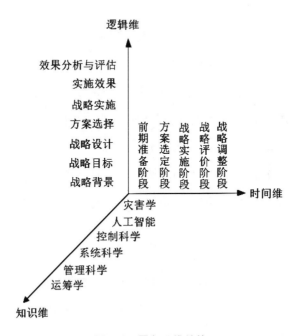

图 1.3　霍尔三维结构

时间维表示应急管理战略分析中不同时间段的工作进展。时间维对战略分析工作的全部程序的进度控制具有重要的作用。应急管理战略分析工作从规划到更新的整个过程可分为前期准备、方案选定、战略实施、战略评价以及战略调整五个阶段。

逻辑维是指在战略分析过程中各阶段的工作流程、工作内容和工作进度应遵循的思维程序,是每一个工作阶段例行做的几个工作步骤。应急管理战略分析过程可以包括战略背景、战略目标、战略设计、方案选择、战略实施、实施效果以及效果分析与评估 7 个步骤。

逻辑维也可以按照 PDCA 循环分析法的思路进行,其目的是通过四个阶段的循环保障应急管理战略高质量实施,即计划(Plan)、执行(Do)、检查(Check)和处理(Act)。为了不断提高应急管理战略的质量,把各项工作按照制订计划、计划实施、检查实施效果的顺序依次执行，保留成功战略作为标准，将不成功战略留在下一循环去解决。

知识维表示在应急管理战略分析过程中需具备的基本知识，通常涉及灾害学、人工智能、控制科学、系统科学、管理科学以及运筹学等。

与霍尔三维结构相近的方法还有切克兰德"调查学习"模式。切克兰德"调查学习"模式主要用于系统分析，通常包括7个阶段。阶段1为信息收集。阶段2为信息表达。阶段3为弄清问题的关键要素，确立各种基本看法，并尽可能选择出最合适的基本观点。阶段4为建立概念模型。阶段5为概念模型与现实系统的比较。阶段6为确定改进现实系统的可能方案。阶段7为实施方案并开始新的解决问题过程。

随着人工智能、大数据、云计算等多种新兴信息技术在应急管理领域的应用，综合应急管理信息平台建设的普及，以规划与调度相集成的决策方法为代表的现代应急决策方法在突发事件应急处置与防范中地位越来越重要。规划与调度已经成为现代突发事件应急决策的核心和关键。本书界定了突发事件等关键概念，梳理了现有应急管理理论，基于应急情景建模，全面总结阐述了规划与调度相集成的应急决策方法。

本书主要适用于高等院校公共安全与应急管理相关学科的本科生与研究生，为他们掌握应急行动方案决策的原理与实务提供较全面的综合性、专业性书籍。本书的内容还可以用于支持公共安全与应急管理领域的工作人员进行突发事件应急态势精准感知，快速科学地进行应急行动方案决策与实施，熟练运用规划与调度相集成等现代应急决策方法。本书同样适用于灾害学、人工智能、运筹学、控制科学、系统科学、管理科学等领域的专家学者，使其能够将自身的研究领域延伸至公共安全与应急管理领域，进一步丰富公共安全应急决策的理论基础。

本书的具体内容安排如下。第一章绪论在分析公共安全与应急管理发展态势的基础上,通过灾害系统三角形和公共安全三角形的对比分析,界定了公共安全与应急管理领域的主要概念,并阐述了应急管理四阶段理论、一案三制和应急管理战略分析等基础理论。第二章介绍了应急行动方案制定决策,重点分析了规划与调度相结合决策框架。第三章介绍了应急情景构建与推演。第四章介绍了应急任务规划理论与应用,包括层次任务网络(HTN)规划和分布式规划。第五章介绍了基于 HTN 规划的多 agent 应急行动方案决策模型。第六章介绍了基于 HTN 规划的应急协商模型与方法。第七章介绍了应急物资公私协同储备模型与算法。第八章介绍了应急救援队伍多任务指派模型与算法。第九章介绍了应急物流定位选址模型与算法。

希望本书能够成为应急决策理论与方法的工具书,帮助读者掌握现代应急决策的概念、原理、理论、模型和方法。本书力图全面地阐述现有应急决策理论与方法。

第二章 应急行动方案制定决策

第一节 应急行动方案制定基本概念

随着我国城市化、信息化、智能化和现代化进程的加快,自然灾害、事故灾难、公共卫生事件和社会安全事件等各类突发事件的发生,严重威胁人民群众生命财产安全,对社会和谐发展带来了严峻挑战,并给政府执政能力提出了更高的要求。特别是非常规突发事件通常事发突然,事态演化不符合常识规律,且往往伴随着次生衍生灾害事件,日益受到社会的广泛关注。应急处置工作是限制突发事件影响范围,防止和减轻突发事件对社会负面影响的关键,是保障我国社会与经济可持续发展的基础。突发事件应急处置中,平时承担不同性质工作的多个参与单位必须在应急指挥团队的统一指导下,协同合作,执行存在复杂依赖关系的应急任务以达成应急目标。所以,在应急处置现场制定科学合理的应急行动方案(Incident Action Plans,IAP)是突发事件应急处置工作有条不紊开展的基础和关键。

应急行动方案制定决策是指应急指挥团队在感知应急态势的基础上,分析突发事件、承灾载体、孕灾环境和应急资源等关键要素,用以构建应急情景;根据应急预案、案例、管理制度、标准操作程序以及法律法规等应急领域知识,并咨询专家建议,分析事件演化过程及其对策;通过战略目标识别、战术行动推理和操作任务选择等环节,制定、发布和执行应急行动方案,调动应急资源,实现对非常规突发事件的干预和控制的过程。

传统应急行动方案制定决策,通常是在应急预案的指导下,结合相关行业的标准作业程序(Standard Operating Procedure,SOP)制定。标准作业程序是各行业在大量的操作经验中总结凝练的,预先设计和检验的,规定了有限的资源和时间,通过标准格式描述和关键控制点实现的操作程序。标准作业程序由于具有周期性和可预测性,通常属于结构化决策问题,可以建立理想化的运筹学模型来决策和处理。但实际应急救援工作往往需要在信息缺失、资源短缺、目标模糊、时间紧迫和后果难以估计等决策条件不充分的情况下开展。表2.1 比较了日常决策和应急决策的区别。随着研究的深入,学术界逐渐认识到传统的决策方法在面对应急行动方案制定决策时的局限性。人们在突发事件中受到的客观环境的影响和制约,其决策行为和方法并不能套用日常的决策方法。因此,如何发展应急决策理论,使其满足应急行动方案制定过程中快速、科学等实际需求,成为保障应急处置工作科学性与可靠性的关键问题。

表 2.1 日常决策和应急决策的比较

	日常决策	应急决策
社会运行状态	保持常态运行	非常态为主,同时考虑安全韧性
领域特征	周期性、可预测性和可控性	非周期性、部分可预测性、复合型和非常规性
决策特征	程序化	非程序化,临机决策,层次性
决策目标	资源消耗最小或者利润最大	在确保应急响应有效运行的前提下,兼顾公平和效率
决策条件	充分准备,反复检验	信息缺失、资源稀缺、目标模糊和时间紧迫、责任重大等不充分决策条件
决策单位构成	政府、企事业单位、研究机构和非政府组织等决策主体,性质比较稳定	采用"统一领导,综合协调、分级负责、属地管理为主"的综合应急管理体制;应急管理组织既包含刚性的政府应急指挥机构,也包含柔性的现场指挥部和会商小组;存在动态性和临时性
指标体系	统一制定,不断完善	分别制定,动态更新

续表

	日常决策	应急决策
规划方案	建立标准操作程序	在应急预案的指导下,结合案例、管理制度、会议记录、操作程序以及法律法规等应急领域知识,并咨询专家建议,制定应急行动方案
考核方式	绩效考核,行业评比,形成应用示范	平时应急演练,应急时全面动员,事后考核奖励
规划方案周期	长期,中期,短期	突发性,响应时间受限

一方面,应急决策者期望在大量的应急实践工作中总结出规律和经验来指导应急行动方案制定决策。根据决策理论,这一思路可统称为描述性应急决策方法。在应急管理实践中积累的成体系的文档资料主要包括应急预案、应急案例库和专家知识库。因此,上述三类资料就形成了描述性应急决策方法的发展脉络。基于预案的应急决策方法根据预先设定的突发事件应急情景,设计可能的对策,并核定可动用的应急救援力量。但突发事件复杂紧急多变,预案设计难以穷尽所有可能性;而往往只能给出应急行动的大致框架。为了弥补预案体系的局限性,需要建立应急案例库,并借助其中的历史经验指导当前应急行动方案制定决策。而对于应急行动方案制定中的复杂环节,需要应急领域专家在现场根据实际情况做出判断和决策。为规范应急专家决策方案,提高其决策效率,出现了临机决策等应急决策方法;进而出现了通过建立专家知识库为现场应急决策者提供合理的情报及决策方法。

另一方面,建设综合应急管理平台,通过数学规划和仿真模拟,来指导应急行动方案制定的决策方法被称为规定性应急决策方法。由于应急决策的特殊性,如信息缺失、时间紧迫、资源短缺等,现实中少有通过决策树方法对决策方案进行优选;而是根据问题结构化程度,建立相应的智能规划或调度模型。智能规划是人工智能中通过知识推理来制定行动方案的方法,能够将实际场景中的非结构化决策问题转化为半结构化或者结构化问题。而调度模型则将结构化决策问题建模为时间和资源上的优化问题。

可见,不同应急情景下,需要依据不同的应急决策方法制定出符合当时情景的应急行动方案。为了帮助应急决策者科学合理地选取应急决策方法,本章分析了目前主要的描述性和规定性应急决策方法,及其在应急行动方案制定中的实际应用,探讨了各应急决策方法的特点及其适用场景,重点分析了规划与调度相集成的应急行动方案制定决策框架,并结合人工智能技术,分析了应急行动方案制定决策问题的发展前景。

第二节 应急决策过程

在突发事件应急管理中,应急决策是在复杂应急态势下,确定应急救援目标,依据应急预案、应急案例、法律法规、专家经验等领域知识,制定应急行动方案,合理调配应急救援资源,对突发事件进行管控,减轻事件后果的过程。公共安全科技"三角形"框架理论认为突发事件、承灾载体和应急管理共同构成了公共安全科技的发展脉络。公共安全科技的发展集合了理、工、文、管、农等多个学科的贡献。其主要研究方法包括确定性研究方法、随机性研究方法、基于监测探测的研究方法、复杂系统研究方法及其综合性研究。根据公共安全科技"三角形"框架,应急管理是预防和减轻突发事件对承灾载体破坏的人为干预手段。而应急决策是应急管理的核心,贯穿整个应急管理过程,其主要环节如图 2.1 所示,包括应急态势感知、应急目标识别与分析、应急行动方案制定、应急行动效益评估与方案选择、应急行动方案执行和应急行动实施效果分析评价等关键环节。每个环节均包括战略级、战术级与操作级的决策问题,用以支持各项应急管理工作。

态势感知理论(Situation Awareness,SA)最初来源于航天工程的人因(Human Factor)研究,指在复杂决策环境中,决策者通过态势感知分析工具收集情

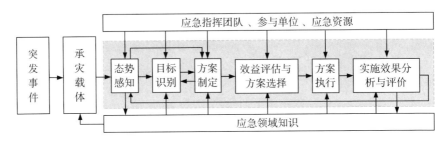

图 2.1　应急行动方案制定决策流程

报,作为决策依据的过程。也就是说,态势感知早期是在人在回路规划以及人机协同智能决策研究中出现的概念。应急态势感知(Emergency Situation Awareness,ESA),应急管理组织需要在突发事件发生的有限时间内迅速、科学、全面、准确地收集分布在广大地理区域的应急态势信息,包括致灾因子、承灾载体、孕灾环境、应急保障力量、应急领域知识等相关信息,并进行分析、综合和预测。应急态势感知主要分为三个层次。

一是应急态势获取。首先,各参与单位需要根据自身的职责和权限确定应急态势感知的要素和内容,包括突发事件的区域、强度、规模,承灾载体的状态,应急资源的获取方式和条件及其品种、规格和数量等。接着,各参与单位需要根据应急态势感知的要素和内容,动态地识别应急态势各要素的当前信息。然后,应急管理组织需要有效地组织各参与单位实现信息交互,包括收集、综合和分发;通信技术和可视化技术是实现各单位信息交互的关键和难点。最后,应急管理组织需要协调各参与单位对态势信息进行核对,以提高应急态势信息准确度。

二是应急态势理解。理解应急态势是充分利用应急态势信息组织应急决策的前提。各参与单位获取的应急态势主要由各种数据信息组成,需要通过分析、综合和处理,形成当前态势信息。在应急态势理解过程中,需要在突发事件分类分级的基础上,分析其成因、当前状态和发展趋势,力求各参与单位能够对本次应急响应工作有一个全面的认识。可视化的公共操作视图是应急态势分析的有效辅助工具,而数据挖掘和数据融合是应急态势分析的实用技术。

三是应急态势预测。预测突发事件的发展态势是应急态势感知的重要工作,是制定合理的应急行动方案的基础。应急管理组织需要根据突发事件的发展和相关案例预测可能出现次生、衍生灾害等相关情况并加以预防。特别是在应急资源管理方面,需要预先确定应急资源的动员方案;如果预测到资源缺项,可能采取的非常规动员手段及其适用条件和补偿方式等。案例推理是应急态势预测的实用技术。

应急目标识别环节中,应急管理组织根据应急态势信息,在各参与单位提出应急目标的基础上,通过应急协商讨论形成应急管理组织认可的应急目标集合。应急目标识别过程决定了应急响应的行动方向,从而引导应急行动方案的制定,是有效地干预和控制突发事件的关键。因此,应急目标识别中需要考虑应急目标的具体性、可度量性、可分配性和合理性等,可分为三个步骤:

一是各参与单位根据其职责构建突发事件应急响应个体目标集合,并提供相关预案和类似案例,给出目标之间的关系和资源需求预测。

二是应急管理组织应急领域专家构建战略应急目标,并对其分类;根据政治因素、经济因素、社会因素、环境因素和安全因素等确定应急决策的偏好,并建立应急管理多属性决策模型,形成指标体系,对应急目标分级和赋权。

三是应急管理组织应急领域专家分析各应急目标之间的关系;预测各应急目标的资源需求,并据此确定各应急目标的应急资源来源和责任单位等具体信息;建立应急响应战略方案。

应急行动方案制定是应急决策的核心。清晰合理可靠的应急行动方案能够明确各参与单位的应急任务,有力地指导应急响应工作有条不紊的开展,实现对突发事件的有效控制。应急行动方案的制定过程中,应急管理组织需要从战略级的应急目标出发,根据应急预案、应急案例、应急管理制度、标准操作程序、法律法规以及会议记录等应急领域知识,通过分层细化分析,进行战术行动推理、操作任务选择和应急资源配置,通过方案效益评估进行优化选择,取得可直接执行的应急行动方案,并转化为通俗易懂的应急指令文书发布。应急行动方案的质量是其能否有力地指导应急响应的关键。应急行动方案质量的评价指标反映了应急管理组织的决策偏好,一般包括:确保人员生命安全,最小化反应时间,应急资源负载均衡,成本优化,环境污染最小等。优化应急行动方案是一项复杂而细致的工作,需要大量的工作时间。

应急行动方案执行工作主要包括指令发布、任务受领、任务执行、监督核查和总结评价等。指令发布是指应急管理组织根据应急行动方案撰写应急指令文书,签署和发布应急指令。任务受领和执行是指各参与单位根据应急指令做出承诺并开展应急响应工作。监督核查是指应急管理组织在应急响应过程中监督和核查各参与单位的应急任务执行情况;如果各参与单位发现应急任务执行出现异常,要及时处理并上报。总结评价是指应急管理组织在跟踪应急行动方案的执行过程实际的执行情况进行审评并动态地做出评价。应急行动方案执行环节中,需监控是否出现了异常状态,这可能会导致正在执行的应急行动方案难以完成,造成损失。应急管理组织接收到各参与单位上报的应急行动方案执行异常信息时,应当先调整应急行动方案;而调整应急行动方案无效时,则需要及时地重新制定出新的有效的应急行动方案。因此,应急行动方案执行过程中应经常进行实施效果分析与评价。

突发事件中的各类应急情景纷繁复杂,应急行动方案制定决策流程虽然可以凝练总结为如上所述的几个关键环节。但是,由于受到客观条件的制约,同时为了避免思维僵化,应急行动方案制定决策方法不应预先限定。如何根据实际情况科学地选用应急决策方法,至关重要。应急决策方法研究中既包括对突发事件演化过程与处置经验的规律性分析,即描述性决策方法研究,又包括针对特定应急情景的仿真推演和先验论证,即规定性决策方法研究。下面分别分析这两类应急决策方法的现有研究。

第三节　描述性应急行动方案决策

描述性应急决策方法适用于有大量处置经验的应急决策问题,侧重于应急决策的组织流程和行动方案的形成机理方面的分析,包括基于预案的应急决策方法,基于案例的应急决策方法和基于专家经验的决策方法。

一、基于预案的应急行动方案决策

我国非常注重应急预案在应急管理中的应用,提出了应急预案和应急管理机制、体制与法制相结合的中国应急管理建设思路,简称为"一案三制"。针对"一案三制"建设,我国学者在基于预案的应急决策方法研究中取得了丰硕成果。谭燕红(2010)总结了应急预案完整性、快速性、可操作性、费用合理等特点,认为基于预案的应急决策方法可以减轻决策者压力、缩短决策时间、增强决策的科学性。唐玮(2013)认为应急预案有效性的提高,可以从预案生命周期中的编制、演练、评估、修订四个方面着手。李娜(2016)针对燃气事故,分析了我国应急预案制定中的问题,并提出了建议。刘晓慧(2014)在总结各级地质灾害应急预案的基础上,建立了应急决策本体模型,以实现应急预案的数字化和智能化。钟玲玲(2014)对应急预案进行数字化建模,匹配受灾点的应急情景,调整数字化预案中的处置方案,进而得到完整的应急处置方案。董存祥(2010)以《国家地震应急预案》为例,使用变量和约束表示应急决策中的对象和规则,提出了基于约束可满足技术(Constraint Satisfaction Techniques)的识别预案文本的应急决策方法。

总之,基于预案的应急决策方法利用应急预案中的资源信息和操作信息,再调整预案来制定应急行动方案。但是对何时启动何种应急预案,如何落实应急预案,缺乏清晰的评估标准,无法很好地指导复合型突发事件应急决策。同时由于突发事件的复杂性,不可能为每种灾害情景都做出详尽的应急预案。

所以基于预案的应急决策方法不能灵活地处理所有应急情景,降低了应急决策应具备的时效性;特别是在应对非常规突发事件方面具有一定的局限性。

二、基于案例的应急行动方案决策

基于案例的决策方法从储存的历史案例库中,寻找与当前应急情景相同或者相似的源案例,直接使用或者结合当前应急情景修改源案例的解决方案,主要包括案例推理技术(Case-Based Reasoning)和基于案例的决策理论(Case-Based Decision Theory,CBDT)。

案例推理技术(Case-Based Reasoning)以 R4 模型为基础,将整个决策过程分为案例检索、方案重用、方案修订和案例保存四个步骤。而基于案例的决策理论(Case-Based Decision Theory,CBDT)提取与备选行动方案相似的历史案例集合,在考虑历史方案实施效果的基础上,综合判断得到应急行动方案。加文·芬尼(Gavin Finnie,2002)提出了 R5 模型以体现案例表达这一重要过程。汪季玉(2003)构建了基于案例推理技术的应急决策支持系统体系框架和运行机制,证明了案例推理的应用价值。李永海(2014)结合了 CBR 和CBDT 的优势,建立了基于相似案例分析的应急决策方法,并在煤矿瓦斯爆炸等突发事件中验证了该方法的有效性。

应急案例的表示和储存方面,根据情报来源不同设计了多种案例表示方法。蔡玫(2015)提出了基于二维信息的案例表示方法及对应的二维信息案例检索方法。黄超(2015)将案例推理技术和 CBR 结合以优化案例库的组织结构。应急案例搜索的成功率和效率方面。宋英华(2015)引入置信规则库专家系统推理方法(RIMER),提出基于归纳索引法和 RIMER 的应急案例索引技术。封超(2016)将遗传算法和粒子群算法等智能算法引入案例推理中的属性权重计算环节,提高了案例间相似度计算的准确性。基于应急案例的决策支持系统设计方面。郭瑞鹏(2006)基于案例推理技术提出了应急物资需求预测系统;袁晓芳(2012)在案例推理中提出了基于结构检索和属性检索的双重检索策略,建立了煤矿瓦斯事故的应急决策系统。

总之,基于案例的应急决策方法能利用历史案例的经验知识来解决应急处置中出现的新问题,一定程度上弥补了仅依靠应急预案来制定应急行动方案的局限。特别是在应急物资需求预测中表现出良好的实用价值。但是,案例推理技术的核心是通过相似度计算来查找类似案例;而在应急处置初期,需人为设置参数,而案例匹配对噪声数据比较敏感,可能会导致结果与实际的应急响应过程有很大出入。同时 CBR 系统属于增量式学习系统,随着案例库的不断增大,可能会出现严重的冗余现象,使系统的性能变弱。

三、基于专家经验的应急行动方案决策

实际应急处置中,往往需要应急决策者根据现场实际情况,结合自身经验制定应急行动方案。我国地方政府在突发事件应急管理时,有较强的应急动员能力;应急指挥官一般是地方行政官员,熟悉当地社区的实际情况,需要考虑政府和企事业单位等社会系统在"常态"和"应急态"之间的转换;科学研究则侧重于描述应急情景对专家的影响和设计决策模式,出现了"情景—应对"应急决策机制等研究方法。

自然决策理论和启发与偏见决策理论的争论是欧美应急行为决策发展中的关键问题,也形成了转折点,问题的产生源于应急决策需要在认知不充分的条件下进行。学者们对有关案例进行反思,认为不应将经典决策方法再应用于环境模糊、时间紧迫、资源稀缺、责任重大的应急决策。他们力图通过"一事一法"和"一阶段一法"的应急立法来规范应急决策行为,通过聘请技术专家来担任应急指挥官,从而提高应急决策的专业性和技术性。为此,学者们开始尝试设计应急决策模型,以提高应急领域专家的工作效率,同时提高应急方案制定的科学性。

自然决策理论强调专家经验的作用,从分析应急决策者的现场决策行为着手对应急决策方法进行研究(Zsambok,1997)。其中,克莱因(Klein,1989)

在再认/启动决策模型(Recognition-primed Decision Model)中指出,决策者在动态环境中往往需要根据原有经验对当前环境进行评估,寻找相似经验,并依据决策环境中的相似性等条件进行决策。与之相反,启发与偏见决策理论则对专家经验形成的决策判断持怀疑态度,强调情报分析和统计推理在决策中的作用。为了支持这一观点,学者们列举了大量事实,说明面对相同的决策信息,在不同情景中决策者会做出不一致的判断,而统计推理是消除这种偏见(即有效性错觉)的可行手段。上述两种观点均把决策看作一种认知行为,争论主要在于选择何种认知过程。目前,这类研究主要应用是决策技能的培训,如基于情景的认知训练工具 ShadowBox,能够对消防员、飞行员、护士、战士、志愿者以及其他从事复杂工作的应急专家进行复杂情景决策的训练,模拟态势感知,目标发现和不确定性应急处理等决策过程。总之,自然决策理论和启发与偏见决策理论尝试通过大量的模拟训练来提高决策水平,并不关注根据应急场景特征选择合适的决策方法。

应急管理临机决策研究方面,科斯格雷夫(Cosgrave,1996)将弗鲁姆(Vroom)和耶顿(Yetton)设计的领导决策过程模型作为基础,在应急领域提出依据应急决策问题的特性,以授权程度的不同来构建突发事件决策模型。门东卡(Mendonca,2001)将操作风险管理和黑板模型进行结合,为支持应急决策者的现场决策活动,发展了应急管理临机决策理论。

基于情景分析的应急决策方法是对历史突发事件及其发展规律的认识和总结,通过将情景方法固化为情景模型,使得应急决策能够较全面地考虑各种发展趋势,并借助于各种数学模型和专家经验知识来处理解决半结构化问题。程先富(2015)基于情景分析的方法,分析了在各种不同的应急情景下洪涝灾害的影响,为巢湖流域的洪涝防治提供了科学依据。张玲(2014)使用情景分析的方法,在考虑需求,运输成本等因素的前提下,分析了应急资源合理布局。实际工作中还会出现多专家协作决策的情况。王金艳(2012)通过使用隐性知识地图速定位和组件应急决策专家团队以指导应急决策工作。叶光辉

（2017）以特征融合、排名融合、意见融合为基础，开发了面向多专家的应急会诊平台。李纲（2015）先利用证据理论对专家排名，再对专家经验建议进行融合。

总之，基于专家经验的应急决策能够借助专家的实际经验有针对性地处理各种突发事件的特殊情况，具有一定的灵活性。我国在"情景—应对"应急决策机制和应急管理临机决策机制等方面取得了一定的成果。而欧美等发达国家的学者则尝试通过大量的决策训练，在应急法规的约束下，在自然决策理论和启发与偏见决策理论的争论中找到平衡。但是这类应急决策方法研究侧重于行为分析，均难以处理突发事件中计算量特别大的战术推理和资源调度过程。

第四节　规定性应急行动方案决策

规定性应急决策方法侧重于通过仿真模拟等技术手段改进决策效率，通常适用于技术性要求较高的应急决策问题。目前，规定性应急决策方法大多通过应急决策支持系统等综合应急管理平台的方式实现。由于应急决策的时间紧迫、资源短缺、环境模糊和责任重大等特征，实际应急处置中很少出现通过绘制决策树再进行方案优选的情况；而是根据问题结构化程度，建立智能规划模型或者调度模型。特别是将人工智能等信息技术与规定性应急决策方法相结合的思路，已经展现出了巨大的实用价值和广阔的发展前景。

一、应急任务调度

调度（Scheduling）是利用数学模型在规定时间内将有限的资源配置给一组特定任务的运筹学方法。在应急决策中，调度主要解决应急处置中结构化程度较高的问题，如物流组织，设施选址，物资配置，物资配送，紧急疏散转移和搜救等。

应急救援中的资源调度涉及劳动力资源和物资等应急保障力量的调配问题。应急物资调度,即应急物流问题,主要研究工作包括建立面向多层级应急物资储备库选址、资源配置和物资配送以及突发事件应急处置时配送中心的选择、应急物资的调配和运输路线选择等问题的决策模型以及优化。其中,应急物资储备库选址主要包括 p-center 问题和 p-median 问题,前者的目标是最大化应急设施所覆盖的面积,而后者则是最小化网络点和需求点间的欧几里得距离。同时,应急处置时的分配调度是减少受灾点损失的重要保障,通过考虑路网条件、决策者风险态度、运输工具的限制等对有限物资配送的影响,能够得到更合理有效的物资分配调度方案,使得承灾系统损失最小化。李斯特(List,1998)在处理放射性危险品转运时,将调度模型引入了应急决策。韦克斯(Wex,2014)建立了基于调度的决策支持模型以减少海啸、地震、飓风等灾害带来的人员财产损失。郑宇军(2014)提出了考虑多需求点多供应点以及铁路货车的货物分配中心站的铁路货车应急调度数学模型。针对自然灾害中的应急物流问题,奥兹达玛(Qzdamar,2004)将多品种网络流量问题和车辆路径问题相结合,建立了应急物流问题的数学模型。针对应急物流分配问题和普通商业物流的不同特征,许炬秉(2007)提出了混合聚类模糊优化方法。耿彪(2017)建立了基于 GIS 系统的铁路应急资源的调度模型。可见,应急物流研究在运筹学建模方面已越来越细致深入,出现了多种灾民心理描述模型和公私协同应急物流模型。

应急救援劳动力资源指派问题包括救援人员指派和应急救援队伍抽组指派,目前在医疗人员分组调配和驾驶员指派问题上取得了一定成果。樊治平(2012)等设计了救援人员综合表现值分组方法,在考虑应急救援时间满意度与人员胜任能力的基础上建立了应急救援人员指派模型。李亦纲(2012)等将灾区根据受灾情况划分级别,分析了救援对象确定、救援人员需求和救援力量调配,较为全面地分析了在地震灾区根据灾害情况和救援资源分布,科学合理快速地开展救援力量的优化调配,以达到救援受困人员的目的。

对于应急疏散类的调度问题,日利亚斯科普洛斯(Ziliaskopoulos,2000)提出了以元胞自动机为基础的线性规划模型用以解决救援和疏散车流同步时行程时间最短问题。邱义昌(2007)提出了多优先组的紧急疏散—救援组合模型。奥斯曼(Osman,2011)建立了整数优化模型以解决离散时间内人员约束疏散调度问题,与容量约束路线规划(CCRP)算法相比,在疏散时间和疏散路线上具有明显优势。针对建筑物和路网环境的复杂特性,刘毅(2012)建立了考虑时空规律、时间效率和时空协同疏散的多目标路径分配模型。

综上所述,调度算法有较强的优化性能,能够处理应急行动方案制定决策中的资源调度和人员疏散等结构化程度相对较高问题。但应急任务调度算法建立了固定数学模型,针对特定优化目标,并不能处理应急行动方案制定中战略选择和战术推理等难以用结构化公式描述的问题。

二、应急智能规划

智能规划是人工智能中专门研究动作推理的慎思型决策方法,其通过逻辑语言系统来识别领域知识,并设计推理算法来求取行动方案。国际智能规划大赛(International Planning Competition,IPC)制定了专门的智能规划领域描述语言(Planning Domain Description Language,PDDL)。其中,层次任务网络(HTN)规划设计了层次化的逻辑语言系统,根据给定目标,采用任务递归分解的推理方法,将规划方案中的复合任务(Compound Task)分解为原子任务(Primitive Task),综合选择和组织出一组完全由原子任务组成的可执行行动序列。HTN 规划基于任务分解的规划思路与应急决策者进行应急行动方案制定决策的过程类似,从而成为智能规划中,在应急决策领域应用最广泛的方法。

HTN 规划是在基于状态的前序推理基础上通过任务分解实现自上而下的动作推理过程。萨瑟拉底(Sacerdoti,1975)于 20 世纪 70 年代提出了基于任务分解的 HTN 规划基本思想。Nonlin 规划系统(1977)是最早实现 HTN 规划基本思想的规划系统。埃罗尔(Erol,1994)分析了 HTN 规划理论模型的复杂性,设计了 UMCP 系统,可通过数理逻辑证明该系统的可靠性和完备性。智能规划逐步从实验室走向工程实践,由于 HTN 规划能够对复杂决策问题进行有效的知识表示和管理,其也逐步在实际工程中得到广泛应用。目前,学者们基于 HTN 规划设计了多个能够有效支持应急决策的规划系统。劳(Nau,2003)研发的 HTN 规划系统 SHOP(Simple Hierarchical Ordered Planner)实现了基于状态的偏序前向任务分解过程,而后为 SHOP 增加公理推理、外部函数调用、变量绑定排序、分支定界优化接口、保护条件等功能并命名为 SHOP2,被广泛地应用于应急疏散等各类应急行动方案制定决策问题。美国海军研究实验室的在研项目 HICAP(Hierarchical Interactive Case Based Architecture for Planning)将 HTN 规划与案例推理相结合,提出了集成 HTN 规划系统 JSHOP 和案例推理器 NaCoDAE 的 SiN 算法,能够交互式地分析海上应急疏散规划过程(Munoz-avila,2001)。欧盟的 COMETS 项目对 SHOP2 进行扩展,以更好地支持森林火灾应急决策(Nau,2005)。唐攀(2015)等针对应急领域的复杂时态特征,对领域模型进行了时态扩展,并设计了一种 anytime 启发式搜索方法,用于求解荆江防洪中的疏散转移问题。王喆(2013,2015)等对 HTN 规划中层次资源推理机制进行研究,并提出一种资源增强型 HTN 规划模型 REHTN,并在荆江防洪中的应急物资配送问题的求解中得到了应用。周超(2014)研究了通过部分可观测规划跟踪来获取 HTN 规划的领域知识,以降低 HTN 规划对于领域知识完备性的依赖。李明磊(2014)设计了概率 HTN 规划方法来观察用户行为。玛丽亚(Maria,2017)等通过 HTN 规划与自动监控平台相结合解决公共交通安全问题。祁超(2017)等分析了应急任务规划领域各类型资源和任务之间的复杂关系,通过资源模型同时处理规划过程中的离散多容量资源和时间约束,设计了 GSCCB-SHOP2 规划算法。乔治(Jorge,2018)等将 HTN 规划与约束满意度解算器相结合用来解决多机器人的路线问题。

　　锡埃布拉(Siebra,2006)开发了以 HTN 规划系统 O-Plan2 为核心的 I-X 框架系统用以解决地震灾害响应领域的实际决策问题。扎莫斯(Tormos,2002)为应对应急救援,以 O-Plan2 为基础设计了集成求解框架。亚松森(A-suncion,2005)等在 HTN 规划系统中引入了因果链用于管理时间约束,从而基于简单时态网络,设计了时态增强型 HTN 规划系统 SIADEX,该系统能有效支持行动并行执行,并在森林火灾应急方案制定中得到了应用。威尔金斯(Wilkins)等人以平衡表达能力和灵活性为目标设计了含时态的规划逻辑语言的 HTN 规划系统 SIPE2,成功地处理了石油泄漏、工程抢险等多个应急决策问题(Wilkins,1990)。沙滕贝格(Schattenberg,2009)等人设计了混合 HTN 规划系统。该系统通过对动作和状态的抽象,将 HTN 规划和偏序因果链规划(Partial Order Causal Link Planning,POCL)相结合,能够较好地处理规划问题中的时态约束,从而有效地支持洪水灾害危机响应。

　　综上所述,HTN 规划方法采用任务分解的方式实现动作推理,将 HTN 规划技术应用于应急决策支持系统,能够有效地支持应急行动方案制定决策,有效地提高应急决策的效率、灵活性和可靠性。首先,HTN 规划使用逻辑语言对层次化的应急行动方案制定过程进行管理,对于既缺乏详细的应急预案或相似的应急案例,又无法建立可靠数学模型的非常规突发事件,依然能利用语义描述与动作推理刻画实际问题,能够快速识别领域知识,易于求解结构化程度不高的应急决策问题,能够在复杂应急情景下进行应急行动方案的制定。其次,HTN 规划通过层次化的任务推理逻辑模拟决策者的认知过程,与应急态势感知(Emergency Situation Awareness,ESA)过程相似。而且,HTN 规划利用计算机强大的计算能力,自动地进行复杂的动作推理和资源配置过程,大大节约了应急决策的响应时间,提高了应急决策的效率。最后,HTN 规划关注的是动作推理的动态过程,能够在规划过程中进行干预和控制,可以通过扩展模拟应急行动制定与执行的动态过程。但是,突发事件具有高度不确定性,时刻都可能发生剧烈变化,导致"涟漪反应""连锁反应"和"裂变反应"。于是,应急行动方案决策需要由分布在不同地理区域的多个应急指挥团队共同负责。现有 HTN 规划多属于集中式的离线规划系统,难以适应分布决策环境。

三、规划与调度相集成的应急行动方案决策

如上可知,基于调度的应急决策方法准确快速,但是难以处理结构化程度低的决策问题。基于智能规划的应急决策方法推理能力强大,但是优化性能不高。非常规突发事件所处的应急情景对应急处置工作提出了特殊约束条件,导致应急决策需要在资源稀缺、目标模糊和时间紧迫等决策条件不充分的环境下开展。这意味着非常规突发事件应急决策中应急行动方案制定和资源调度具有高度耦合的特征。应急行动方案制定过程中选择不同任务执行策略会产生不同的资源需求,资源因素又反过来影响了应急指挥团队选择应急目标、战略和战术等决策行为。这就需要在应急行动方案制定过程中动态处理资源规划问题,而不能采用常规决策中将任务规划与资源调度独立为两个连贯过程的方式。同时,非常规突发事件具有高度不确定性,时刻都可能发生剧烈变化,导致"涟漪反应""连锁反应"和"裂变反应"。为此,学者们力图将智能规划与资源调度集成起来,通过模拟规划与调度紧密耦合过程的决策逻辑,在运用智能规划方法的基础上通过融合和扩展调度优化技术加以处理,用于辅助应急指挥机构开展多部门应急处置工作,如图 2.2 所示。

马塞多(Macedo,2004)设计了 ProCHiP 规划器,该规划器将 CBR 与 HTN 规划技术相结合,以处理不确定动态问题。派克(Paik,2007)将 HTN 和约束可满足技术相结合,实现了规划中逻辑推理和物理组合的结合,拓展了 HTN 的规划能力。科佩纳(Kopena,2008)将应急决策问题建模为分布式约束满足问题(Distributed Constraints Satisfactory Problem,DCSP),并设计了应急成员行动的协调方法。因此,随着人工智能技术在应急管理领域应用的深入,规划与调度相集成等混合型决策方法体现出广阔的应用前景和发展潜力。

在协作任务规划方面,佩乔切克(Pechoucek,2007)提出了基于多实体机

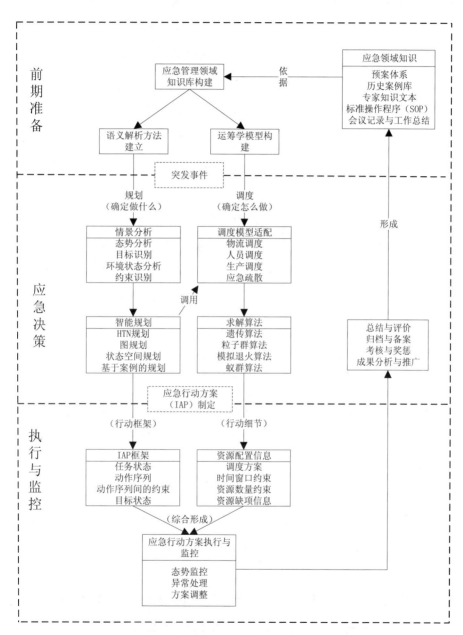

图 2.2　规划与调度相集成的应急行动方案制定决策框架

会规划、任务授权、行动协调和方案监视执行及调整的分布式问题解决方法，并应用于交通事故应急处置领域。哈亚西（Hayashi，2007）将协作任务规划过程分为包括任务分解、任务分配、任务完成和结果综合的关联子过程，并提出了分层多实体在动态环境下的分布式 HTN 规划框架。德克尔（Decker）提出了通用部分全局规划 GPGP（Generalizing the Partial Global Planning）方法，一种与领域无关的以任务环境为中心的协调方法。瓦格纳（Wagner）基于该方法提出了一种协作任务规划系统 Coordinators，在方案执行过程中协调多个应急成员的行动方案。穆斯里尔（Musliner）提出了一种基于 MMDP（Multi-Agent Markov Decision Process）的规划方法用于解决多个实体的协作规划问题。但是，基于 GPGP 应急任务协调规划需要各成员间频繁交换关于任务视图的信息，规划过程中通信量过大。梅内古齐（Meneguzzi，2018）为此设计了 GoCo（Goal & Commitment）模型，引入社会技术系统中的社会承诺概念，用以描述多部门之间相互作用，通过承诺协议和目标之间的层次结构和转换关系来处理多智能体（agent）应急协商。

应急行动方案制定决策是应急决策者为应对突发事件，快速高效地制定切实可行的应急行动方案的管理过程，逐渐成为应急管理领域的研究热点。应急处置实践不断证明，成功的应急行动方案是指导开展应急救援行动的基础保障。2003 年"非典事件"促使国内学术界开始关注应急行动方案制定的社会意义。以提高应急预案的实际效能为基础，对构建权责分明的应急行动方案制定决策框架展开了研究。2008 年汶川地震后，各地都加大了应急管理信息化建设力度，应急预案体系逐步健全，应急案例库、应急专家知识库和应急调度系统建设力度加大。借此契机，为解决应急行动方案制定问题，学术界出现了大量扩展传统决策方法的研究。2015 年天津滨海新区爆炸事故后，人们体会到应急行动方案制定决策失误所带来的巨大危害。在对此类事件的反思中，提高了对应急行动方案制定决策特殊性和重要性的认识。学者们在加强应急决策者临机决策规律研究的同时；力图通过提高应急行动方案制定的智能化水平，以增强应急决策的容错能力。2018 年中国应急管理部成立，将进一步推动应急指挥决策等应急管理研究。同时在此期间，不同研究背景的学者进入应急管理领域，如灾害学、人工智能、运筹学、控制科学、系统科学、管理科学等，使得应急决策的研究内容、理论和方法得到了极大的丰富。应急行动方案制定决策也由早期单纯的决策科学的研究问题，发展为综合交叉的前沿问题。学者们不仅关注应急行动方案制定的科学合理快速，也关注其决策过程的智能化、人性化、多样化和降低风险等。2019 年末至 2020 年，为了应对新型冠状病毒感染的疫情，我国政府动员了几乎所有部门处理城市交通管控、医疗资源调配、"疫情四类人员"排查收治和社区网格化管控等复杂应急行动，其应急行动方案制定的复合型、跨地域、跨行业和非常规特征更为明显。

但是由于社会高速发展，全球气候变化和国际形势发展等因素，突发事件应急处置工作日益复杂，而现有应急行动方案制定决策研究仍存在很多不足，其发展方向总结如下。

一是人机协同的应急行动方案制定决策。现代应急行动方案制定决策责任重大，应急领域专家或者智能系统都有其局限性。应研究如何将两者的优势结合起来；并研究人在回路的决策机制和方法。

二是大数据驱动的应急行动方案制定决策。大数据有助于分析和挖掘应急情报，并指导应急决策。但应急行动方案制定决策时间紧迫；同时环境模糊，情报分析工作复杂。如何利用大数据提高应急决策的效率和水平还需研究。

三是多源异构数据影响下的应急行动方案制定决策。应急处置工作，通常需要分布在不同地区的、从事不同性质工作、平时缺乏合作的多个参与单位通过"平战转换"紧急集结，共同完成。条块之间易产生多源异构数据。而如何自动抽取、验证和转换多源异构应急数据还需研究。

四是应急行动方案制定决策中的异常识别与处理。快速发现并及时处理应急行动方案中可能存在的问题,是提高应急行动方案制定决策容错能力的关键。可对应急行动方案制定决策的异常处理机制进行研究;还可引入鲁棒决策解决应急行动方案制定问题。

五是应急行动方案制定决策中的不确定信息处理。应急行动方案制定的科学性会不可避免地受到不确定信息的影响,研究如何降低不确定信息的不利影响,制定合理的应急行动方案是富有挑战性的工作。

第三章　应急情景构建与推演

第一节　应急情景构建基本概念

随着城市化、信息化和工业化水平的不断提高,突发事件及其孕灾环境越来越复杂,应急决策涉及的控制对象也愈加众多,传统的"预测—应对"模式难以满足对当前突发事件应急管理的实际需求。"情景—应对"应急处置模式基于已经发生的相似案例,提出科学有效的处置策略,日益受到学术界的关注。

情景较早由赫尔曼·长恩(HermanKahn)和维纳(Wiener)提出,他们提出在未来会实现其他几种未知的结果,并且实现的方法也是多样的,他们对未来会发生的情景做了描述,并且这个构成了一个"情景"。伊恩·威尔逊(Ian-Wilson)认为情景是对将要发生事件和趋势的个人分析与关于未来的描述相结合的一种尝试,情景本身并不是目的,是用于提高执行决策质量的管理工具,并提出了克服单点预测的文化偏见的方法。维多利亚(Vitoriano)等认为情景是"由目标产生的故事情节,描绘了实现这个目标所需要的执行者、执行步骤以及可能出现的结果",综合前人对情景的定义说明,可以看出情景是对某一事件的前因后果以及发生发展的过程的描述。

情景构建这一方法最早出现于二战之后,最初是作为一种军事规划方法,后来逐步发展为商业战略工具和国家安全风险分析工具。情景构建作为一种风险管理战略,帮助壳牌成功渡过两次石油危机,提升了壳牌在石油领域的地位。此外,美国在 2001 年的"9·11"事件和 2005 年的卡特里娜飓风灾害之后,其国土安全委员会开展了"国家(危机)情景构建"工作,最终提出了包含核生化袭击、网络袭击、东海岸飓风、西海岸地震等在内的 15 个情景,并将上述情景作为指导各领域工作的重要战略工具。英国也在 2015 年由内阁办公室牵头,开展了英国"国家安全风险清单"工作,动态分析未来 5 年威胁国家安全的最坏可信情景,其中包含恐怖袭击、军事冲突、网络安全、自然灾害、传染疫情等事件。除美国和英国外,德国、日本等国家也都依据这种思路开展了国家安全风险研究和战略准备。

而我国应急情景构建起源于北京市 2012 年的"7·21"暴雨事件。在发生"7·21"暴雨之后,中国安全生产科学研究院刘铁民教授提出北京作为特大型城市,公共安全问题应采取情景构建方法针对类似"7·21"特大暴雨这样的巨灾和危机进行研究和部署。在此之后,情景构建的研究逐渐应用在应急管理领域。情景构建是从情景分析法中衍生出的一种应急规划方法,与传统的情景分析方法有一定的差异。情景分析是基于若干的核心变量,分析未来的情景,往往得出一组情景;而情景构建是基于底线思维,阐述可能的事件以及事件的可能过程,即构建"最坏可信情景"。情景分析主要是通过黑箱式的思考和创新的讨论,得出的情景有相当一部分不会发生;而情景构建是基于大量的已发生的案例和已获得的经验知识,得到的情景相对精确。

第二节　情景构建

一、整理收集案例

根据 2006 年 1 月国务院颁布的《国家突发公共事件总体应急预案》规定,按照突发公共事件的发生过程、性质和机理,可分为自然灾害、事故灾难、公共卫生事件以及社会安全事件。其中自然灾害主要包括水旱灾害,气象灾害,地震灾害,地质灾害,海洋灾害,生物灾害和森林草原火灾等;事故灾难主要包括工矿商贸等企业的各类安全事故,交通运输事故,公共设施和设备事故,环境污染和生态破坏事件等;公共卫生事件主要包括传染病疫情,群体性不明原因疾病,食品安全和职业危害,动物疫情,以及其他严重影响公众健康和生命安全的事件;社会安全事件主要包括恐怖袭击事件,经济安全事件和涉外突发事件等。

突发事件案例信息的收集整理是进行应急情景构建及推演的基础。学术界对突发事件案例数据库的建设非常重视,纷纷启动数据库建设项目,组织专门机构开展突发事件案例数据库建设工作。下面按类型介绍突发事件案例数据库建设情况。

（一）自然灾害案例数据库建设情况

全球灾害数据平台由应急管理部—教育部减灾与应急管理研究院等共同创办,涵盖了全球灾害实况、重大灾害、灾害评估报告、灾害特征分析、中国灾害数据库五大板块,以实现全球灾害实时数据采集与发布,为全球灾害风险管理提供决策支持。紧急事件数据库(EM-DAT)是在世界卫生组织和比利时政府的初步支持下创建的,包含了1900年至今世界上发生和影响的22000多起大规模灾害的基本核心数据。国家地震科学数据中心提供了地震观测、探测、调查、实验和专题等五大类数据,在提高地震监测预报能力、做好防震减灾工作中发挥出巨大作用。

美国国家地球物理数据中心和美国国家气候数据中心记录了海啸、地震和火山数据以及气候和历史天气数据,以支持研究、规划、应对和缓解自然灾害的发生。美国地质调查局建立了先进的国家地震系统(ANSS)用以监测和报告地震,评估地震的影响和危害,并对地震的原因和影响进行研究。同时还有《国家气象灾害年鉴》《中国海洋灾害公报》《中国统计年鉴》等可供灾害风险评估管理等方面的科研、教学和管理决策人员参考。灾害事件数据来源网站如表3.1所示。

表 3.1　灾害事件数据来源网站

网站名称	网址
中国气象数据网	http://data.cma.cn/
中国自然灾害数据库	http://www.data.ac.cn/list/tab_nature_disaster
中国自然资源部	http://www.mnr.gov.cn/sj/
国家地震科学数据中心	https://data.earthquake.cn/
国家海洋科学数据中心	http://mds.nmdis.org.cn/
全球灾害数据平台	https://www.gddat.cn/newGlobalWeb
紧急事件数据库	https://www.emdat.be/
美国地球物理数据中心	https://ngdc.noaa.gov/
美国国家气候数据中心	https://ncdc.noaa.gov/
美国地质调查局	https://earthquake.usgs.gov/

洪涝灾害数据库方面,国内专门针对洪涝灾害的数据有中国水利部公布的《中国水旱灾害公报》,中国气象科学研究院发布的《中国暴雨洪涝灾害数据集》以及相关政府网站以及权威的媒体发表的洪涝灾害事件;在国外有美国暴风雨雪灾害数据库(NCDC)、欧洲药品管理局(EMA)灾害数据库和联合国开发计划署(UNDP)自然灾害数据库等,如表 3.2 所示。

表 3.2　洪涝灾害事件数据来源网站

网站名称	网址
中华人民共和国应急管理部	https://www.mem.gov.cn/
中国应急信息网	http://www.emerinfo.cn/
中华人民共和国水利部	http://www.mwr.gov.cn/
人民日报图文数据库	http://data.people.com.cn/rmrb/
全国水雨情网站	http://xxfb.mwr.cn/syqfaq/njjsw.html
中国气象局	http://www.cma.gov.cn/

(二)事故灾难案例数据库建设情况

《交通运输行业发展统计公报》《国民经济和社会发展统计公报》《中国统

计年鉴》《中国环境状况公报》等统计公报以及各地区应急管理、交通、环境等政府部门官方网站也提供了各类安全事故、交通运输事故、环境污染等数据信息。中国环境保护数据库是国家信息中心中经网提供的环保领域的数据库群,内容包括环境资讯库、环保统计库、分析评论库、法律法规库、发展规划库、环保会议库以及环保十年图片数据库。

美国国家运输安全委员会提供的航空事故数据库包含 1962 年及之后的民航事故和美国境内、其领土和属地以及国际水域的特定事件的信息,同时提供的还有其他交通方式——公路、海运、铁路的重大事故数据库,旨在开展交通安全研究,防止未来事故的发生。英国交通部提供了从 2000 年到 2016 年超过 160 万起事故的交通事故数据集,是最全面的交通数据之一。交通事故数据来源网站如表 3.3 所示。

表 3.3　交通事故数据来源网站

网站名称	网址
中国交通运输部	https://www.mot.gov.cn/
中国环境保护数据库	http://hbk.cei.cn/aspx/default.aspx
美国国家运输安全委员会	https://www.ntsb.gov/Pages/home.aspx
英国交通部	https://www.gov.uk/government/organisations/depart-ment-for-transport

应急管理部化学品登记中心积极跟踪国内外化学品事故动态,系统、全面、即时地搜集事故资源,进行科学分类与专业分析,形成多种事故信息产品,包括化学品事故信息网、化学品事故手机报、化学品事故查询系统、化学品事故案例库、石化事故案例数据库。美国化学安全委员会(CSB)是负责调查重大化学事故的美国联邦机构,该机构已经处理了 130 多起化学事故,并发布了 800 多条建议,为各行各业带来了众多安全改进,危化品事故来源网站如表 3.4 所示。针对矿山事故等安全生产事故,还有应急管理部提供

的重特大事故调查报告以及国家矿山安全监察局提供的矿山事故报告和事故案例。

表 3.4　危化品事故数据来源网站

网站名称	网址
应急管理部化学品登记中心	http://www.nrcc.com.cn/
危险化学品公共安全服务平台	http://hxp.nrcc.com.cn/
化学品事故信息网	http://accident.nrcc.com.cn
美国化学安全委员会	https://www.csb.gov/
英国健康安全执行局	https://www.hse.gov.uk/
国家矿山安全监察局	https://www.chinamine-safety.gov.cn
中华人民共和国应急管理部	https://www.mem.gov.cn/

(三)公共卫生事件案例数据库建设情况

国家人口健康科学数据中心建立了新型冠状病毒数据共享系统,其中包含与新冠研究文献、疫情报告、防疫指南、政策法规等相关数据。国泰安(CS-MAR)在疫情暴发后推出了新冠疫情与经济研究数据库,其收录了疫情基本信息、人口流动、经济影响三大类数据。CSMAR 国际公共卫生紧急事件(PHEIC)研究数据库全面收录了公共卫生、疫情防控、国际影响和社会关注四部分数据内容。公共卫生科学数据中心提供了传染性疾病、慢性非传染性疾病、健康危险因素、生命登记 4 大类公共卫生数据。

艾伦(Allen)人工智能研究所、微软研究院等与美国白宫科学技术办公室合作创建 COVID-19 开放研究数据集。数据集包括超 29000 篇来自世界各地的冠状病毒类学术文章,以支持全球正在进行的 COVID-19 响应工作。世界卫生组织建立了一个 COVID-19 相关学术文章的数据库,美国国立卫生研究院也有他们的 LitCovid 数据库。公共卫生事件数据来源网站如表3.5 所示。

表 3.5 公共卫生事件数据来源网站

网站名称	网址
艾伦 AI 研究所	https://allenai.org/
世界卫生组织	https://www.who.int/
美国国立卫生研究院	www.nih.gov
国家人口健康科学数据中心	https://www.ncmi.cn/
中国疾病预防控制中心	https://www.chinacdc.cn/
美国疾病预防控制中心	http://www.cdc.gov/
国泰安 CSMAR 数据平台	http://cndata1.csmar.com/
公共卫生科学数据中心	https://www.phsciencedata.cn/Share/index.jsp

中国食品安全国家标准和食品安全抽检结果由国家市场监督管理总局发布,包含我国各污染物的限量标准、抽检结果全部合格和不合格产品信息的食品名称和抽检次数等。对于进出口食品安全数据,如各国有关标准和未准入境食品信息由中国海关总署发布。此外,中国还有一些食品安全数据集是由商业组织提供的,例如食品伙伴网的专业食品安全数据库,包含安全性指标、食品抽检信息、化学污染、微生物、进出口信息、认证信息、营养数据等。

GEMS/Food 是全球环境监测/食品污染监测和评估系统,它由世界卫生组织发布,包含世界各个地区的食品污染物监测数据;RASFF 是欧盟食品和饲料类快速预警系统,是现在由欧洲联盟委员会公布运行的食品安全在线数据库,该系统可以按照通知、通知类别、危害物、日期、产品、关键字等进行筛选和分析。EFSA-Data 是由欧洲食品安全局发布的欧盟地区食品安全数据收集和分析结果,其中包含食品消费、食品成分、生物危害、化学危害、化学污染物、化学残留物、植物学纲要和标准化数据等相关数据。美国食品药品监督管理局发布了一些数据库,如农药残留监测计划报告和数据、FDA 监管产品召回的信息等。食品安全事件数据来源如表 3.6 所示。

表 3.6　食品安全事件数据来源网站

网站名称	网址
中国食品安全网	https://www.cfsn.cn/
国家食品安全风险评估中心	https://www.cfsa.net.cn/
国家市场监督管理总局	http://www.samr.gov.cn/
中华人民共和国海关总署	http://www.customs.gov.cn/
美国食品药品监督管理局	https://www.fda.gov/
欧洲食品安全管理局	https://www.efsa.europa.eu/

（四）社会安全事件案例数据库建设情况

全球恐怖主义数据库（GTD）是一个开源数据库,包括 1970 年至 2017 年全球恐怖袭击的信息,GTD 包括在此期间发生的国内和国际恐怖主义事件的系统数据,现在包括更多超过 180000 次攻击。该数据库由总部设在马里兰大学的国家恐怖主义和反恐问题研究联合会（START）的研究人员维护。社会安全事件数据来源如表 3.7 所示。

表 3.7　社会安全事件数据来源网站

网站名称	网址
Kaggle-全球恐怖主义数据库	https://www.kaggle.com/START-UMD/gtd
反恐怖主义信息网	https://cati.nwupl.edu.cn/

二、确定情景单元

当今世界的灾害频发,对人类构成了极大的威胁,有效地认识灾害、揭示灾害形成的规律,遏制灾害的产生是当今社会人类所面临的极为重要的战略性任务和迫切使命。各种灾害系统的演化变异表现出不同的过程规律,但其在结构变化特征上却体现出一致性,灾害系统的演化变异过程均表征为灾害系统在外部环境作用影响下其内部结构关系变化、内部响应和灾害系统对外作用过程等三方面复杂运动规律。

范维澄院士提出了公共安全科技的三角形框架,即公共安全科技的框架可以用一个三角形来表示,三角形的三个边分别代表突发事件、承灾载体和应急管理。应急管理是指采取人为干预的手段,预防或减少突发事件的发生及其造成的后果。近些年来,我国对突发事件的应急管理重视程度在逐渐增加,因此将公共安全科技三角形框架与自然灾害系统中的孕灾环境、致灾因子和受灾体相结合,对突发事件应急情景进行研究。

以自然灾害中的洪涝灾害为例进行说明,将城镇洪涝灾害应急情景组成单元划分为孕灾环境(E)、致灾因子(H)、承灾载体(C)和应急管理(M)四部分。城镇洪涝灾害孕灾环境包括两类:自然环境和社会环境。自然环境主要为地形、地貌、水文、气候等,社会环境为城市排水系统、防洪设施等。致灾因子为降雨量和防洪水位等。承灾载体是指包括人类本身在内的社会系统受到损害的各个方面,按照城镇中社会的组成可以分为以下几个部分:人员伤亡、建筑设备、自然环境、经济作物、命脉系统、经济损失等。应急管理指在城镇洪涝灾害发展的不同阶段采取措施,用于预防城镇洪涝灾害的发生以及城镇洪涝灾害对人类社会造成的危害。

孕灾环境、致灾因子、承灾载体和应急管理四部分组成了城镇洪涝灾害应急情景的主要框架,四部分之间相互联系、彼此作用,影响着城镇洪涝灾害的演化趋势。而每一个部分又包含有多个子要素,如应急管理包括应急管理的主体和客体、动用的资源以及处置的方式等,这些众多的子要素相互作用描述了每一个部分的具体信息,对这些子要素进行提取是充分认知城镇洪涝灾害应急情景框架的重要部分,图3.1即为城镇洪涝灾害应急情景框架的主要组成要素。

城镇洪涝灾害的孕灾环境包括自然环境和社会环境,致灾因子包括致灾因子的类型、致灾方式、过程以及致灾发生的时间、地点等,承灾载体包括人员

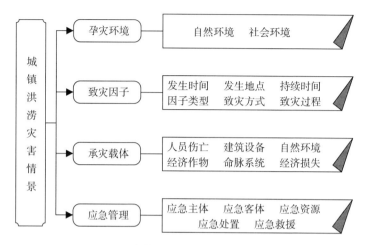

图 3.1　城镇洪涝灾害应急情景要素

伤亡、建筑设备、自然环境、经济作物和命脉系统等，应急管理包括实施应急管理的主体、客体、时间、资源和具体措施等。

三、情景知识元表示

对突发事件的众多繁杂的要素进行提取后，正确有效地进行表示是后续进行应急情景推演的关键一步，利用知识元模型可以有效地对突发灾害事件应急情景要素进行系统的全方位的描述刻画。

以城镇洪涝灾害为例进行说明，随着时间的推移，城镇洪涝灾害会出现不同的应急情景，而根据上一节的分析，每一个应急情景框架包含四个部分，每一个部分则包含众多相应的要素。因此将城镇洪涝灾害应急情景按照层级结构分为三层，最顶层为城镇洪涝灾害各个阶段的不同应急情景，用 S 表示，则

$$S = (S_0, S_1, S_2, \cdots, S_i, \cdots, S_n) \tag{3.1}$$

其中，S_n 表示城镇洪涝灾害第 n 个场景。

城镇洪涝灾害应急情景结构的第二个层级为构成应急情景单元的四个部

分,以及四个部分之间的关系 R,应急情景单元为 S_i,其组成如下表示:

$$S_i = (E,H,C,M,R) \tag{3.2}$$

其中,E 为孕灾环境,H 为致灾因子,C 为承灾载体,M 为应急管理,R 指四个部分之间的关系。

对于应急情景结构组成中的某一部分而言,需要对其进行进一步的细化表示,才有助于应急情景的分析。按照知识元表示的模型,孕灾环境 E 包含多个子环境,可以表示为:

$$E = (E_1, E_2, E_3, \cdots, E, \cdots, E_n) \tag{3.3}$$

每一个子环境 E_i 包含多个子要素,即

$$K_{E_i} = (N_{E_i}, A_{E_i}, R_{E_i}) \tag{3.4}$$

其中,K_{E_i} 表示组成知识 E_i 的知识元,N_{E_i} 表示城镇洪涝灾害事件孕灾环境 i 子环境要素的名称和概念,A_{E_i} 表示 i 子环境要素的定量或定性属性,R_{E_i} 表示要素内部属性间的关系。i 子环境的要素属性 A_{E_i} 可以用知识元的模型进行规范性描述:

$$K_a = (p_a, d_a, f_a) \quad \forall a \in A_{E_i} \tag{3.5}$$

其中,K_a 用来对事物属性 A_{E_i} 进行规范的描述,p_a 表示事物的属性可测或可描述特征;d_a 为可测度量纲,如取值单位;f_a 为关系规则,用来表示属性状态随时变函数,仅当属性为可测状态并且随时间发生变化时存在。

对于 i 子环境要素内部属性间的关系 R_{E_i} 也可以用知识元的模型进行规范性的描述:

$$K_r = (p_r, A_r^I, A_r^O, f_r) \quad \forall r \in R_{E_i} \tag{3.6}$$

其中,K_r 用于描述事物对象内部属性间的约束关系,p_r 表示事物对象属性间关系映射描述,A_r^I 为输入属性状态集,A_r^O 为输出属性状态集,$(A_r^I, A_r^O) \in A_{E_i}$,$f_r$ 是关系映射的函数:$A_r^O = f_r(A_r^I)$。

第三节　情景推演

一、情景演化分析

(一)突发事件应急情景演化驱动力

突发事件的应急情景单元分为四个部分,即孕灾环境(E)、致灾因子(H)、承灾载体(C)和应急管理(M)。四个应急情景单元之间彼此联系,互相影响。孕灾环境对致灾因子产生作用,致灾因子进而对承灾载体产生影响,承灾载体受到影响发生变化后反过来对环境和致灾因子产生影响,而应急管理作用于承灾载体后,对孕灾环境和致灾因子产生影响,促使事件朝着某一方向发展。

以北京的"7·21"洪涝灾害为例进行说明,2012 年 7 月 21 日,受冷空气和暖湿润气流(孕灾环境)的共同影响,北京市迎来了极为罕见的强降雨(致灾因子),各个河道均有不同程度的涨水(致灾因子),对北京的基础设施、交通系统和林业等多个方面造成了巨大的损失(承灾载体),灾害发生后,政府部门派遣解放军、武警部队进行现场救援(应急管理),城市排水集团、自来水集团等城区各个应急排水队伍进行排水作业(应急管理),除此之外,其他相关部门调用人力物力,对受灾的民众进行救援(应急管理),确保人民群众的生命安全和财产安全,竭力保障北京市的城市发展的稳定。而在政府采取应急管理后的影响反过来作用于应急管理,调整着应急管理的内容和力度。

因此孕灾环境、致灾因子、承灾载体和应急管理四个单元之间的关系发展推动着突发事件应急情景的发展的趋势,是突发事件应急情景演化的驱动力所在。

(二)突发事件演化机理与路径

应急情景演化是指突发事件发生以后,在内外部因素的作用下,包括内外部环境和应急管理措施等,应急情景从某一应急情景转变为另外一个场景的过程。突发事件的演化总是去向某个由环境和本身状态所共同确定的最终状态,该状态往往对应一个"自然极值",即该极值出现的时候,一个应急情景即将接近尾声,而另一个应急情景则将开始产生。突发事件的演化机理是指突发事件发生以后,由外部环境和自身状态等各个因素的影响,而导致事件朝着不同的方向进行发展的内在机理,主要包括衍生、耦合和转化机理。

以城镇洪涝灾害为例进行说明,城镇洪涝灾害事件的转化机理是指洪涝灾害发生后,由于洪涝灾害的直接影响而发生其他类型的灾害事件,即当 A 事件发生后,转化为 B,C,D 等事件。就目前洪涝灾害发生的情况而言,洪涝灾害可能转化为以下几类事件:一是经济损失事件。洪涝灾害发生以后,除了造成房屋受损,人民受伤以外,也会大范围地淹没农田,对供水、供电和供气系统造成不同程度的损坏,此外也会破坏交通运输系统,对人们的出行和货物的运输产生极大的影响。二是疫情事件。洪涝灾害发生以后,会有大量动物因灾死亡,气温回升后,动物尸体会出现腐烂的现象,容易造成口蹄疫、高致病性禽流感和炭疽等动物疾病的产生,对人们的生命健康造成极大的威胁。三是社会治安事件。历史上严重的洪涝灾害对于某个地区的人民几乎是致命性的打击,往往会出现大批难民流离失所,而受灾区域的恢复也需要极长的时间,在这一段恢复的时间内,社会的治安问题会持续存在,转化机理如图 3.2 所示。

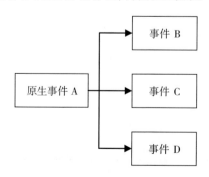

图 3.2　城镇洪涝灾害转化机理示意图

城镇洪涝灾害事件的衍生是指在应对洪涝灾害的过程中,出现了其他类型的突发事件,比如在发生洪涝灾害之后,政府派出救援人员进行搜救处理,而在搜救过程中,由于工作强度过大,导致搜救人员体力不支而出现意外牺牲;由于政府和相关部门的救援和应对能力有限而导致搜救结果不能让民众满意,出现民怨沸腾的现象;在救援和被施救的过程中,救援人员和受灾人员会由于一些因素而出现不同程度的心理问题,这些现象都会或多或少不可避免地出现,衍生机理如图3.3所示。

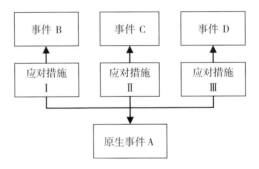

图3.3 城镇洪涝灾害衍生机理示意图

城镇洪涝灾害事件的耦合机理较为复杂,如果在发生洪涝灾害的同时,出现了一些极端的天气现象和公共安全事件等突发的事件,则会加剧洪涝灾害造成的危害影响,耦合机理如图3.4所示。

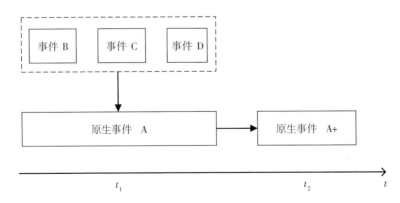

图3.4 城镇洪涝灾害耦合机理示意图

对城镇洪涝灾害事件的演化机理充分地进行把握,对应急情景单元之间的关系以及组成应急情景单元的具体要素进行分析,找出它们之间的关系与规律,是构建城镇洪涝灾害事件应急情景模型的关键部分之一。在城镇洪涝灾害事件的演化过程中,各应急情景单元之间相互作用,在转化、衍生耦合的机理下,推动着事件朝某一方向发展。在t_1时刻,为城镇洪涝灾害的初始应急情景S_1,在孕灾环境$(E_{11},E_{12},E_{13},\cdots)$的影响下,致灾因子$(H_{11},H_{12},H_{13},\cdots)$对承灾载体$(C_{11},C_{12},C_{13},\cdots)$产生相应的破坏作用,在此背景下,采取应急管理措施$(M_{11},M_{12},M_{13},\cdots)$对承灾载体$(C_{11},C_{12},C_{13},\cdots)$、孕灾环境$(E_{11},E_{12},E_{13},\cdots)$以及致灾因子$(H_{11},H_{12},H_{13},\cdots)$进行干涉,与此同时,承灾载体$(C_{11},C_{12},C_{13},\cdots)$、孕灾环境$(E_{11},E_{12},E_{13},\cdots)$以及致灾因子$(H_{11},H_{12},H_{13},\cdots)$在受到作用后也会反过来对应急管理措施$(M_{11},M_{12},M_{13},\cdots)$进行反馈。随着应急情景内各单元的不断作用,在$t_2$时刻进入到城镇洪涝灾害的$S_2$应急情景,此时孕灾环境$(E_{21},E_{22},E_{23},\cdots)$、致灾因子$(H_{21},H_{22},H_{23},\cdots)$、承灾载体$(C_{21},C_{22},C_{23},\cdots)$和应急管理$(M_{21},M_{22},M_{23},\cdots)$四个应急情景单元之间相互作用,促使着事件继续朝某个方向继续进行演化,所有的应急情景$(S_1,S_2,\cdots,S_n)$共同构成了城镇洪涝灾害事件的演化发展过程,如图3.5所示。

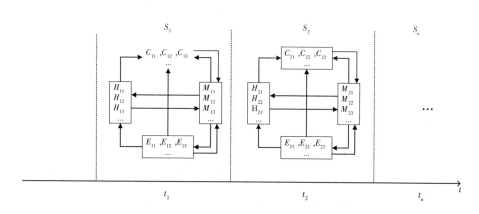

图3.5　城镇洪涝灾害应急情景演化示意图

63

二、贝叶斯网络情景推演

(一)突发事件贝叶斯网络

突发灾害事件应急情景演化是组成应急情景的各个单元之间相互联系产生影响的过程。对突发灾害事件的应急情景推演过程进行研究,最主要的部分就是基于应急情景的组成单元,分析组成各个单元的要素之间的关系,进而探究出下一个应急情景的具体输入内容。突发事件发生条件复杂,涉及的要素众多,此外在应急管理部分也牵涉众多的部门,因此存在着事件信息复杂不完全的特点,在应急管理参与后,决策者无法判断当前事件态势的发展情况,没有办法进一步采取有效的管理措施。以突发灾害事件的应急情景构成单元为基础,构建突发灾害应急情景网络,采用贝叶斯网络的推演方法,抽取关键的应急情景要素作为贝叶斯网络的节点变量,可以有效地解决由于信息不确定、不完善带来的不确定性的事件推演问题。

贝叶斯网络是一种用来表示不确定的变量集合联合概率分布的图形模式,基于贝叶斯网络的机理,构建突发灾害事件应急情景推演的贝叶斯网络需要两个部分的内容,一是确定突发灾害事件的具有因果关系的节点变量集合及节点变量的网络拓扑结构,二是确定节点变量之间的相互关系,也就是条件概率表。

以城镇洪涝灾害为例进行说明,城镇洪涝灾害事件包含多个应急情景,而每个应急情景包括四个部分内容,孕灾环境、致灾因子、承灾载体和应急管理,这四个部分相互联系,互相作用,共同推动着城镇洪涝灾害的发展方向。因此,在构建城镇洪涝灾害应急情景网络的时候,将孕灾环境变量(E_i),致灾因子变量(H_i),承灾载体(C_i)和应急管理(M_i)抽象作为贝叶斯网络的节点变量。对于这四个变量的具体内容,可以通过洪涝灾害事件的原始报道资料和相关政府的网站进行获取。变量的具体信息确定之后,对以往的历史案例演化过程进行统计分析,可以大致确定各个节点之间的结构关系。在灾害的节点变量和节点之间的关系确定之后,可以构建城镇洪涝灾害应急情景贝叶斯网络结构图,如图3.6所示。

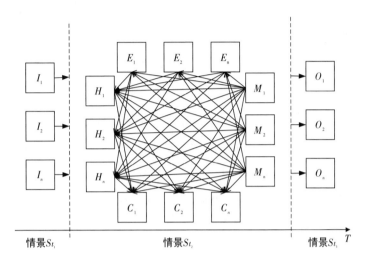

图3.6　城镇洪涝灾害事件应急情景贝叶斯网络结构

如图3.6所示,应急情景S_{t2}的输入变量用I_n表示,应急情景S_{t2}当前的节点变量由孕灾环境变量集合E_n、致灾因子变量集合H_n、承灾载体变量集合C_n以及应急管理变量集合M_n共同构成,应急情景S_{t2}的输出变量即为下一应急情景S_{t3}的输入变量,用O_n来表示。孕灾环境对致灾因子产生影响,致灾因子随后作用于承灾载体,灾害造成损失后,应急管理部门相应地采取处置应对措施,减少洪涝灾害对人民生命和财产安全的威胁。在城镇洪涝灾害事件中,各个变量节点之间的关系纷繁复杂,不能主观臆测,而应该根据当前应急情景态势的实际情况确定各个变量的具体内容和它们之间的联系,从而可以有效地构建较为准确地城镇洪涝灾害演化的贝叶斯网络结构图。

(二)突发事件节点变量概率

确定突发灾害应急情景贝叶斯网络结构图的节点之后,科学准确地获取各个网络节点变量的概率,是进行突发灾害应急情景推演的关键步骤。推演结果的科学有效性与节点变量概率的计算准确性紧密相关。

　　以城镇洪涝灾害为例进行说明,先验概率的获取可以通过对近些年来发生的城镇洪涝灾害案例的相关历史数据和材料进行整理分析统计,统计灾害发生的频率,确定城镇洪涝灾害发生时各个相关要素的发生可能性。由于收集到的数据资料存在一定的不完整性,有关政府的应急响应情况的概率,如"建筑物积水"和"道路积水"对"交通、通信和供电等生活系统中断"的影响、"泵站抽排水"和"交通管制疏导"对"积水消退情况"的影响等,专家只能根据自身的工作经验和所学技能用较为抽象的量词对节点之间的因果关系和联系程度进行分析。但是这些抽象型的描述无法直接应用于贝叶斯网络中,需要将其转化成具体的数值。对于如何将这些抽象量词转化为具体的事件概率值,有学者提出了用概率量表加以解决如图 3.7 所示。

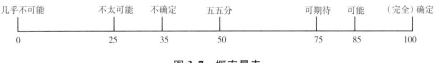

图 3.7　概率量表

　　通过该方法可以将抽象量词转变为具体的概率值,有助于提高贝叶斯网络的概率分布表的精准性。此外,为了确保节点概率的科学性,提高其与现实的匹配度,可以采用证据理论,见公式(3.7)。对计算出的节点概率进行融合,以保证其精确度,满足实际的应用要求。

$$m(A) = \sum_{A_i \cap B_j \cap C_l \cap \cdots = A} m_1(A_i) \cdot m_2(B_j) \cdot m_3(C_l) \cdots + k \cdot q(A) \quad \forall A = ? \qquad (3.7)$$

$$k = \sum_{A_i \cap B_j \cap C_l \cap \cdots = A} m_1(A_i) \cdot m_2(B_j) \cdot m_3(C_l) \cdots, q(A) = \frac{1}{n} \sum_{1 \leqslant i \leqslant n} m_i(A)$$

$$(3.8)$$

　　该合成方式把支持证据冲突的概率按各个命题的平均支持程度加权进行分配,提高了合成结果的可行性和规范性,即使对于高度冲突的证据,也能够取得理想的合成结果,为提高数据融合的精确度提供了解决思路。

三、情景推演与应对行为分析

随着应急管理的不断深入,应急管理措施的实施对于突发事件的应急情景演化方向有着极为重要的影响作用,对二者的耦合作用关系进行深入的剖析有助于了解应急情景演化与应急管理措施的关系,有助于决策者更好地对突发事件进行应对管理。本书以城镇洪涝灾害为例,从应对行为主体、应对内容以及应急情景推演与应对行为的关系这三方面进行阐述。

（一）城镇洪涝灾害应对主体分析

城镇洪涝灾害涉及的主体较多,主要包括两个部分:施救方和受灾方。施救方主要是指应急管理部、防汛抗旱指挥办公室、气象局、消防局和医院等,受灾方主要是指生活在城镇中的人民群众。随着我国应急管理制度的不断完善,各级政府也编制了响应的防汛预案,因此前者在应对城镇洪涝灾害时有案可循,行动流程较为规范化,目的主要是通过对受灾群众的救助从而在宏观上减少洪涝灾害对城市发展造成的阻碍作用;而后者范围较广,他们应对洪涝灾害的目的是自救,主要是为了减少洪涝灾害对其财产的损失和生命的威胁。在当前社会的发展背景下,互联网不断普及,新媒体也在慢慢发展,人们对洪涝灾害的关注大部分都来自媒体,媒体对政府的行为进行监督,也帮助人们了解灾情的发展和政府的救援情况。因此,本书将政府(相关部门和救援单位均归结于政府),受灾人民群众及新闻媒体归入城市洪涝灾害事件的应对处置体系,进行分析,如图 3.8 所示。

（二）城镇洪涝灾害应对内容

1. 政府部门应急情景应对行为分析

在 2003 年取得抗击"非典"的胜利后,我国政府开始加强对应急管理体系的建设,核心内容可以概括为"一案三制"。此外针对洪涝灾害事件,国家不断发布相关文件,用于指导洪涝灾害的处置应对。2005 年发布了《国家防汛抗旱应急预案》,2010 年修改发布了《中华人民共和国防汛条

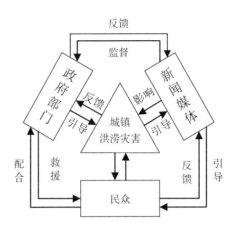

图 3.8 洪涝灾害与政府、民众和新闻媒体行为的关系图

例》,2016 年发布国家防汛抗旱总指挥部办公室、住房和城乡建设部发布关于做好城市洪涝灾害防范工作的通知,2016 年修改发布了《中华人民共和国防洪法》,2017 年国家卫生计生委办公厅印发洪涝灾害后卫生防疫有关方案的通知。在城镇洪涝灾害发生以后,根据洪涝灾害的严重程度和范围,政府启动相应的应急预案,对洪涝灾害造成的危害进行治理,减少洪涝灾害造成的损失。

根据洪涝灾害的危害程度,我国 2016 年公布修订的《国家自然灾害救助应急预案》设定了四个响应等级,分别是Ⅰ、Ⅱ、Ⅲ和Ⅳ,针对每级的响应级别有对应的响应行动,国家防总办公室做出相应的工作安排,加强对汛情的监控和对防汛工作的统筹安排,相关流域的防汛指挥机构加强对汛情的防控,做好洪水预测预报,并将情况及时报国家防总办公室,按照预案采取相应防守措施。在对洪涝灾害进行应对的过程中,涉及公安局、水务局、消防局、卫生局、交通局和民政局等多个部门,包含的应急处置行动有人员救援、交通疏导、建筑物抽排水和新闻发布等,而在采取应急处置行动的过程中用到的应急资源有相关专业人员、应急物资和设备等。

2. 民众应急情景应对行为分析

民众是洪涝灾害发生时主要的受到影响的群体,如果民众在灾害发生前对洪涝灾害有一定的认知了解,在灾害发生时有着正确的应对方式,灾后能对洪涝灾害造成的影响及时消除,则能极大地减少洪涝灾害对城镇居民造成的财产损失和精神影响。因此,为了有效地应对洪涝灾害,民众有必要对洪涝进行一定程度的了解,掌握一些基础的应对措施,以将洪涝灾害造成的损失降到最低。就大部分情况而言,民众在面对洪涝灾害时采取的行动举措,主要目的是减少洪涝灾害对其个人的损失。

民众采取的措施对于洪涝灾害应急情景的发展也会有一定的影响作用,基于此,本文对民众能够采取的行为策略进行详细的分析。主要是从三个阶段进行分析,分别是灾害发生前、灾害发生时和灾害发生后,如表3.8所示。

表3.8 民众在城镇洪涝灾害应急情景中的应对行为

时间	行动	具体内容
灾前	及时了解预警信息	关注有关部门的微博、微信和网站
	做好家庭防灾准备	家中常备一些物品,如收音机、哨子、救生衣、救生圈和常用药品等
	加强日常应急演练	参加街道、社区组织的应急演练,了解遇到洪涝灾害时应该采取的措施内容
灾中	进行避险	切断电源,与外界取得联系,请求救援
	及时了解灾情信息	关注政府发布的通知
灾后	做好灾后防疫工作	对房屋周围的环境进行灭菌消毒;出现不适及时就医
	进行心理恢复	保证充足的休息和睡眠;多与家人朋友交流沟通

3. 新闻媒体应急情景应对行为分析

随着互联网的普及和新媒体的不断发展,曾经属性较为单一的洪涝灾害很容易在舆论的影响下演变成复杂的社会问题。新闻媒体对洪涝灾害的报道会在一定程度上影响着洪涝灾害的发展和变化。2012年北京发生的"7·21"

特大暴雨灾害中,网上有谣言称房山区的一敬老院中有200多名老人在暴雨灾害中死亡,引发了舆论的动荡,影响了社会的稳定,浪费了政府大量的时间和精力去回应这些谣言。

及时准确有效地对洪涝灾情进行报道,有助于提高民众对于洪涝灾害的认识,便于政府洪涝灾害后期治理的开展;而在洪涝灾害中恶意地传播谣言,或者救灾人员出现不当的言论和行为,会使洪涝灾害事件变性,演变为社会安全事件。城镇洪涝灾害事件链中,新闻媒体的应对行为对城镇洪涝灾害事件的影响如图3.9所示。

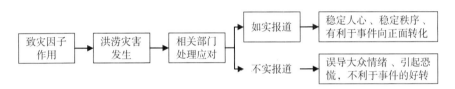

图3.9 城镇洪涝灾害中媒体应对行为

(三)城镇洪涝灾害应急情景推演与应对行为

城镇洪涝灾害事件的情景推演具有极度的不确定性,此外受到周围环境的作用影响,其应急情景演化路径更加难以判断,因此要求相关决策者在实施应急处置手段时需要以相应阶段的应急情景态势为依据,进而城镇洪涝灾害事件的应急管理行为也具有不确定性、非线性和动态变化性,大大提高了相关部门对城镇洪涝灾害采取科学有效的应急管理措施的难度。城镇洪涝灾害的"情景—应对"式应急管理是基于事件所处阶段的应急情景态势,应急情景推演是实施应急管理措施的基础,而应急管理采取的应对行为等相关决策内容也作为影响事件应急情景推演的一部分,如图3.10所示。

在实施"情景—应对"型的管理模式时,主要是依据以往大量的案例资料以及现有的应急情景信息,对应急情景态势进行分析判断,进而采取科学有效的应对措施。在当前灾害风险管理和综合减灾的理念下,城镇洪涝灾害事件

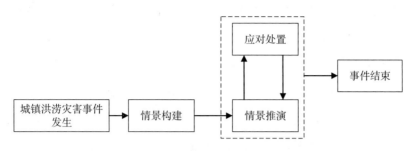

图 3.10 城镇洪涝灾害事件"情景—应对"流程示意图

的应急情景按照事件的发展过程,可以分为潜伏期、演变期以及消逝期,对标这些应急情景阶段,城镇洪涝灾害事件应急管理也对应分为灾前预防阶段、灾中应急响应阶段、灾后恢复阶段。

1. 城镇洪涝灾害事件的灾前预防阶段

这一阶段是预防城镇洪涝灾害发生的阶段,也是城镇洪涝灾害事件的潜伏期。该阶段的应急决策目的是通过采取相应的预防措施,减轻灾害发生的风险。在城镇洪涝灾害的预防阶段,相关部门如水利部和气象部等要提前对所在城市的实际情况进行了解,通过完善各级防汛组织结构、合理规划排水管网、配套排涝泄洪设施、提前预警极端天气以及对民众进行自救培训等措施,从源头处提高对灾害的应对能力,增强城镇整体的应对洪涝灾害的能力。尽管此时系统内存在风险因子,但内部状态未失衡,处于可控的范围。随着外部环境的变化,风险因子不断增加,超出系统内部的自我调节能力,此时系统内部平衡状态被打破,洪涝灾害发生的可能性大大增强,在时间的积累作用下,在某一个时间点洪涝灾害发生。

2. 城镇洪涝灾害事件的灾中应急响应阶段

这一阶段是城镇洪涝灾害事件的应急响应阶段,也是城镇洪涝灾害事件的爆发演变期。该阶段的应急决策目标主要是减少灾害发生后对人们财产和生命安全造成的威胁,以及对社会发展的不利影响。具体而言,就是通过对受灾物(道路、建筑物和设施等)和受灾人员(受困和受伤等)进行救援,保障城市的水、电、气、通信和交通等系统的完善运行,降低民众生活受到灾害的干扰影响,减少对城市正常发展的阻碍作用。这一时期持续的时间取决于洪涝灾害的强度以及政府相关部门的应急响应处置水平,城镇洪涝灾害事件的演化过程是事件的波及范围、影响程度、承灾载体和致灾因子转换等方面发展的过程。如果某城市发生城镇洪涝灾害后,当地政府没有及时有效地对其进行应对,很可能会出现大面积的受灾,也有可能会出现灾后疫情暴发的情况,演变成新的突发事件,对社会的稳定发展带来不利影响。城镇洪涝灾害在转化、衍生和耦合的演化过程中,相关部门的应急决策行为的有效性和合理性将直接影响着城镇洪涝灾害对民众的危害程度大小,此阶段是对应急决策的效果直观反映的阶段,对于同样强度的洪涝灾害,不同的应急处置措施可能会有不同的结果。对应急情景发展演化的过程进行分析判断,采取科学有效的应急响应手段,可以避免出现被动处置中的低效情况。除此之外,在应急决策的响应阶段,各个部门之间的相互协同配合、资源有效整合,以及相关部门的应急指挥调度能力也对应急决策效果产生一定的影响。

3. 城镇洪涝灾害的灾后恢复重建阶段

这一阶段是城镇洪涝灾害事件的灾后恢复阶段,也是城镇洪涝灾害的消逝期。该阶段的应急决策目的是尽快使受灾区域的状态恢复至未受灾前。主要内容包括安置受灾群众、组织开展生产自救工作、恢复重建受灾的民房以及进行灾情的统计核查工作。这个阶段的工作关系着受灾群众的切身利益,关系到受灾区域经济社会的可持续发展,在一系列的应急管理措施的调控下,系统重新逐渐趋于一个新的稳定的状态,但是仍然有可能在新的致灾因子的作用下失去平衡,产生新的洪涝灾害。因此,从宏观的角度来看,城镇洪涝灾害事件的应急情景演化过程及应急管理行为过程,是这个三个阶段形成的闭环循环系统。

城镇洪涝灾害事件的应急情景演化路径受到相关决策主体的应急措施的影响,而应急管理措施的实施又以当前的应急情景演变的态势作为依据,二者相互关联,相互作用,互为因果。对城镇洪涝灾害的应急管理措施进行分析,有利于探究出各项措施对于应急情景演化的作用程度,可以提高应急管理措施的科学性和针对性。

第四章 应急任务规划理论与应用

第一节 智能规划的基本原理

随着我国城市化和工业化进程的深入,各类突发事件频繁发生且发生频率呈上升趋势。这些突发事件给社会的健康发展带来了严重的危害,并对政府的应变能力提出了更高的要求。采用常规的管理方式难以有效地应对突发事件,所以,应急管理实践迫切需要在应急决策的基本理论、核心技术和处置方法等方面进行新的探索。

规划是关于动作的推理,通过预估动作的效果,选择和组织一组动作,以尽可能好地实现一些预先指定的目标。下面通过规划的概念模型简单地描述规划的基本概念和主要因素。规划的主要目的是选择和组织改变系统状态的动作,规划的概念模型需要动态系统的一般性模型。因此,多数规划的概念模型使用了一般性模型,即状态转移系统的模型,又称为离散事件系统,在人工智能的其他领域也经常被使用。

一个状态转移系统是一个四元组 $\Sigma = (S, A, E, \gamma)$,其中

● $S = \{s_1, s_2, \cdots\}$ 是一个有限或递归可数的状态集;

● $A = \{a_1, a_2, \cdots\}$ 是一个有限或递归可数的动作集;

● $E = \{e_1, e_2, \cdots\}$ 是一个有限或递归可数的事件集;

● $\gamma: S \times A \times E \to 2^S$ 是一个状态转移函数。

一个状态转移系统也可以用有向图表示,其中节点表示 S 中的状态。如

果 $s' \in \gamma(s,u)$，其中 u 是一个偶对 (a,e)，$a \in A$ 且 $e \in E$，那么包含一条从 s 到 s' 的弧，并标记为 u。每条这样的弧称为一个状态转移。引进中性的事件 e 说明事件是仅由动作引起的，而对称地，引用中性的动作 $no\text{-}op$ 表示转移是因一个事件造成的。这样 $\gamma(s,a,e)$ 可写成 $\gamma(s,a)$，而 $\gamma(s,no\text{-}op,e)$ 可写成 $\gamma(s,e)$。动作和事件都可以影响系统的状态转移。如果 a 是一个动作且 $\gamma(s,a)$ 不是空集，则称 a 是可应用于 s 的，而且在 s 中执行动作将使系统转移到 $\gamma(s,a)$ 中的某个状态。如果 e 是一个事件且 $\gamma(s,e)$ 非空，则当系统在状态 s 时，e 可能发生，它的发生使系统转移到 $\gamma(s,e)$ 中的某个状态。

给定状态转移系统、初始状态和目标状态，规划的目的是利用规划器和控制器寻找能作用于状态的相关动作，使系统从初始状态到达目标状态。规划的运行原理即可由被控系统、规划器、控制器之间的相互关系表示，如图 4.1 所示。其中规划器将给定的系统状态转移信号、初始状态和目标状态作为输入，为控制器产生一个规划，以实现目标；控制器将此规划和当前系统状态作为输入，生成动作；被控系统根据接收到的事件和动作通过状态转移函数进行演化，更新当前系统状态。

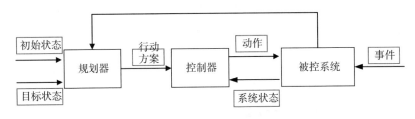

图 4.1　规划的运行原理

智能规划（Intelligent Planning），即任务规划（Task Planning）和自动规划（Automated Planning），是人工智能的一个重要研究领域，是人工智能技术中专门研究规划的技术方法，属于一种慎思性的决策方法。其主要思想是：对周围环境进行认识与分析，根据预定实现的目标，对若干可供选择的动作及所提供的资源限制实施推理，综合制定出实现目标的动作序列。由于智能规划在工厂的车间作业调度、现代物流管理中物资运输调度、智能机器人的动作规划以及宇航技术等领域中有广泛的应用，受到研究者的重视，现在已经成为人工智能研究的热点。

智能规划的主要目的是建立起高效实用的智能规划系统，在面对复杂的任务、实现复杂的目标，或者在动作的使用中受到某种约束限制的时候，能够节省大量人力物力财力。该系统的主要功能可以描述为：给定系统的状态信息、可对系统状态进行变换的一组动作、初始状态和目标状态，智能规划系统能够给出从初始状态到目标状态的一个动作序列，其复杂性与系统所处的环境有关。

将智能规划技术应用于应急任务规划可以有效地提高应急行动方案制定过程中的灵活性和适用性。首先，智能规划模拟了人类的认知过程，与应急态势感知(Emergency Situation Awareness,ESA)过程具有相似性。其次，智能规划从语义的角度刻画实际问题，具有很强的领域知识表达能力，易于求解非结构化的应急决策问题。而且，智能规划是专门研究在复杂环境中通过复杂任务实现复杂目标的人工智能技术；随着这一研究的深入，规划的处理速度不断提高，已经可以很好地适应应急决策复杂性和时效性的特点。最后，智能规划关注的是动作推理的动态过程，便于进一步扩展以处理应急决策中的动态性问题。

第二节　HTN 规划的基本原理与应用

HTN 规划是基于任务分解思想的智能规划方法，能够有效模拟应急管理组织的决策行为。HTN 规划沿用了经典智能规划中基于状态的前序搜索过程，即规划世界的每个状态都用一组逻辑原子表示，每个原子任务对应一种确定的状态演化。与经典智能规划不同的是，HTN 规划中设计了任务分解过程，这使得 HTN 规划具有独特的规划目标表示方法和动作推理过程。

HTN 规划的目的是获取一组任务执行序列以完成一组初始任务,而不是经典智能规划中的达到一组目标状态。因此,HTN 规划的目标需要表示为初始任务网络,即需要完成的偏序任务集合。

HTN 规划的领域知识描述不仅需要包括经典智能规划中的操作集合,而且包括方法集合。操作集合描述原子任务的状态更新方式,方法集合以"处方"(Prescription)的形式描述如何将一个复合任务分解为更小的子任务集合。HTN 规划动作推理的基本思想是从初始任务网络开始,依据方法集合进行递归分解将复合任务分解为越来越具体的子任务,并依据操作集合进行前序状态更新来验证原子任务的可行性,最终选择和组织出一组完全由原子任务组成的任务执行序列。

一、HTN 规划基本要素

通用的 HTN 规划系统领域知识包括方法、操作和公理,其动作推理过程中还需要使用任务网络、状态和外部函数。下面详细介绍 HTN 规划的这六个基本要素:

(一)任务网络(Task Network)

HTN 规划中的任务网络可以用任务分解树表示,包括任务集合和约束集合。

任务集合包括复合任务(Compound Task)和原子任务(Primitive Task)。任务在语义上包括任务名称和参数列表。

原子任务需要由操作的实例化来实现。原子任务的名称表明其对应的操作。原子任务的参数可以将此操作实例化,用于更新当前状态。

复合任务需要通过方法的实例化来分解为更小的子任务。复合任务的名称表明其对应的方法。复合任务的参数可以将此方法实例化,用于指明任务分解的潜在路径。

约束集合描述任务之间的约束关系。常用的约束关系包括三种基本任务分解结构,即顺序结构、无序结构和选择结构。

运输规划问题实例中的初始任务网络记为 n_1:Transport(*package*,*supplier*,*demander*),表示将货物 *package* 从物资供应点 *supplier* 运送到物资需求点 *demander*。

（二）状态（States）

状态是一阶谓词逻辑表示的逻辑原子集合。每个逻辑原子由谓词和常量符号构成。状态集合 *s* 是有限集合,因此逻辑原子中没有函数。定义一个逻辑原子 *p* 在状态集合 *s* 为真,则当且仅当 $p \in s$。定义状态集合 *s* 满足公式集合 *g*,则当且仅当存在置换 σ,使得 $\sigma(g)$ 中的每个逻辑原子在状态集合 *s* 中为真。

运输规划问题实例中的初始状态为:

$s_0 = \{$ Loc(*package*) = *supplier*, Loc(*truck*) = *supplier*, Load(*truck*) = *null*, Total = 50$\}$,其中包括四个逻辑原子:Loc(*package*) = *supplier* 表示货物目前位于物资供应点,Loc(*truck*) = *supplier* 表示卡车目前位于物资供应点,Load(*truck*) = *null* 表示卡车目前处于空闲状态,Total = 50 表示目前的总资金为 50。

（三）操作（Operators）

操作描述原子任务的实现方式。与 PDDL 语法中的操作相似,HTN 规划中的操作定义为一个三元组 o = (*head*(*o*),*preconditions*(*o*),*effects*(*o*))。其具体含义如下:

head(*o*) 表示操作的头表达式,由操作名称和参数列表组成。

preconditions(*o*) 表示操作的前提条件表达式,用于检验当前状态中该操作的适用性。

effects(*o*) 表示操作的执行效果表达式,由正执行效果和负执行效果组成。正执行效果为当前状态添加逻辑原子集合,负执行效果为当前状态删除逻辑原子集合。

前提条件表达式和执行效果表达式均由一阶谓词逻辑表示的公式集合组

成。每个公式包括逻辑连接符和数量词。操作中可以进行数值计算和分配本地变量。操作不可以重名,因此任务分解树中同名的原子任务是同一个操作的不同实例化。

运输规划问题实例中包括四个操作,即卡车装载 Truck_load(? p,? t,? s)、卡车运输 Truck_move(? t,? s,? d)、卡车卸载 Truck_unload(? p,? t,? s)和委托运输 Delivery(? p,? t,? s,? d)。其中 Truck_load(? p,? t,? s)的具体示意代码如下:

(Operator　Truck_load(? p,? t,? s)

Preconditions:((Same Loc(? p)Loc(? t)),;;检测卡车与货物处于同一个位置

　　　　　　　(Load(? t)$null$);;检测卡车处于空闲状态

　　　　　　　)

Effects:($-$(Loc(? p)? s),;;删除表示"货物当前位置"的逻辑原子

　　　　　$-$(Load(? t)$null$),;;;删除表示"卡车为空闲状态"的逻辑原子

　　　　　$+$(Loc(? p)? t),;;添加逻辑原子,表示货物的位置在卡车上

　　　　　$+$(Load(? t)? p),;;添加逻辑原子,表示卡车已装载货物

　　　　　　))

(四)方法(Methods)

方法表明一个复合任务如何分解为一组带偏序关系的子任务,其中子任务集合可以包括复合任务和原子任务。方法定义为一个三元组 m = ($head$ (m), $preconditions$ (m), sub-$task$ (m))。其具体含义如下:

$head$ (m)表示方法的头表达式,由方法名称和参数列表组成。

$preconditions$ (m)表示方法的前提条件表达式,用于检验当前状态中该方法的适用性。与操作的前提条件表达式相同,方法的前提条件表达式由一阶谓词逻辑表示的公式集合组成。而且,方法的前提条件表达式中还可以描述"sort-by"结构,依据"sort-by"结构中的公式集合优先搜索任务分支。

sub-task(*m*)表示带偏序关系的子任务集合。子任务由子任务名称和参数列表组成。而子任务之间的基本偏序关系包括顺序、无序和选择等三种,对应于 HTN 规划的三种基本任务分解结构。对于同一个子任务集合,这三种基本偏序关系可以同时存在。方法不可以重名,因此任务分解树中同名的复合任务是同一个方法的不同实例化。

运输规划问题实例中包括两个方法,即物资运输 Transport($?$ p,$?$ s,$?$ d)和卡车运输 By-truck($?$ p,$?$ t,$?$ s,$?$ d),其具体的任务分解方式分别如图4.2(a)和图4.2(b)所示。如图 4.2(a),Transport($?$ p,$?$ s,$?$ d)中子任务之间的偏序关系为选择关系,在图中以 OR 表示。By-truck($?$ p,$?$ t,$?$ s,$?$ d)中子任务之间的偏序关系为顺序关系,以 Sequences 表示。而子任务之间的无序关系以 Unordered 表示。

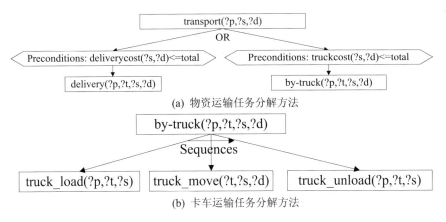

(a) 物资运输任务分解方法

(b) 卡车运输任务分解方法

图 4.2　运输规划问题的方法集合

(五)公理(Axioms)

公理可以用于推断操作集合和方法集合的前提条件,而且不需要在当前状态中明确声明。公理是广义的 Horn 子句,定义为二元组 Axiom = (*head*(*axiom*),*tail*(*axiom*))其中,*head* 表示导出谓词,*tail* 表示前提条件。*head* 和 *tail* 均由一阶谓词逻辑表示的公式集合组成。*tail* 可以包含任何可能出现在操作集合和方法集合的前提条件中的公式项。如果前提条件 *tail* 为真,则导出谓词 *head* 为真。

运输规划问题实例中包括一个公理(:-(Same? *x*? *x*)*nil*),用于保证位置名称的唯一性。

(六)外部函数(External Fuctions)

HTN 规划动作推理过程中可以调用外部函数以实现部分扩展功能。常用的外部函数包含基本运算符,即数学运算符和逻辑运算符。通过在操作、方法和公理中调用基本运算符,可以实现混合数值/符号计算功能。

运输规划问题实例中需要调用数学运算符,以计算当前的总资金 Total。

二、HTN 规划过程

HTN 规划过程的输入为初始状态 *s*、初始任务网络 T 和领域知识 Domain。HTN 规划算法的输出为规划方案 Plan。下面介绍 HTN 规划过程:

步骤 1 初始化规划方案 Plan。

步骤 2 随机选择初始任务网络 T 中无前序任务的任务 *t*。如果存在 *t*,且 *t* 为原子任务,则转向步骤 3。如果存在 *t*,且 *t* 为复合任务,则转向步骤 9。如果不存在 *t*,则表明规划成功,返回 Plan。

步骤 3 随机不重复地选择领域知识 Domain 中的操作 *o*。如果存在 *o*,则转向步骤 4。如果不存在 *o*,则表明本任务分支搜索失败,回溯至 *t* 的上层任务,然后转向步骤 2;如果回溯失败,则本次规划失败,返回 *failure*。

步骤 4 检测 *head*(*o*)是否与 *t* 匹配,同时检测当前状态 *s* 是否满足 *preconditions*(*o*)。如果 *o* 通过检测,则转向步骤 5。如果 *o* 不能通过检测,则转向步骤 3。

步骤 5 通过 *t* 的参数列表实例化 *o*。

步骤 6 通过 *effects*(*o*)更新当前状态 *s*,即将 *effects*(*o*)中的负执行效果从 *s* 中删除,并将 *effects*(*o*)中的正执行效果添加入 *s*。

步骤 7 将实例化的 o 加载入 Plan。

步骤 8 修改任务网络 T,标明 t 已经成功实例化。然后转向步骤 2。

步骤 9 随机不重复地选择领域知识 Domain 中的方法 m。如果存在 m,则转向步骤 10。如果不存在 m,则表明本任务分支搜索失败,回溯至 t 的上层任务,然后转向步骤 2;如果回溯失败,则本次规划失败,返回 *failure*。

步骤 10 检测 *head*(m) 是否与 t 匹配,同时检测当前状态 s 是否满足 *pre-conditions*(m)。如果 o 通过检测,则转向步骤 11。如果 o 不能通过检测,则转向步骤 9。

步骤 11 通过 t 的参数列表实例化 m。

步骤 12 修改任务网络 T,标明 t 已经成功实例化,并将 *sub-tasks*(m) 加载入 T。然后转向步骤 2。

运输规划问题实例可以通过 HTN 规划算法进行求解,最终得到的任务分解树和规划方案如图 4.3 所示。

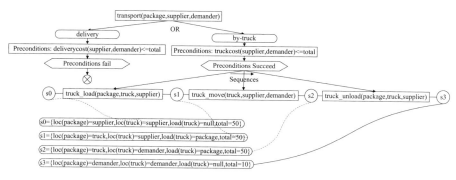

图 4.3 运输规划问题的任务分解树和规划方案

三、HTN 规划应用

针对不同的应急场景,学者们设计了多个能够有效地支持应急行动方案制定的规划系统。

Nau(1999)研发的 HTN 规划系统 SHOP(Simple Hierarchical Ordered

Planner)实现了基于状态的偏序前向任务分解过程,而其扩展版 SHOP2(2003)增加了公理推理、变量绑定排序、分支定界优化接口、保护条件、混合数值/符号计算、外部函数调用等功能。目前,SHOP 和 SHOP2 已经广泛应用于应急疏散等各种应急决策问题,特别是 SHOP 和 SHOP2 还提供了调试工具。美国海军研究实验室的在研项目(2001)HICAP(Hierarchical Interactive Case Based Architecture for Planning)将 HTN 规划与案例推理相结合,提出了集成 HTN 规划系统 JSHOP 和案例推理器 NaCoDAE 的 SiN 算法,能够交互式地分析海上应急疏散规划过程。欧盟的 COMETS 项目(2005)通过扩展 SHOP2 以检测森林火灾。张万鹏(2012)在 SHOP2 的基础上扩展了学习—疲劳启发方法以优化规划方案。

HTN 规划系统 SIPE2 由 Wilkins(1990)等人设计,以平衡表达能力和灵活性为目标设计了含时态的规划逻辑语言,成功地处理了石油泄漏、工程抢险等多个应急决策问题。Tormos(2002)将 O-Plan2 与调度方法相结合设计了一种集成框架以应对应急救援。时态增强型 HTN 规划系统 SIADEX 由 Asuncion(2005)等人提出,引入了因果链技术管理规划中的时间约束,能够有效地支持行动并行执行,已经成功应用于森林火灾应急方案制定。比温多(Biundo,2009)等人根据危机管理的实际需求设计了混合 HTN 规划系统。该规划系统在同一个框架中通过动作和状态抽象将 HTN 规划和偏序因果链规划(Partial Order Causal Link Planning,POCL)融合在一起,能够处理特定的带时态约束的规划问题,从而有效地支持洪水灾害危机响应。

唐攀等(2012)考虑了应急响应环境下应急任务的动态性和时间限制,结合 HTN 构造了具有时间约束的应急领域知识,提出了 XEPlanner,该规划器能在迅速产生一个可行计划的同时,随着决策时间的增加不断提高计划的质量,另外能够在规划过程中考虑应急管理人员的偏好,同时在三峡流域内分洪事件灾民安全疏散领域的应用中也体现出明显的优势。祁超等(2017)指出层次任务网络规划由于其分层任务分解原则和领域知识表示的可表达性而适合于大规模的实际计划问题,并在 SHOP2 的基础上,设计了 GSCCB-SHOP 算法,通过集成资源模块、一致性检查、回溯模块和指导搜索模块,使其能够在规划过程中同时处理多容量离散型资源和复杂的时间约束,并通过实验研究验证了算法的效率。

综上所述,HTN 规划方法采用任务分解的方式实现动作推理,与应急领域专家制定应急行动方案的过程相类似,从而能够有效地支持应急决策。一方面,HTN 规划通过逻辑语言来管理层次化的应急行动方案制定过程,对于非常规突发事件中既缺乏详细的应急预案或类似的应急案例又无法建立可靠的数学模型的场景,依然能够通过动作推理制定科学有效的应急行动方案。另一方面,HTN 规划可以利用计算机仿真过程自动地处理复杂的动作推理和资源配置过程,提高了应急领域专家的决策效率,从而有效地缩短了应急决策响应时间。

第三节　分布式规划基本原理与应用

突发事件应急响应过程涉及多个部门或组织共同参与,各部门共同生成应急任务规划方案是应急响应过程的重要环节。在实际场景中,各应急响应参与部门往往在地理上分散于多个地点进行应急任务规划方案制定;而由某一高层组织、部门收集所有参与部门的应急数据信息进行集中式规划并不现实,且效率低下,生成的规划方案质量亦不高。因此,需要考虑分布式规划方法。分布式规划方法可将政府部门、非政府组织、社会公众和国外救援队伍等单位表示成分布式应急任务规划的规划主体,以自主实现本地应急任务规划决策的方式参与到应急任务规划中。参与分布式应急任务规划的各个主体具有以下特性:

一是能力相异性。参与应急响应的各个主体的能力互不相同,在应急响应过程中承担不同的责任,完成不同的应急任务。例如,在防汛应急任务规划中,消防支队的应急任务是人员救援,民政局的应急任务是物资供应,卫生局的应急任务是医疗救助。各部门虽任务分工不同,但共同完成总体救援任务目标。

二是协作性。参与应急主体的各部门虽然能力和职责不同,但他们有着共同的总体应急响应目标,共同朝着控制突发事件态势、减少经济损失和保障人民生命财产安全的方向努力。因此,在进行应急任务规划的过程中,各参与主体会互相协作。为其他部门提供协作支持或获得其他部门的协作,以共同完成总体应急任务规划方案的制定。如消防支队的应急任务是人员救援,在需要对搜救到的居民进行转移时可能需要交通局的协作。

三是非全知全能性。参与应急响应的各个主体对应急响应环境是非全知的,应急响应初期任务重时间紧,在有限的时间内难以获得关于应急态势(初始状态)的完全信息。同时,各主体也并不是全能的,也许精通于某一领域,却不会对其他领域有深入的了解,各部门有着不同的应急救援领域知识。基于不同的应急领域知识,各主体进行应急任务规划时对外部主体的信念与客观事实可能存在偏差。

一、分布式约束满足问题基本概念

现实世界中,存在着大量的有固定取值范围和明确约束条件的组合解问题,随着这些问题中取值范围的扩大和约束条件复杂度的上升,问题的求解难度迅速升级。约束满足问题(Constraint Satisfaction Problem,CSP)的提出就是为解决此类问题,随后由八皇后和地图着色等问题开始,CSP迅速地在物资调度、计划编排、时序推理等领域中得到了广泛应用。

CSP由一系列有固定值域和约束条件的变量组成,其求解目标是为所有变量在其值域中寻找一组以上满足所有约束条件的赋值,其中变量可以在其值域中随意取值,但多个变量的取值必须满足其约束条件的限制。因此CSP可以被定义为三元组(V,D,C),V为变量集合,D为值域集合,C为约束集合。

其表示方式没有严格限制,可以是数学公式、逻辑公式、变量值的组合或禁止某种变量值的组合。

随着人工智能的不断发展,实际问题中经常需要多个决策主体共同进行决策,如真值维护、资源联动、时间表制定等问题,问题求解过程表现出明显的分布式特征,所以对 CSP 进行分布式拓展是一个必然的趋势。分布式约束满足问题(Distributed Constraint Satisfaction Problem,DCSP)中的变量和约束存在于不同的 Agent 中,所以其一般可以表示为 (A,V,D,C) 的四元组。其中:

A 是问题中的 Agent 集合,$A=\{A_1,A_2,\cdots,A_n\}$。

V 是变量集合,$V=\{V_1,V_2,\cdots,V_n\}$,每个智能体 A_i 有一个或多个变量,每个变量 V_j 属于一个 A_i,表示为 belong(V_j,A_i)。

D 是变量值域集合,$D=\{D_1,D_2,\cdots,D_n\}$,D_i 是变量 V_i 所有取值的集合。

C 是变量间的约束集合,$C=\{C_1,C_2,\cdots,C_n\}$,其中每个约束 C_i 影响部分变量 $\{V_i,\cdots,V_j\}$,使这些变量的值域变为原值域取值笛卡儿积 $D_i\times\cdots\times D_j$ 的子集。变量间的约束关系,分布在某个 A_i 内或多个 Agent 之间,当 A_i 了解约束关系 C_i 时,表示为 known(C_k,A_i)。

DCSP 的解是为所有变量在其值域中找到一组以上符合全局约束和局部约束的赋值。其中某些约束关系 C_i 存在于智能体 A_i 内部,称之为局部约束,局部约束的处理只需要单个智能体 A_i 便能够计算实现;有些约束 C_j 存在于多个 Agent 之间,称之为全局约束,全局约束的处理无法通过单个 Agent 的计算实现,需要 Agent 间进行通信,协调处理。因此需要满足以下假设:

假设1:Agent 间的通信需靠主动的消息传递实现,只有消息发送方 Agent 知道接收方 Agent 的地址时,才能实现消息传递。

假设2:消息传递的延时是有限而且随机的,任何两个 Agent 间,消息接收的顺序与其发送的顺序是相同的。

假设3:每个 Agent 只了解问题的局部信息。

二、分布式约束满足问题求解方法

由于 DCSP 是 CSP 的分布式形式,所以对 DCSP 的求解算法大多来自于对 CSP 的求解算法进行分布式扩展,最常用的异步回溯(Asynchronous Back-tracking,AB)算法就是对原有 CSP 回溯算法的分布式拓展。

由于 DCSP 存在多个独立的 Agent,所以求解过程必然存在不同 Agent 间的通信问题。AB 算法在通信时有两个基本的消息:

(1)ok？消息,ok？是指将 Agent 中变量的当前赋值情况发送给其他 Agent。

(2)nogood 消息,nogood 是指当前收到的 ok？消息中的取值不满足约束条件,向其他 Agent 发出的反馈消息。

AB 算法开始求解前,须对所有 Agent 设定一个固定的优先级,同时在算法开始求解时,每个 Agent 需要通过 ok？和 nogood 这两个消息的收发与其他 Agent 交互,并使用 agent_view 储存其他 Agent 中变量的取值,用以检测其变量的取值是否符合所有的约束条件。

AB 算法的求解过程:高优先级 Agent 将其变量的当前赋值通过 ok？消息发送给低优先级 Agent,低优先级 Agent 检查 ok？消息中变量的赋值和本身变量的取值是否满足约束条件。如果符合约束条件,则将其变量的取值继续通过 ok？消息向更低优先级 Agent 传递。如果 Agent 中变量的赋值与高优先级 ok？消息中变量的赋值不满足约束条件,就从变量的值域中寻找符合约束条件的值。如果值域中不存在满足约束条件的值,就向高优先级 Agent 发送 nogood 消息,要求高优先级 Agent 改变其变量赋值。如此循环直至最低一级 Agent 找到符合约束的赋值则求解成功,否则求解失败。

三、GoCo 规划基本概念

目标承诺(Goal and Commitment,GoCo)规划引入社会技术系统(Socio-

Technical Systems,STS)中的(社会)承诺概念,将主体的内部状态(主体的信念和目标)和它的社会状态(它对其他代理人的承诺)联系起来,用以全面描述多主体系统中各主体的决策过程。通过这种方法,能够保留各主体的自主性(区别于集中式规划),同时各主体可以创建对另一个主体的承诺来实现其目标,或者采用一个目标来实现其承诺。

在该协议中,目标和承诺是易于自动推理的声明性概念,对它们操作具有层次性,同时易于与HTN规划相结合。例如:各主体的目标可以分解成多个连接或分离的子目标,主体可以通过自身完成子目标,也可以向另一个主体创建承诺来满足它。如果承诺到期或被违反,那么主体可以制裁违反的主体,并向其他主体创建新的承诺。

将GoCo规划引入多部门参与的应急任务规划的建模过程中,使得各部门不仅能在规划过程中完成协商的过程,还能生成多部门互助的应急任务规划方案。

GoCo规划基本要素包括承诺和目标。承诺可被描述为 C =(Debtor,Creditor,Antecedent,Consequent),表示当先行情景(Antecedent)发生时,该承诺协议的债务人会给债权人带来什么样的后果(Consequent)。目标是主体希望系统达到的状态。目标 G =(Agent,Precondition,Success,Failure),其中Agent 是一个代理,Precondition 是目标的前提条件,Success 是 G 的成功条件,Failure 是 G 的失败条件。

四、分布式规划应用

萨尔曼等(Salmon,2011)指出突发事件一般涉及多个地理位置分散、职能分工不同的部门共同参与应急响应,说明多部门协调与协作是应急响应中的重大问题,其影响多部门系统应对大规模突发事件的效率。在全球的动态竞争的环境下,林辅仁等(2008)提出了一种基于多主体的分布式协调机制,该机制通过将协商技术与遗传算法相结合的搜索方法 NegoGA,使得企业之间能够通过 Internet 相互通信,增加信息共享并相互协调,以全球供应链中规划出准最优订单履行计划以满足客户的需求。刘丹等(2012)基于多主体系统(Multi-Agent System,MAS),采用 JACK 平台桥接组织模型和个体模型,实现基于 MAS 的应急决策组织系统。刘丹等(2013)通过扩展 Tropos 方法建立应急决策组织的主体组织模型模拟应急决策交互过程,基于信念—愿望—意图(BDI)结构建模应急决策组织成员模拟个体决策行为,并采用 JACK 平台模拟了三峡水库防洪调度中的多部门洪水会商的应急决策过程。刘丹等(2015)为快速、有效地消解时限条件下应急目标协商产生的协商僵局,通过建立基于保留值等效置换机制建立僵局议题消解模型,并设计外部信息直接影响和间接影响下改进的粒子群优化算法求解模型,提出了应急组织背景下带僵局消解的应急目标协商程序,并指出结合模糊集理论和证据理论对来自外部的模糊信息进行综合是未来的研究方向。

在多部门协作的形式上,一些学者试图在规划前对各个主体进行协调。肖厄姆等(Shoham,1995)通过对系统引入社会条例(Social laws),对每个主体的行为进行约束,即事先对行动方案中的某些行动做出约束,减少甚至消除后期的协调工作量,比如在乘地铁时,乘客均会遵守先下后上的行为准则,则在地铁到站时上车与下车的乘客能够相对有序地完成各自的动作,而不需要为车门的拥堵做出额外的协调。詹姆斯等(James,2010)将该问题分为集中式求解,半集中式求解以及分布式求解三种类型,提出多主体分布式时态约束问题以行动的起止时间为变量,为每个主体安排一个时态约束网络,需要主体共同为变量赋值求解,从而获得满足约束的变量赋值区间,同时提出 MaDTP 算法,以分割时态约束网络的思路协同主体相互维护各自的约束网路,最终生成多个相互一致的时态网络(Boerkoel,2010)。周超等(2014)研究多主体系统的应急任务规划问题,通过设计协调的计划和调度方法来生成候选的全局行动计划,以及局部启发式协调机制来减少候选计划的全局时间成本以满足截止日期两个阶段,提出了一种多主体规划方法来协调系统中各主体之间的解决方案,并在应急疏散问题的实验中证明了方法的有效性和效率。周超等(2015)提出了基于HTN的多部门分布式协作任务框架,通过在规划前设置优先级判断规则消解资源使用冲突,使得协作过程与规划过程的嵌套过程中能够减少无效规划,提高协作效率,并通过实验案例验证了该方法的有效性和相对原方法的效率优势。Meneguzzi等(2018)引入社会技术系统(Socio-technical systems,STS)中的社会承诺(Commitment)概念,用以描述多部门之间相互作用,解决了为多个自治主体的规划协调活动的挑战,并利用层次任务网络规划技术在现实世界的医疗保健方案中验证了该方法的科学性和可扩展性。然而主体之间的问题往往是相关的,仅仅在前期试图以先验的方式做优先规定而保证后期不需要协调往往难以实现,为此特莫尔斯等(Ter Mors,2004)提出一种预先规划协调方法以辅助先验的行为约束,以实现后期行动方案的独立规划。

也有一些学者试图在各主体完成各自的任务规划后,对这些分散的规划方案进行整合。福斯勒等(Fousler,1992)采用计划融合(Plan Merging)的方法,提出了用于寻找最小成本合并计划的最优和最高效启发式算法来对获得的多个行动方案进行协调和调整,以新颖的方式扩展到部分有序的计划,并通过最坏情况和平均情况下的复杂性分析和经验测试证明了该算法可用于优化大型计划。王世昌(2019)针对现有应急决策方法的不足,提出了HTN规划和分布式约束满足规划相结合的规划方法,首先采用HTN规划生成应急行动方案,然后将资源联动问题编码为分布式约束满足问题,并利用改进的异步回溯算法求解,得到带资源联动方案和资源缺项报告的完整应急行动方案。最后在城市内涝情景中进行了验证,仿真表明本方法在灵活性和处理速度方面存在优势,具有较大的应用价值。

在当前多部门参与应急响应的背景下,集中式的规划方法不能满足分布式环境下的规划需求。因此,从协同制定应急行动方案的角度来研究多部门共同参与、规划协作能力更强的多主体应急任务规划方法更具有实际使用价值,多部门协作的规划方法是多部门应急响应的关键技术。

公共安全是社会稳定和经济发展的基础。近年来,特别是 2018 年应急管理部成立后,我国对突发事件应急管理的科学研究愈发重视。突发事件发生后,为减少生命财产的损失,相关部门必须迅速根据现场实际情况感知应急态势,识别应急任务目标并做出规划,以指导应急救援工作。

传统的应急任务规划通常是在应急预案、案例、专家经验等的指导下,结合相关行业的标准操作程序(Standard Operating Procedure,SOP)做出。近年来,利用智能规划(AI Planning)技术进行应急任务规划的方法被广泛研究。其中层次任务网络(Hierarchical Task Network,HTN)规划是目前应用最为广泛的智能规划技术,其能够利用应急领域知识对应急任务进行分解,从而实现动作的推理,对应急任务实现迅速有效的规划。采用 HTN 规划方法制定应急行动方案的主要优势包括:第一,HTN 规划能够描述复合任务,因而具有较强的领域知识表达能力,能够对应急决策问题进行有效的知识建模和表示;第二,HTN 规划求解过程具有目标导向的特征,其问题求解过程中包括确定目标的完成途径和选择实现目标的最佳方法,与应急领域专家制定应急行动方案的思考过程具有相似性;第三,HTN 规划生成的任务网络中表达了任务与子任务之间的分解关系,提供了应急行动方案制定决策过程中涉及的决策点及其上下文信息,为描述应急行动方案制定决策过程提供了一种有效方法;第四,HTN 规划中使用了方法集,可以利用方法模型描述应急领域程序性知识,表达不同应急态势条件下完成给定任务目标的多种途径,将已有的经验和知识很好地表示和利用,提高规划的速度以及应急决策快速反应能力。因此,HTN 在应急决策领域具有广泛的应用前景。

由于突发事件发生时,往往波及范围较广,一般会波及多个县市,严重的会波及多省,像 2003 年的 SARS 和 2019 年的 COVID-19 一样波及全国。所以统一的应急指挥中心难以对突发事件在各地的具体情况详细掌握,也无法从海量的突发事件数据中提取有效信息,进行应急行动方案决策。而此时各受灾区域往往对自己本地区的受灾情况、资源储备、道路状况等应急领域知识更为了解,做出的决策往往也更为准确。所以在进行应急行动方案制定时,应采用分布式的决策方法,避免集中决策。同时由于每次突发事件影响的区域都有所不同,若集中决策,则每次都需重新构建新的决策机构,耗时费力。所以较为合理的方式是,采用分布式的方式,由各受灾区域基于互联网互相连接,快速灵活地建立分布式 IAP 决策系统。

未来智能规划和分布式规划在应急领域的应用研究可以从以下两方面着手:

一是规划的优化性能。应急行动方案的质量直接影响应急响应的效果。而实际的应急决策中,各参与单位有着不同的决策偏好,包括确保人员生命安全,最小化反应时间,应急资源负载均衡,成本优化,环境污染最小等。一方面,现有的智能规划方法在应急决策中的优化空间还很大;另一方面,可以考虑智能规划的多指标评价问题。

二是应急领域知识管理工具。设计应急领域知识管理工具以提高应急领域专家的工作效率。可以考虑通过通信技术和可视化技术来提高各参与单位应急领域知识的共享程度;通过数据挖掘和数据融合来辅助应急态势分析。

第五章　基于 HTN 规划的多 Agent 应急行动方案决策模型

第一节　基于 HTN 规划的多 Agent 决策框架概况

由于突发事件具有非周期性、不可预测性、突发性、随机性等特点,目前仍然很难做到事前的有效预测和针对性防范,因此突发事件发生后的应急救援非常重要,如何快速进行应急决策,并制定出合理的应急行动方案是目前急需解决的问题。现有应急行动方案决策模型大多通过集中式方法构建,而在实际突发事件的应急决策中,分散在多个受灾区域的应急指挥团队面临着灾情信息缺失、受灾场景复杂多变、应急资源分散有限、救援时间紧迫等多种挑战,因此需要建立分布式的应急行动方案决策模型,以适应突发事件应急救援的实际需求。

在分布式决策环境下,应急资源共享通过应急救援团队之间共享资源来帮助决策者提高应急决策效率,是应急行动方案的重要组成部分。常规的资源共享通常是由两个连贯的过程组成,先将应急行动方案框架与先前制定的标准操作程序结合进行建模,然后通过特定的运筹学模型获得资源共享的参数。但是在一些实际的突发事件中,资源共享会影响应急目标以及策略、战术选择的决策行为,常规方法可能导致资源分配不合理和使用效率低下,因此需要在多部门应急行动方案的制定过程中建立多 Agent 应急行动方案决策模型实现应急资源共享以提高救援效率。

分层任务网络(HTN)规划是一种人工智能规划方法,由于其推理过程可以很好地模拟应急行动方案制定的决策过程,因此在应急决策中得到了广泛的应用(Georgievski,2015)。但是HTN规划没有足够的能力来处理资源共享问题,因为它缺少明确的分布式资源推理机制。为了充分利用HTN规划在应急行动方案制定中的优势,考虑在HTN规划器中开发分布式资源推理技术,以建立多Agent应急行动方案决策模型。在基于HTN的规划器中开发分布式资源推理技术存在两个挑战:一个是如何在单个HTN规划器的应急行动方案制定过程中确定资源共享需求,另一个是如何在多个HTN规划器之间管理资源共享数据。

为了解决前一个挑战,通常考虑在HTN规划中增加描述本地资源演变的时变函数(Li,2016)。SIADEX是在简单时态网络之上设计了时态增强,以处理资源和时态约束(Asuncion,2005;Castillo,2006);REHTN是通过资源配置文件管理器和约束传播功能扩展了HTN规划,以处理紧急决策环境中的资源问题(王喆,2013);GSCCB-SHOP2是在规划过程中利用资源模型,以同时处理离散的多容量资源和时间约束(祁超,2017)。但是这些功能只能分析嵌入领域知识中的现有资源,在实际的应急行动方案制定中,决策者不仅必须考虑现有的应急资源,还必须考虑资源短缺问题,因此需要为HTN规划扩展资源短缺识别功能。部分满意规划(PSP)是一种解决智能规划中灵活约束的规划方法,同时可以用来识别资源短缺。然而PSP不符合HTN规划的系统架构,并且不能表达HTN规划的领域知识。总之,在HTN规划过程中仍需考虑如何识别资源短缺。

针对后一个挑战,可以建立HTN的多Agent规划框架来管理资源共享数据。CANPlan是基于Belief-Desire-Intention(BDI)Agent和HTN规划器之间的相似性,将HTN规划器集成到BDI多Agent体系结构中(Sebastian,2011);GoCo是一种采用承诺协议的多Agent系统,被用到医疗场景中(Felipe,2018);基于时域HTN的多Agent规划框架也被用到医疗场景中以实现患者临床指南调解的自动化(Olivaresa,2019)。但是如何在多个 HTN 规划器之间进行资源协调是处理应急资源共享问题的瓶颈。分布式约束满足问题(DisC-SP)是一种可应用于多 Agent 系统进行资源协调的分布式技术,已在多 Agent 应急决策支持系统中得到应用,并被证明在应急决策问题的处理上具有约束处理和鲁棒性的优势(Kornienko,2004)。目前 DisCSP 只应用于多 Agent 间的资源数据通信,因此仍需考虑将 DisCSP 应用于 HTN 规划以进行资源分配。

为应对上述两个挑战,本章提出一种增强的 HTN 规划方法,该方法可解决多 Agent 系统之间的资源共享问题,以协调多部门应急行动方案的制定。首先遵循 PSP 模型的思想来描述应急资源共享问题,将 HTN 规划目标建模为软约束目标以增强 HTN 规划领域知识,其中增强的 HTN 目标集包含可达成目标、有条件达成目标和不可达成目标。然后设计了基于时间轴的多容量离散资源共享模型,以实现多主体 HTN 计划之间的资源数据交互。最后为解决算法设计问题,提出并紧密集成了两个模块,以增强多 Agent HTN 规划的分布式资源推理能力。一方面,将每个 HTN 规划器 Agent 的资源短缺标识模块设计为在应急行动方案制定过程中检测并记录资源短缺消息,并引入随时启发式搜索算法,以优化本地资源利用效率。另一方面,设计了多 Agent 的资源共享规划模块来管理分布式数据交互过程以获得完整的资源共享规划。具体来说是通过应急管理区域模块将资源短缺消息转换为 DisCSP,根据改进的异步回溯(AB)算法确定供应 Agent,并基于 HTN 规划实现分布式资源推理。

第二节 多 Agent 应急行动方案决策模型描述

多部门应急行动方案制定的应急资源共享问题可以由多 Agent HTN 规划问题来表示。其中,每个 HTN 规划器代表具有决策权的应急 Agent,并且通过 Agent 之间的数据交互来实现应急资源共享。在表 5.1 中,从应急行动方案制定问题转化而来的经典 HTN 规划要素可以建模为 Agent 要素。

表 5.1 应急行动方案制定、HTN 规划和多 Agent 系统的对应关系

	应急行动方案制定	经典 HTN 规划	多 Agent 系统(BDI)
要素	当前应急形势	初始状态	初始信念基础
	应急目标集合	规定目标	愿望
	应急知识域的任务分析	方法集	方案库
	应急知识域的行动分析	操作集	行动库
	应急任务	复合任务	项目
	应急行动	初始任务	行动
	应急行动规划	任务网络解决方案	方案成功执行
操作流程	应急行动规划分析	匹配任务的方法/操作	为项目匹配方案
	应急任务分配	任务分解	方案选择
	应急形势演变	状态转移	信念分析

经典的 HTN 规划需要完整的领域知识,这意味着如果嵌入领域知识的本地资源不足,则无法获得解决方案,在这种情况下,需要确定应急行动方案制定过程中的资源使用瓶颈,然后通过与其他机构共享资源来完成应急决策。为了完成该过程,将 PSP 模型实现软约束目标的方法引入到 HTN 规划中,除了 PSP 模型中已有的两种类型的软约束目标,即可达成目标和不可达成目标之外,还提出一种有条件达成的目标,以支持处理应急资源共享问题。具体而言,可以通过本地 Agent 当前领域知识中的资源实现可达成目标,相反,有条件达成目标的实现涉及当前领域知识中不存在的资源状态,必须通过与其他 Agent 共享资源来实现。下面定义几个应急资源共享问题中涉及的概念。

定义 1:应急资源共享问题是一个 5 元组 (S_0,G,D,A,R),其中初始状态 S_0 由一组带有实际参数的一阶谓词组成,描述了当前的紧急情况;可达成目标 G_a,有条件达成目标 G_c 和不可达成目标 G_u 组成的初始紧急目标集 $G =(G\_a,G\_c,G\_u)$ 表示为初始任务网络集;应急领域知识 $D =(M,O)$ 由方法集 M 和操作符集 O 组成,其中 M 表示如何分解复合任务,O 表示如何通过

状态转换来实现原始任务;$Agent$ 集合 A 表示应急 $Agent$,该 $Agent$ 具有负责应急任务的决策者;资源集合 R 涉及应急任务,其构造如定义 3 所示。

定义 2:应急资源共享问题的解决方案是 2 元组(P,L),其中应急行动规划 P 是由多 Agent 执行的一系列应急行动;应急资源共享规划 L 表示 Agent 之间的应急资源协作过程,其构造如定义 5 所示。

本章研究的应急资源是多容量离散资源,包括可消耗资源和可重复使用资源。对于燃料油、沙子、砾石等消耗性资源,当拥有的资源数量少于需求量时,就是资源短缺,应找出补给的时间和数量;对于可重复使用的资源(例如车辆和发电机),还需要分析等待时间以确定是否资源短缺,如果资源短缺,应给出借入时间、返还时间和补货数量。在定义 3—5 中描述基于时间轴的多容量离散资源共享过程。

定义 3:资源时间轴是一个 7 元组 $R = (R\_ID, R\_TYPE, R\_A, (R_t, R_q, R_t^c, R_c^q))$,用来表示应急资源推理信息,并记录一系列时间点以及相应的资源数量变量和约束,其中 R_ID 是资源标签;R_TYPE 是资源类型的集合;R_A 是资源所属的 Agent;R_t 是离散时间点的集合;R_q 是与 R_t 相对应的资源变量集,其范围是离散的;R_t^c 是与 R_t 相关的时间约束的集合;R_c^q 是与 R_q 相关联的资源数量约束的集合。

定义 4:资源短缺戳是一个 5 元组 $R_s = (R, R\_TASK, R\_LOC, R_s^q, F)$,其中 R 表示与该戳相对应的应急资源,其构造如定义 3 所示;R_TASK 是该戳对应的应急任务;R_LOC 是任务 R_TASK 产生资源短缺的位置;R_s^q 是资源短缺的数量;F 是受影响地区的资源需求紧迫性。

定义 5:资源共享规划是一个 2 元组 $L = (L_c, L_r)$,其中消耗性资源共享规划是 5 元组 $L_c = (R_s, R_c^d, (R\_AR, R\_L, R_c^r))$;可重用资源共享规划是 6 元组

$L_r = (R_s, R_r^b, R_r^d, (R\_AR, R\_L, R_r^r))$。$R$ 代表与规划相对应的应急资源,其构造如定义 3 所示;R_AR 是负责资源供应的应急 Agent;R_L 是供应 Agent 的补充资源的地点;R_c^r 是与供应 Agent R_AR 相对应的消耗性资源共享量,由于供需平衡,$R_q^s = \sum_{a \in R\_AR} R_c^r$;$R_c^d$ 是消耗性资源补充的最后期限,该期限由消耗性资源共享任务的开始时间确定;R_r^r 是与供应 AgentR_AR 对应的可重用资源共享量,则 $R_q^s = \sum_{a \in R\_AR} R_r^r$;$R_r^b$ 是借用可重用资源的截止日期;R_r^d 是返回可重用资源的时间点 d;R_r^b 和 R_r^d 分别由可重用资源共享任务的开始时间和结束时间确定。

定义 6:应急行动规划对本地 Agent 的评估函数为 $f(P^*, L^*) = \sum_{g \in Ga} U_g - \sum_{t \in P} C_t + \sum_{g \in Gc} (U_g \times K_g) - \sum_{c \in Lc} (C_c \times R_c^r) - \sum_{r \in Lr} (C_r \times R_r^r \times (R_r^d - R_r^b))$,其中 P^* 是本地 Agent 的应急行动方案,其初始任务由目标集合 G 组成;L^* 是相应的资源短缺列表,这是本地 Agent 处理的资源共享规划的一部分;目标集 $G = G_a \cup G_c \cup G_u$,$G_a$ 是由没有资源短缺戳记的可达成目标集,G_c 是有条件达成的目标集,G_u 是不可达成的目标集;$K_g \in [0, 1]$ 是有条件达成目标的折现率;$U_g(U_g > 0)$ 是达成目标 g 的效用;C_t 是每个初始任务 $t \in P^*$ 的效用值;对于消耗性资源 c,每单位资源消耗成本为 $C_c(C_c \geq 0)$;对于可重用资源 r,每单位资源单位时间的占用成本为 $C_r(C_r \geq 0)$。

第三节　多 Agent 应急行动方案决策算法

在多部门应急行动方案制定过程中,代表决策者的每个 Agent 都有自己的责任来制定本地应急行动方案和资源利用规划,并在确保目标完成的前提下,根据自己的度量标准来优化资源的利用效率,但是协调多 Agent 进行应急资源共享以生成可行的全局应急行动方案是个更加复杂的问题。因此,在 HTN 规划器主规划算法架构的基础上,提出了单 Agent 资源短缺识别模块和多 Agent 资源共享规划模块以协调多 Agent 系统来处理应急资源共享问题。

一、初始结构

HTN 规划遵循经典人工智能规划中基于状态的预搜索过程,即规划问题的每个状态都由一组一阶谓词表示,每个初始任务都对应于某个状态演化(佩纳,Penna,2012)。但是与传统的人工智能规划不同的是,HTN 规划中设计了任务分解过程来处理层次域知识,使其具有独特的目标表示形式和动作推理过程,其目标表示形式是一个初始任务网络,动作推理过程是将复杂的任务网络递归分解为较低级别的任务,以实现目标集,直到获得的任务集完全由初始任务组成为止。

应急资源共享为制定多部门应急行动方案提供了重要基础,因此需要加强 HTN 规划以支持多 Agent 系统。当前基于 HTN 规划的多 Agent 系统通常关注敏捷性和鲁棒性,并研究各种情况下的通信效率,很少考虑如何在多 Agent 系统之间处理资源推理。为了弥补这一不足,在所提出的规划算法中分别设计了两个模块,分别用于单 Agent 和多 Agent,并基于简单分层有序规划程序 2(SHOP2)开发了 HTN 计划算法 RESHOP2^{RS},以解决紧急资源共享问题,RESHOP2^{RS} 的主要体系架构如图 5.1 所示。

对于单 Agent,通过考虑资源和时间约束来增强 HTN 规划,有较强的资源推理能力,但是它仍然处理完整的领域知识,不足以解决部分满意规划问题。为了通过处理软约束目标来识别本地资源短缺,提出一种资源短缺识别模块来改进 HTN 规划:首先利用领域知识中嵌入的现有资源,通过 HTN 规划的行动推理过程来实现应急目标,并将这些已完成目标分类为可达成目标;其次分析了其他应急目标无法实现的原因;然后将因资源短缺暂时无法达到的应急

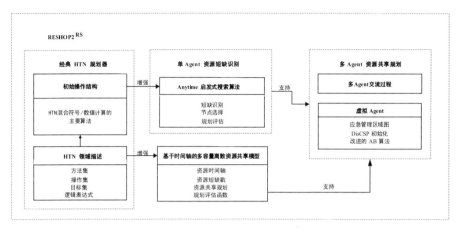

图 5.1   RESHOP2^RS 的主要体系架构

目标分类为有条件达成目标,分析资源短缺数据,并将数据记录在资源短缺标记中;最后将即使使用额外的资源也无法实现的目标归类为不可达成目标。除了上述资源短缺识别过程,还应考虑本地 Agent 应急行动方案的优化过程。因此设计了用于资源短缺识别的随时启发式搜索算法,一方面,该算法用于可消耗性资源和可重复使用资源的资源短缺识别过程,以处理有条件达成目标;另一方面,该算法用于在启发式功能的指导下优化应急行动方案。该算法将在下节详细讨论。

对于多 Agent,应该设计一种资源数据通信机制来解决应急资源共享问题。在应急决策中,多个 Agent 之间的通信路径应根据实际情况不断变化,因此设计的多 Agent 资源共享规划模块通过虚拟 Agent 来指导资源共享数据通信路径,其中该虚拟 Agent 预先存储了应急管理区域图。根据数据机密性要求,选择通信路径的虚拟 Agent 可以在单独的服务器中运行,也可以在多个 A-gent 中交付。虚拟 Agent 将资源需求消息转换为 DisCSP 集,通过改进的 AB 算法协调 DisCSP 集的一致性,最终获得资源共享规划。该模块将在下节详细讨论。

二、单 Agent 资源短缺识别

为了识别单 Agent 应急行动方案制定过程中的资源短缺,设计了一种随时启发式搜索算法来扩展 HTN 规划。该算法的基本思想是在启发式函数的指导下不断探索搜索空间,根据评估函数更新当前规划,并确保在探索过程中最新规划的评估函数值优于早期规划的评估函数值。

算法的输入是本地 Agent A 的应急资源共享问题(S_0, G, D, R)的一部分,算法的输出是针对本地 Agent 的灵活规划,包括应急行动方案 P^* 和资源短缺列表 L^*。为了适应未知决策时间的应急管理环境,该算法采用灵活的中断机制,可以随时中断规划过程并返回当前的最佳规划。图 5.2 概述了用于资源短缺识别的随时启发式搜索算法的过程,下面说明主要步骤。

STEP1 初始化过程(图 5.2,第 1—7 行):设置 P_s 记录已找到的完整规划,设置 P_c 记录当前的部分规划,设置 t_0 记录当前任务网络中没有其他任务的任务集,设置 S_s 记录来自领域知识的当前搜索空间,然后根据应急资源共享规划的评估函数建立效用网络。

STEP2 迭代判断(图 5.2,第 8 行):如果 S_s 不为 null 并且规划过程没有中断,则进入 STEP3。否则,进入步骤 6。

STEP3 搜索过程(图 5.2,第 9—11 行):根据启发式函数在搜索空间中选择搜索节点,并通过评估函数评估包括搜索节点的当前局部规划。

STEP4 修剪过程(图 5.2,第 12—17 行):如果当前部分规划低于已记录的完整规划,则应从搜索空间中修剪当前搜索节点及其后续任务分支,然后进入 STEP2。否则,进一步确定该搜索节点之前是否有其他任务,然后进入步骤 5。

STEP5 细化过程(图 5.2,第 18—23 行):如果存在此类任务,则进入细化过程,即在搜索节点上执行任务分解,预推理和资源短缺识别,然后进入 STEP2。否则,将记录的完整规划替换为包含搜索节点的完整规划,然后应从

```
1:   Algorithm1 (S ,G D R
2:   begin
3:       set P =null, the found complete solution plan;
4:       set P =null, the current partial plan;
5:       set t =null;
6:       set L =null;
7:       set S , the search space derived from D with the evaluation function for each search
node;
8:       while S is not null and the planning process is not externally interrupted do
9:           N ← the best search node in S evaluated by the heuristic function f (P );
10:          P ← attach N to P ;
11:          t ← {t∈G | no other tasks is constrained to precede t, and t∈P .};
12:          if the evaluation function f P ,n u l ≮ f P ,L ) then prune N from S ;
13:          else
14:            if t is null then
15:                P ← P ;
16:                prune N from S ;
17:            else
18:                extract the refinement operation from N ;
19:                identify the resource shortage;
20:                if the resource shortage exists in the refinement operation then
21:                    add an R to the related task;
22:                execute the refinement operation for N ;
23:                    update G and P ;
24:      if P is not null then
25:          generate L by collecting R ;
26:          return (P ,L );
27:      else return (P ,n u l l
28: end.
```

图 5.2　随时启发式搜索算法过程

搜索空间中删除当前搜索节点及其后续任务分支,然后进入 STEP2。

STEP6 输出过程(图 5.2,第 24—28 行):如果存在完整的规划,则应收集规划中的所有资源短缺标记并将其重新组织到资源短缺列表中,然后返回规划和资源短缺列表。否则,返回当前的部分规划。

该算法中包含三种关键技术:精练过程中的短缺识别技术可以识别出因资源短缺导致的有条件达成目标,然后通过资源短缺标记准确记录原因;搜索过程中的节点选择技术通过启发式功能指导搜索;修剪过程中的规划评估技术通过评估功能来协助修剪搜索空间,以减少计算量。这三种关键技术的详细信息如下。

一是短缺识别：为了识别任务网络中的资源短缺，应通过分层资源推理机制来增强方法 M 和操作符 O 的前提。具体地，在优化过程中，基于资源时间轴来计算资源可用性和需求，如果资源需求高于资源可用性，则表明存在资源短缺，然后应添加资源短缺标记，对消耗性资源和可重复使用资源的应急资源短缺识别过程进行如下分析：

a）对于消耗性资源 c，从资源时间轴的资源变量集 R_q 中抽取 R_q^* 以记录当前资源数量，设置 t^c 以记录任务 t 的资源需求，如果 $R_q^* < t^c$，则为任务 t 添加资源短缺标记 R_s。在 R_s 中，R 从资源时间轴继承，R_TASK 是任务 t，R_LOC 是任务的开始位置，R_q^s 是 $t^c - R_q^*$，F 从负责任务 t 的代理继承。

b）对于可重用资源 r，应考虑其占用和释放。设置 R_q^0 为初始资源数量；设置 R_r^* 为可重用资源的占用和释放量，如果 $R_r^* > 0$，$|R_r^*|$ 是占用量，如果 $R_r^* < 0$，则 $|R_r^*|$ 是释放量；设置 R_r^T 为任务 t 的实际开始时间；资源可用性为 $R_q^0 - \sum R_r^*$；设置 t^c 以记录任务 t 的资源需求，如果 $R_q^0 - \sum R_r^* < t^c$，则为任务 t 添加资源短缺标记 R_s。在 R_s 中，R，R_TASK，R_LOC 和 F 的操作与消耗性资源相同，$R_q^s = t^c - R_q^0 + \sum R_r^*$。

最后，在输出过程中，对于从先前的迭代过程中获得的完整规划，应收集所有资源短缺标记并将其重新组织为资源短缺列表 $L^* = (L_c^*, L_r^*)$。对于消耗性资源短缺列表 L_c^*，应直接从资源短缺标记中获取 R_s，R_c^d 是任务 t 的实际开始时间，并将 (R_AR, R_L, R_c^r) 设置为 null；对于可重用的资源短缺列表 L_r^*，应直接从资源短缺标记中获得 R_s，R_r^b 是任务 t 的实际开始时间，R_r^d 是任

务 t 的实际结束时间,设置 (R_AR, R_L, R_r^r) 为 null。

二是节点选择:为了避免在搜索过程中陷入局部优化陷阱,节点选择技术在启发式函数的指导下探索搜索空间,作为领域知识的一部分的启发式功能因问题而异。通常启发式功能应包括四个部分:第一部分是所生成的初始任务从初始状态到当前状态的总效用值;第二部分是预期产生的初始任务的总效用值,其中没有从初始状态到当前状态的资源短缺截记;第三部分是从初始状态到当前状态的带有资源短缺标记的预期生成的初始任务的总实用价值;最后一部分是所有目标的预期总效用价值,由于资源短缺,需要考虑效用折扣。简而言之,节点选择由启发式功能指导,该功能考虑了初始任务执行所消耗的效用和目标所获得的效用。

三是规划评估:为了减少多余的计算,应修剪不会产生更好规划的搜索空间。定义 6 中说明的评估功能可指导修剪过程。但是在规划过程中,通常尚未获得完整的规划方案,因此需要评估当前的部分规划作为修剪的基础。在部分规划的实际评估中,将完全估算由目标获得的效用,并且仅针对生成的部分计算初始任务执行消耗的效用。如果当前部分规划的评估值比找到的最佳完整规划的评估值差,则应从搜索空间中删除当前搜索节点及其后续任务分支。需要指出,在规划过程中,持续发现资源短缺会导致应急目标的效用降低,因此局部规划的评估值高于通过继续搜索任务分支而获得的规划的评估值,从而确保了在规划过程中不会修剪可能产生更好规划的搜索空间。

三、多 Agent 资源共享规划

确定每个 Agent 的资源需求后,应安排资源供应,然后生成多 Agent 系统之间的资源共享规划。现有的多 Agent 系统可以随时实现 Agent 之间的通信,然而在应急资源共享问题中,很难确定数据交互 Agent 以及该 Agent 是否完成规划过程。因此多 Agent 资源共享规划模块利用 DisCSP 技术来协调资源功能的一致性以选择交互 Agent。该模块的基本思想是多个 Agent 之间的交互必须通过一个虚拟 Agent,该虚拟 Agent 预先存储了应急管理区域图,将资源需求消息编码到 DisCSP 中,并通过改进的 AB 算法确定供应 Agent,最后通过分布式资源推理获得资源共享规划。

对于虚拟 Agent,预存储的应急管理区域图包含 Agent 的管理级别 E_a 及其层次,利用虚拟 Agent 可以控制多个 Agent 之间的通信过程,直到获得完整的应急资源共享规划。模块的输入是从每个 Agent 收集的资源需求消息 L^*,模块的输出是应急资源共享规划 L,同时模块有两个关键步骤,即 DisCSP 初始化和改进的 AB 算法。该模块的详细分析如下:

一是 DisCSP 初始化:DisCSP 初始化过程将资源需求消息转换为 DisCSP 问题的输入以标准化多个 Agent 中的资源共享数据格式,其中资源需求消息 L^* 可以直接从每个 Agent 的资源短缺列表中继承。DisCSP 初始化过程的主要步骤说明如下:

STEP1 DisCSP 变量初始化:设置 A_D 为自治 Agent;设置 V_D 为多 Agent 交互的资源变量;设置 D_D 为相应资源变量的范围;设置 C_D 为资源变量的约束;设置 F_d 为资源需求处理的优先级列表;设置 $F_s = (A_D, F_s^A)$ 为每个资源需求 Agent A_D 的优先供应 Agent 的列表;设置? success 为资源需求分配成功时的消息;设置? failure 为资源需求分配失败时的消息。

STEP2 优先级初始化:优先级初始化过程有两个方面,它决定了 Agent 的交互顺序。一方面,资源需求处理的优先级 F_d 是根据受影响地区的紧急程度确定的,而紧急程度 F 可以直接继承。另一方面,供应 Agent 的优先级 F_s 是根据地理区域和行政级别确定的,对于每个需求 Agent A_D,根据应急管理区域图在不高于其自身管理级别的 Agent 中选择候选供应 Agent。此外,候选供应 Agent 的响应顺序由其与需求 Agent 各自的资源位置 R_LOC 之间的距离确定。

STEP3 需求初始化:通过解析 L^* 消息将资源需求添加到 DisCSP 变量中,其中消耗性资源和可重复使用资源的操作相同。需求 Agent A_D 可以从 R_A 中获得,R_A 记录了资源所属的 Agent。通过资源需求量 R_q^s,可以得到资源需求变量 V_D,资源需求变量范围 D_D。将资源需求变量约束 C_D 初始化为 null,即不考虑资源需求之间的复杂约束。

STEP4 供应初始化:根据供应 Agent 优先级分析候选供应 Agent,然后将资源供应 Agent 信息添加到 DisCSP 集 (A_D, V_D, D_D, C_D) 中,其中,A_D 可以从候选供应 Agent 处得到,V_D 可以从 A_D 的可用资源中获得,D_D 和 C_D 是相应的范围和约束。

二是改进的 AB 算法:为了解决 DisCSP 问题,设计了改进的 AB 算法以避免冗余搜索计算。异步回溯算法的基本思想是,每个 Agent 都拥有自己的变量,这些变量将根据优先级的总顺序在多个 Agent 中进行搜索。由于在 DisCSP 初始化过程中获得了变量的分布,该算法解决应急资源共享问题的优点是异步搜索过程可以满足实际需求并且是完整的,但是标准异步回溯算法需要预设 Agent 优先级的总顺序。相比之下,应急资源共享中响应 Agent 的顺序应根据实际情况不断变化和调整,因此设计了改进的 AB 算法协调多 Agent 用于生成资源共享规划,其过程如图 5.3 所示,主要步骤如下。

STEP1 在获得受影响区域的资源需求消息后,根据资源需求处理优先级 F_d——总结。

STEP2 对于每个资源需求消息,获得 DisCSP 集合 (A_i, V_i, D_i, C_i),并根据需求 Agent A_i 的优先级顺序 F_s^i 进行异步回溯搜索。

STEP3 对于每个候选供应 Agent A_j,获得 DisCSP 集合 (A_j, V_j, D_j, C_j)。在变量一致性的前提下搜索合理的供应分配。如果可以通过连续搜索完全分配资源需求,请转到 STEP5;如果不可以,且 A_i 不是最高管理级别,请转到 STEP4;如果不可以,且 A_i 是最高管理级别,请转到 STEP6。

```
 1:    Algorithm2 (L )
 2:    begin
 3:      execute the DisCSP initialization operation, set (A , V , D , C );
 4:      set F , the resource demand processing priority list;
 5:      set F = (A , F^A , the supply agent priority list;
 6:      set ?s        , the resource demand allocation success message;
 7:      set ?failture
 8:      receive L  from all agents in the affected area;
 9:      if L ≠ null      -repeating select a tuple L  from L  order by F ;
10:       if R A R in L  is null, then
11:          insert (A , V , D , C ) resolving from L  to (A , V , D , C );
12:          if F_s = A_i, F_s^i ≠ null     non-repeating select a agent A  order by F^i
13:             receive the state set (A , V , D , C ) from the agent A ;
14:             insert (A , V , D , C ) to (A , V , D , C );
15:             if D ∩ D ≠ ∅ and (A , V , C ) is consistency, then
16:                D_i ← (0, max(D_i − max(D_i ∩ D_j );
17:                D_j ← max(D_i ∩ D_j);
18:                if max(D_i) − max(D_i ∩ D_j) = 0, then
19:                D ← D;
20:                R A R ← A ;
21:                R L ← the resource location of A ;
22:                for consumable resources, R^r ← D ; for reusable resources, R^r ← D ;
23:                update L ;
24:                add L to ?success
25:                send ?success to the demand agent A  and every supply agent A .
26:          else if A  is not the highest administrative level, then
27:                A ← the immediate superior agent of A ;
28:                update L ;
29:                send L to the demand agent A ;
30:          else the resource demand cannot be satisfied, then
31:                R A R ← default
32:                update L ;
33:                add L to ?failture
34:                send ?failture to the demand agent A .
35:       backtrack to the previous response agent.
36:    end.
```

图 5.3　改进的 AB 算法过程

STEP4 资源需求的管理级别已升级,然后返回 STEP3 进行搜索。这样做的方法是,根据预先存储的应急管理区域图中的管理级别的层次,将需求 Agent A_i 更新为上级管理 Agent,并将消息发送到上级管理 Agent。

STEP5 将合理的分配更新为 DisCSP 集合,形成资源共享规划,并将该规划与资源需求分配成功消息相关联,并将成功消息发送给有效的供应 Agent。

STEP6 意味着在现有网络中不能满足资源需求,应该通过发送资源需求分配失败消息来通知需求 Agent。

STEP7 意味着在搜索过程中发生了变量不一致,需要连续回溯到上一个响应 Agent,直到变量一致。

三是通信过程:通过对改进的 AB 算法进行研究,发现不同类型的 Agent 之间的通信会导致不同的操作。由虚拟 Agent 引导的通信路径如图 5.4 所示,以下对三种有效的通信类型进行分析:

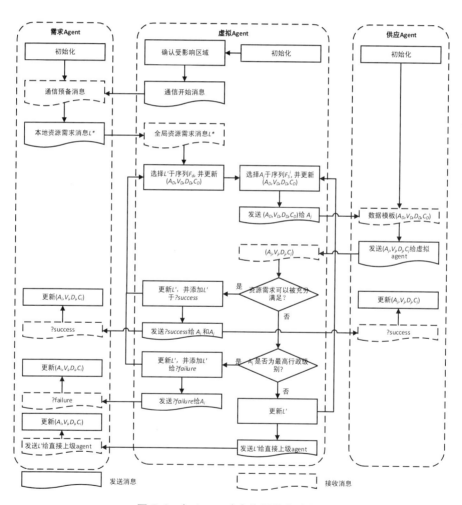

图 5.4　多 Agent 应急资源共享过程

a）需求 Agent 之间的通信：该通信用于协调应急资源需求的处理顺序。根据受影响区域的紧急程度，如果前一个 Agent 的资源需求得到处理，则将通信准备消息发送到下一个 Agent；如果不能满足需求 Agent 的资源需求并且该 Agent 不是最高管理级别，则将资源需求消息 L' 发送给其直接的上级 Agent，这意味着资源需求的管理级别得到了提高。

b）需求 Agent 与供应 Agent 之间的通信：该通信用于协调资源的需求和供应。需求 Agent 将资源需求消息 L^* 发送给候选供应 Agent，如果可以充分分配资源需求，则供应 Agent 将成功消息发送给需求 Agent，然后更改其状态；如果不能满足资源需求，则供应 Agent 将失败消息发送给需求 Agent，这意味着需求 Agent 必须更改资源需求。

c）供应 Agent 之间的通信：该通信用于组织资源的供应。根据从候选供应 Agent 到资源需求 Agent 之间的远近距离，如果前一个 Agent 不能完全满足资源需求，则将 DisCSP 集合 (A_D, V_D, D_D, C_D) 传递给下一个 Agent。通过多个 Agent 之间的应急资源数据通信，可以获得完整的应急资源共享规划。注意，如果资源共享规划的供应 Agent 消息为空，则意味着该规划具有由于全局资源不足而产生的资源共享无效消息。

第四节　案例分析

近年来，随着城市化进程的发展，城市涝灾已成为城市主要的自然灾害之一。2007 年至 2016 年，受洪灾影响的年均人口为 12233 万，数百个城市面临着城市内涝的跨地区应急救援。由于任务和资源的复杂性和高度耦合性，城市内涝跨地区应急行动方案的制定对决策者而言是具有挑战性的。在本节中，通过模拟典型应急资源的共享过程，设计了城市内涝应急救援资源共享域，以验证该方法的有效性。

一、测试案例领域知识

一般的城市内涝应急救援领域涉及各个 Agent 提供应急资源以满足救援需求,并实现资源共享。典型的城市涝灾跨地区应急救援可以描述如下:有六个 Agent(A_1,A_2,A_3,B_1,B_2,B_3),其中三个(B_1,B_2,B_3)在受灾地区。资源需求处理的优先级为 B_1 > B_2 > B_3,B_1、B_2、B_3、A_1 和 A_2 是县级 Agent,而市级 Agent A_3 是 A_1 和 A_1 的直接上级 Agent。根据紧急情况,每个受影响的 Agent 都执行四种任务,例如区域检查、应急堤防施工、临时排水工程和反滤罩井施工。为了完成任务,每个 Agent 都有应急资源,可以共享沙袋、土工布和车辆。每个任务应在截止日期之前以多种方式完成,并消耗不同数量的沙袋和土工布,占用不同数量的救援队和车辆。考虑到任务难度,每个任务的执行时间都在一定的时间间隔内。救援任务和资源成本的详细信息如表 5.2 所示。每个 Agent 在应急行动方案制定过程中都尽可能使用本地资源,如果本地资源不足,则会生成资源短缺列表。在定义 6 中设计了应急行动方案的评估功能,如果任务是用当地应急资源完成的,则将获得由受益者的人数和满意度决定的全部效用;如果通过应急资源共享完成任务,则折现率为 90%。此外对于 Agent 之间每共享一次资源,启动成本为 200,资源共享成本比本地资源高 20%。每个 Agent 按照与同一行政级别的最优距离原则来响应资源需求,表 5.3 中列出了 Agent 之间的距离。

表 5.2 救援任务信息

资源 任务类别	救援队	车辆	沙包	土工布	执行时间(h)
区域检查	1	5	0	0	3—30
应急堤防施工	1	1	250—1000	200—800	1—15
临时排水工程	1	3	200—800	50—200	2—16
反滤罩井施工	1	2	150—600	350—1000	6—25

续表

任务类别 ＼ 资源	救援队	车辆	沙包	土工布	执行时间（h）
消耗成本			2.5	3	
每小时可重用资源成本	200	30			

表 5.3　区域之间距离

距离（km）	A_1	A_2	A_3	B_1	B_2	B_3
B_1	20	30	40	0	25	40
B_2	35	20	40	25	0	30
B_3	30	25	20	40	30	0

二、测试案例实验结果

本实验将 RESHOP2^{RS} 与 SHOP2 在相同环境下进行了比较,前者运行在 Windows 7 操作系统和 4GB RAM 的 PC 上。目前还没有一个人工智能规划器可以直接解决紧急资源共享问题,因此设计了两组实验研究来评估所提出的规划算法。

在第一组实验中,研究了应急资源短缺识别的性能。RESHOP2^{RS} 中的单 Agent 资源短缺识别模块是通过随时启发式搜索算法实现的。相比之下, SHOP2 利用贪婪搜索来处理资源短缺的识别。实现包括两个阶段,在第一阶段,应根据可用的资源来选择可达成目标;在下一阶段,对于可达成目标集,可以使用 SHOP2 中的贪婪搜索结合排序函数来计算第一部分评估函数的值,对于剩余的目标,放松 SHOP2 中的资源约束,通过贪婪搜索来计算第二部分评估函数的值。

随机构建十组城市洪涝救援中涉及单 Agent 资源短缺的应急行动方案制定问题,用 $\{RS1,RS2,\cdots,RS10\}$ 表示,其中 $RS1$ 的本地资源信息如表 5.4 所示。HTN 规划器通过定义的从简单到复杂的四种任务来制定应急行动方案,随着应急行动方案制定的复杂性增加,当地资源的数量也会增加,但资源短缺仍保持在 20%。表 5.5 给出了 RESHOP2^{RS} 单 Agent 模块和基于 SHOP2 的贪婪搜索的性能。

表 5.4　RS1 本地资源信息

救援队	车辆	沙包	土方布
1	5	320	440

表 5.5　RESHOP2^{RS} 和贪婪搜索表现对比

问题			*RS1*	*RS2*	*RS3*	*RS4*	*RS5*	*RS6*	*RS7*	*RS8*	*RS9*	*RS10*
RESHOP2^{RS}	评估值		16790	33450	50245	66975	83715	100440	117150	133805	150670	167425
	CPU 时间（ms）		7995	12211	13914	17963	23859	26425	29173	32572	37397	39872
贪婪搜索	评估值	第一部分	14140	28305	42470	56620	70780	84930	99085	113245	127410	141570
		第二部分	2450	4965	7470	10030	12545	15100	17555	20060	22570	25135
	CPU 时间（ms）		4036	6572	7012	9121	11988	13621	15223	17488	18121	19316

结果表明,该模型识别出了各种类型的资源短缺,同时 RESHOP2^{RS} 的评估函数值大于基于 SHOP2 的贪婪搜索的评估函数值之和。但是 RESHOP2^{RS} 的 CPU 时间比基于 SHOP2 的贪婪搜索要长。实验结果表明,基于启发式搜索的资源短缺识别算法可以提高应急行动方案的质量,但会增加 CPU 时间开销。考虑到需要资源需求消息来帮助决策者,花费更多的 CPU 时间是可以接

受的。

第二组实验研究资源共享规划的性能。RESHOP2^{RS}中的多 Agent 资源共享规划模块是通过改进的 AB 算法实现的。相比之下,标准 AB 算法用于处理资源共享的前提是受影响区域的资源需求消息可用,利用 Java Agent Development Framework(JADE)执行 AB 算法以获得应急资源共享规划。用$\{RE1,RE2,\cdots,RE10\}$表示随机构建的十组城市内涝应急资源共享问题,Agent(B_1,B_2,B_3)负责$\{RS1,RS2,\cdots,RS10\}$中的应急救援任务,同时 Agent(A_1,A_2,A_3)持有用于共享的资源。HTN 规划期仍通过定义的四种任务(从简单到复杂)来制定应急行动方案。$RE1$ 的备用资源信息显示在表 5.6 中。随着应急行动方案制定的复杂性增加,紧急资源的数量也增加。表 5.7 列出了 RESHOP2^{RS}的多 Agent 模块和标准 AB 算法的实验结果。

表 5.6　$RE1$ 的备用资源信息

备用资源	A_1	A_2	A_3
车辆	3	3	0
沙包	56	70	35
土方布	88	105	80

结果表明,可以处理所有类型的资源共享过程,包括消耗性和可重用资源,多资源混合规划以及管理级别分析。此外,一旦影响代理的资源需求过多,RESHOP2^{RS}的资源供应负载就会比标准 AB 算法的资源供应负载更加平衡。两种方法的 CPU 时间均在 3s 之内,这在实际应急行动方案制定问题的可接受范围内。

表 5.7 RESHOP2^{RS} 和标准 AB 算法的实验结果

问题	RESHOP2^{RS}		标准 AB 算法	
	资源共享规划	CPU 时间（ms）	资源共享规划	CPU 时间（ms）
$RE1$	$B_1(A_1(56,88,0) A_2(24,22,0))$	1999	Unchanged	1998
$RE2$	$B_2(A_1(56,88,0) A_2(4,105,0) A_3(0,80,0))$	2163	Unchanged	2161
$RE3$	$B_3(A_2(112,210,5) A_1(48,180,3) A_3(0,50))$	2377	$B_3(A_3(35,50,3) A_2(124,210,5) A_1(0,180))$	2376
$RE4$	$B_1(A_1(200,200,8) A_2(0,0,5));B_2(A_2(120,240,0) A_3(0,0,7)$	2421	$B_1(A_1(200,200,8) A_2(0,0,5));B_2(A_3(120,200,7) A_2(0,40,0))$	2438
$RE5$	$B_1(A_1(140,50,7) A_2(180,0,3) A_3(10,100,0));B_2(A_2(70,190,2) A_1(0,110,6))$	2509	$B_1(A_1(140,150,7) A_2(180,0,3) A_3(80,0,0));B_2(A_2(0,190,2) A_1(0,10,0) A_3(0,100,6))$	2506
$RE6$	$B_1(A_1(100,300,5));B_2(A_2(200,200,5));B_3(A_2(250,100,5))$	2346	$B_1(A_1(100,300,5));B_2(A_2(200,200,5));B_3(A_3(250,100,5))$	2319
$RE7$	$B_1(A_1(220,320,6) A_2(0,10,0));B_2(A2(200,260,8) A_1(0,0,1));B_3(A_2(110,110,0) A_1(30,0,0) A_3(40,90,6))$	2358	$B_1(A_1(220,320,6) A_2(0,10,0));B_2(A_2(200,260,8) A_1(0,0,1));B_3(A_3(180,200,6))$	2387
$RE8$	$B_1(A_1(280,300,8) A_2(70,0,0));B_2(A_2(140,300,2) A_1(0,0,2) A_3(50,0,8));B_3(A_2(150,200,5))$	2703	$B_1(A_1(280,300,8) A_2(70,0,0));B_2(A_2(290,300,7) A_1(0,0,2) A_3(50,0,6));B_3(A_3(0,200,2))$	2734
$RE9$	$B_1(A_1(260,320,10) A_2(0,180,0) A_3(0,300,0));B_2(A_2(150,0,7) A_1(20,0,1) A_3(100,0,4));B_3(A_2(200,200,5))$	2801	$B_1(A_1(260,320,10) A_2(0,380,0) A_3(0,300,0));B_2(A_2(350,0,12) A_1(20,0,0) A_3(100,0,0));B_3(A_3(0,0,5))$	2799
$RE10$	$B_1(A_1(260,0,9) A_2(140,0,1) A_3(0,300,0));B_2(A_2(100,0,7));B_3(A_2(350,380,5) A_1(0,320,0) A_3(0,100,0))$	2941	$B_1(A_1(260,320,9) A_2(140,380,1) A_3(0,400,0));B_2(A_2(100,0,7));B_3(A_3(350,0,5))$	2921

上述仿真实验表明,RESHOP2^{RS}在应急资源共享规划的灵活性和处理速度方面具有优势。

应急资源共享是成功制定用于应急决策的多部门应急行动方案的关键问题之一。本章提出的 RESHOP2^{RS},通过增强 HTN 规划以协调多 Agent 系统来处理应急资源共享问题。首先设计基于时间轴的多容量离散资源共享模型,将应急资源共享问题描述为符合 HTN 规划语法的领域知识;其次设计 RE-SHOP2^{RS}的体系结构,包括单 Agent 资源短缺识别模块和多 Agent 资源共享规划模块。在单 Agent 模块中,利用随时启发式搜索算法来动态识别资源短缺消息并考虑评估功能来优化本地应急行动方案。在多 Agent 模块中,利用一种改进的由虚拟 Agent 控制的 AB 算法,通过协调多 Agent 系统获得资源共享计划;最后进行实验研究,以通过城市内涝应急救援问题验证 RESHOP2^{RS}的有效性。

后续的工作应从三个方向进行。首先,在某些情况下,应急管理环境中资源状态不断变化,需要提高应急资源共享的动态性能。其次,在某些情况下,应急管理环境中的资源需求含糊且不确定,应进一步改进该方法,以处理应急资源共享问题中不确定的资源信息。最后,该方法中可重复使用资源共享的效率可以进一步提高。

第六章　基于 HTN 规划的应急协商模型与方法

第一节　面向应急协商的 HTN 规划理论基础

一、HTN 规划与应急协商

近年来,我国范围内各类突发事件频发,给人民生命财产安全和经济社会稳步发展造成了严重威胁。因此必须使用更加科学合理的手段,使得在突发事件发生后能够指导应急响应部门迅速做出应急处置措施,降低突发事件造成的破坏,恢复社会秩序。突发事件应急任务规划能够在突发事件发生后,根据现场实际情况感知应急态势,识别应急任务目标,并根据该应急领域的知识规划出一个能够实现任务目标的动作序列的过程,然而现有的应急任务规划方法难以应对复杂、多变的大规模突发事件,但智能规划技术中的层次任务网络(Hierarchical Task Network,HTN)规划方法在处置突发事件应急任务规划问题时具有独特优势。

智能规划的主要思想是认识周围的环境并分析,根据要实现的目标,对当前可获得的资源约束和可选择的动作推理,综合制定可实现目标的规划(Plan),其主要功能是根据给定问题的状态描述、初始状态和目标状态以及相应状态变换的操作,将一个动作序列从初始状态转化为目标状态。该方面研究最早可以追溯到 1956 年纽厄尔(Newell)和西蒙(Simon)设计的逻辑理论家

（Logic Theorist）程序，随后他们设计了 GPS（General Problem Solver）系统分离出了领域知识；1969 年，面向现实规划问题设计的规划系统 QA3（Question-answering 3）系统被大多数智能规划研究者认为是第一个规划系统；1971 年，菲克斯（Fikes）和尼尔森（Nilsson）设计的 STRIPS（STanford Research Institute Problem Solver）系统对智能规划研究做出了突出的贡献，其引入了 STRIPS 操作符的概念，使规划问题的解决更加清晰明了；1991 年，麦长莱斯特（McAllester）和罗森布拉特（Rosenblatt）设计的 SNLP（Systematic NonLinear Planning）系统是世界上第一个完备、完全、系统的非线性规划系统；1994 年，厄洛尔（Erol）等人提出了 HTN（Hierarchical Task Network）规划的形式化模型，并证明了其完备性（completeness）和可靠性（soundness）。

近年来，运用智能规划（AI Planning）技术进行应急任务规划的方法被广泛研究，其中层次任务网络（Hierarchical Task Network，HTN）规划是目前应用最为广泛的智能规划技术，HTN 规划是基于任务分解的思想进行动作推理，利用领域知识将任务目标中复杂抽象的顶层任务递归分解为更小更具体的子任务（subtask），直到所有的任务都可以被规划动作直接执行。这种思想能够充分利用领域知识实现强大的动作推理，从而有效实现大规模规划问题的建模和求解。

HTN 规划以初始状态、初始任务网络和按特定的语言结构编码的领域知识为输入，目标是输出由能够完成初始任务网络中的任务目标的具体动作过程组成的解计划。HTN 规划系统从当前任务网络中非确定地选择一项任务 t，如果该任务为原子任务，规划系统选择一个适用的操作符，同时将其实例化为动作，并从当前任务网络中移除任务 t；如果该任务为复合任务，规划系统非确定地选择一个适用的方法并实例化，将当前任务网络中的任务 t 替换为该方法的子任务。直到任务网络 TN 为空，且满足所有的约束关系均得到了满足，就得到了一个由动作序列构成的解计划；否则规划系统就回溯并尝试别的分解方式。HTN 规划规程如图 6.1 所示。

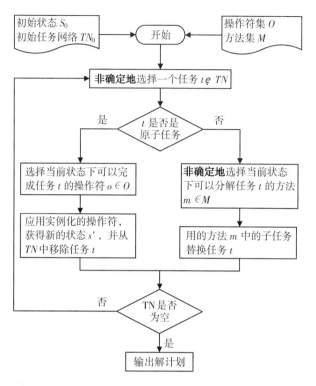

图 6.1　HTN 规划过程

由于 HTN 规划系统的完备性和可靠性,且充分利用计算机强大的计算性能,规划系统总能快速找到规划问题的解(如果规划问题有解的话)或找到规划问题的所有解并从中比较出最优解(时间足够的话)。领域知识是规划系统的重要组成部分,由领域专家合理编码的领域知识能够减少搜索过程中的冗余项,提高规划的效率和质量。

自 HTN 规划的思想被提出,就吸引了许多研究人员的注意,并在之后的研究过程中提出了许多规划器,使得 HTN 规划在许多领域得到了应用。由于本章的方法是基于 HTN 规划器 SHOP2 实现的,因此,下一节将详细介绍 SHOP2 的基本要素和规划过程。

二、SHOP2 规划器介绍

SHOP2 是 Nau 等在 2003 年提出的一种领域无关规划系统,其改进了通用 HTN 规划方法中不确定地从任务网络中选择任务进行分解的策略,采用有序任务分解(ordered tasks decomposition,OTD)搜索控制策略,在规划过程中按照动作执行的顺序生成规划方案。通过这种策略,SHOP2 消除了 HTN 规划中大量的不确定因素的影响,大大减少了规划推理的复杂性,进而提高了规划器的规划能力和速度。

JSHOP2 是 SHOP2 的 Java 语言实现,具有下列特征:

● JSHOP2 在规划过程的每一步都知道当前的世界状态;

● JSHOP2 可以进行符号/数字的混合计算,以及执行外部程序调用,推理能力强大;

● 通过编辑 Domain 和 Problem 文件,JSHOP2 可以创建高效的领域特定算法;

● JSHOP2 允许使用:unordered 关键词在任务列表之间生成偏序关系,使不同任务列表之间的子任务可以交错执行。

JSHOP2 的输入为规划领域和规划问题。规划领域由操作符、方法和公理组成。规划问题由逻辑原子(初始状态)和任务列表(要实现的高层动作)组成。输出为一个操作序列。下面介绍 JSHOP2 中各结构的语法形式:

(一)符号(Symbols)

JSHOP2 中定义了 5 种不同的符号:变量符号、常量符号、原子任务符号、复合任务符号和函数符号。每种类型的符号由字母、数字、问号(?)、感叹号(!)、连字符(-)和下划线(_)组成。为了便于区分,JSHOP2 给不同类型的符号使用了以下惯例:

a)变量符号是任意名称以问号开头的符号,例如? a、? speed;

b)原子任务符号是任意名称以感叹号开头的符号,例如! pickup、! putdown；

c）常量符号、谓词符号和符合任务符号的名称由字母或下划线开头，例如 FireRescue；

d）函数符号为任意有效的 Java 标识符。

JSHOP2 中任何不含变量符号的结构都是基结构。

（二）项（Terms）

项 t 可以为：变量符号、常量符号、数字、列表项或函数调用项。

列表术语具有以下形式：

$(t_1 \ t_2 \cdots t_n)$

其中每个t_i是项列表中的项。

函数调用项的表达形式为：

$(callf \ t_1 \ t_2 \cdots t_n)$

其中 f 是一个函数符号，t_i为项（可以为函数调用项，即函数调用项允许函数的嵌套调用）。函数 f 可以为 JSHOP2 内建的常用函数，也可以自定义用户所需要的函数。

每当 JSHOP2 规划器需要评估出现函数调用项结构时，规划器都会调用函数 f，应用于参数$t_1, t_2, \cdots$和t_n。在规划过程中，一旦规划器可以评估函数调用项（即当函数调用项因为绑定其变量而成为基结构时）就会用评价结果替换函数调用项。例如，下列嵌套使用+函数的函数调用项的值为6：

$(call + (call + 12) \ 3)$

（三）逻辑原子（Logical Atoms）

逻辑原子的形式为：

$(p \ t_1 \ t_2 \cdots t_n)$

其中 p 为谓词符号，t_i为术语。

（四）逻辑表达式（Logical Expression）

逻辑表达式可以是逻辑原子，也可以是带有合取、析取、否定、蕴涵、全称量词或赋值等逻辑算子的复杂表达式,或者是 call 表达式。

（五）逻辑前提（Logical Precondition）

逻辑前提既可以是逻辑表达式 L,也可以是包含逻辑表达式 L 的特殊形式:

①（:first L)为最先满足前提,指定 JSHOP2 规划器只考虑满足 L 的第一组绑定而不考虑其他的(即使采用第一组绑定没有生成有效的计划)。

②（:sort-by v [f] L)为有序前提,指定 JSHOP2 规划器按照比较函数 f（默认为<）对逻辑表达式 L 的排序考虑对变量 v 的绑定。

（六）公理（Axioms）

公理的表达形式为:

（:- a [name$_1$] L_1 [name$_2$] L_2…[name$_n$] L_n）

其中 a 为逻辑原子,可选项 name$_i$ 为逻辑前提 L_i 的名称。公理表示如果 $L_1,L_2,\cdots,L_n$ 中任意一项逻辑前提为真,则逻辑原子 a 为真,通常用于对当前状态下没有明确断言的前提条件做推断。

图 6.2 公理示例表明突发事件中帐篷够用的条件:如果天气条件良好且帐篷数量超过 50,或如果天气恶劣且帐篷数量超过 100,则帐篷够用。

```
(:- (enough-tent ?x)
    goodWeather
    ((weather-is good)(tent ?x)(call >= 50))
    badWeather
    ((tent ?x)(call >= 100))
)
```

图 6.2 JSHOP2 公理示例

（七）任务原子（Task Atoms）

任务原子的表达形式为:

（[:immediate] s t_1 t_2…t_n）

其中 s 为任务符号,参数 t_i 为项。如果任务符号 s 为原子任务符号(即

121

"!"开头），则该任务原子对应的任务为原子任务，否则该任务原子对应的任务为复合任务。带关键词：immediate 的任务优先级更高，需要立即执行。

（八）任务列表（Task Lists）

任务列表可以是任务原子，或下列表达形式：

（［：unordered］　［tasklist$_1$　tasklist$_2$…tasklist$_n$］）

其中 tasklist$_i$ 为任务列表。注意 i 可以为 0，对应于空任务列表。关键词：unordered 指定不同任务列表之间的任务可以交错执行，但同一任务列表中的任务仍需要按照给定的顺序执行；如果关键词：unordered 缺省，则 JSHOP2 规划器必须按照给定的顺序执行任务列表。

（九）操作符（Operators）

操作符具有下列形式：

（：operator h P D A ［c］）

其中操作符的头 h 是缺省：immediate 关键词，以原子任务符号的任务原子；前提 P 是逻辑前提；删除列表 D 中的元素是逻辑原子或全称量词；添加列表 A 的形式同删除列表；成本 c 是项，其缺省值为 1。

如上所述，操作符以原子任务符号开头，描述了操作符用于执行其头指定的原子任务时适用的前提条件、产生的效果（删除、添加列表）和所需的成本。图 6.3 示出了拿起和放下物体的操作符。其中！pickup？a 的前提条件和删除列表为空，执行完后添加了状态（have？a）；！drop？a 的前提条件为（have？a），执行完后删除了状态（have？a），添加列表为空。

（十）方法（Methods）

方法的形式如下：

（：method h ［name$_1$］　L_1　T_1　［name$_2$］　L_2　T_2…［name$_n$］　L_n　T_n）

其中方法的头 h 是缺省：immediate 关键词，以复合任务符号的任务原子；前提 L_i 是逻辑前提；方法的尾 T_i 是任务列表；可选项 name$_i$ 是对（L_i　T_i）的名称。

```
(:operator (!pickup ?a)
    ()
    ()
    ((have ?a))
)

(:operator (!drop ?a)
    ((have ?a))
    ((have ?a))
    ()
)
```

图 6.3 JSHOP2 操作符示例

如上所述,方法以复合任务符号开头,以任务列表为尾,其表明当前提满足时,方法的头指定的复合任务可以通过执行方法的尾中的所有任务来实现。当方法被使用时,会匹配前提满足的对(L_i T_i)来分解复合任务。规划器会按照方法给定的顺序来考虑分支,只有当前面分支的前提都不满足时,后面的分支才会被考虑。图 6.4 给出了交换两个物体的方法示例。该方法首先判断当前状态是否满足方法分支 1 的逻辑前提,如果满足,则返回分支 1 的任务列表;否则进入分支 2 进行类似的操作。

```
(:method (swap ?x ?y)
    branch 1
    ((have ?x) (not (have ?y)))
    ((!drop ?x) (!pickup ?y))
    branch 2
    ((have ?y) (not (have ?x)))
    ((!drop ?y) (!pickup ?x)))))
)
```

图 6.4 JSHOP2 方法示例

在同一个规划领域中,可能会有多种不同的方法同时使用于一个复合任务,则所有的方法都可能被考虑,而不同的方法对应于不同的搜索路径,进而对应于不同的规划解。

（十一）规划领域（Planning Domain）

规划领域具有以下形式：

（defdomain domain-name（ d_1 d_2 $\cdots$ d_n ））

其中领域名 domain-name 是一个符号，d_j 为操作符、方法或公理。

（十二）规划问题（Planning Problem）

规划问题的形式如下：

（defproblem problem-name domain-name（ $[a_{1,1}$ $a_{1,2}\cdots a_{(1,n)}]$ ） $T_1\cdots($ $[a_{(m,1)}$ $a_{(m,2)}\cdots a_{(m,n)}]$ ） T_m ）

其中问题名 problem-name 和领域名 domain-name 为符号，$a_{(i,j)}$ 为逻辑原子，T_i 为任务列表。规划问题形式定义了该规划领域中的 m 个规划问题，每个规划问题都可以通过在逻辑原子 $a_{(i,1)}$ 到 $a_{(i,n)}$ 定义的初始状态下实现任务列表 T_i 中的任务来解决。

（十三）计划（Plans）

计划是操作符的基实例（即所有变量都在给定领域中绑定了常量）的头的列表。如果 $p=(h_1$ $h_2\cdots h_n)$ 是一个计划，S 是一个状态，则 $p(S)$ 为在状态 S 下以给定顺序执行操作 $o_1,o_2,\cdots,o_n$ 后得到的状态。

三、GoCo 承诺协议介绍

不同于集中规划时具有完整的全局规划环境和规划信息，本章研究多部门参与的应急任务规划，是一种分布式环境下多主体参与规划的过程。在此过程中各参与主体无法了解其他主体规划的实时信息，而各规划主体之间的状态信息和规划方案的执行都会相互影响，因此规划过程中不同的主体之间需要相互协商。现有对多主体协商形式的研究均致力于避免或减少规划过程中各主体之间的冲突关系，然而这类方法大多是在规划前对各主体进行协调，或在规划后对各主体的规划方案进行整合统一，极少有考虑规划过程中的协调的情况，独立于规划过程的协商技术具有局限性。此外，现有方法大多对各主体之间的耦合关系进行解耦,使得本地规划方案与外部主体规划方案割裂开来,不利于充分发挥多主体规划中各主体相互协助的力量。基于此,本章的 GoCo 规划表达承诺协议[52]来对多部门参与的应急任务规划过程建模,使得各应急决策部门不仅能在规划过程中完成协商的过程,还能生成多部门互助的应急任务规划方案。GoCo 规划基本要素描述如下。

(一)承诺

承诺可被描述为 C = (Debtor, Creditor, Antecedent, Consequent),表示当先行情景(Antecedent)发生时,该承诺协议的债务人会给债权人带来什么样的后果(Consequent)。例如,在城市洪涝灾害应急响应中,水务局需在应急办的指示下,根据事前承诺协议进行建筑物排水。

承诺的生命周期如图 6.5 所示。其中圆角矩形表示承诺所处的状态,有向边表示承诺状态的转换,其中承诺的转换是基于创建承诺的债务人的操作,或是受债权人的行为和环境变化的影响。各承诺状态的说明如下:

空值(Null):承诺被创建之前处于空值状态。

激活(Active):当债务人作出承诺时,承诺进入激活状态,该状态由两个子状态组成:条件状态(Conditional)和分离状态(Detached)。当先行情景未发生时,承诺进入条件状态;当先行情景发生时,承诺进入分离状态。

失效(Expired):如果先行情景不在承诺协议中,则处于激活状态的承诺进入失效状态。

挂起(Pending):如果债务人暂停某一处于激活状态的承诺,则承诺进入挂起状态;挂起的承诺可被债务人重新激活。

终止(Terminated):如果债务人取消或债权人解除有条件的承诺,承诺将进入终止状态。

满足(Satisfied):如果某一激活承诺产生一定后果,那么承诺进入满足状态。

违反(Violated):如果债务人取消了处于分离状态的承诺,则承诺进入违反状态。

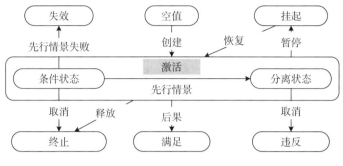

图 6.5　承诺的生命周期

（二）目标

目标是主体希望系统达到的状态。目标 G = (Agent, Precondition, Success, Failure),其中 Agent 是一个代理,Precondition 是目标的前提条件,Success 是 G 的成功条件,Failure 是 G 的失败条件。

目标的生命周期如图 6.6 所示。其中圆角矩形表示目标所处的状态,有向边表示目标状态的转换,目标的转换基于考虑目标的主体的操作。各目标状态的说明如下:

空值(Null):目标在被考虑之前处于空值状态,如果目标的前提条件为真,则目标可能被考虑。

非活动(Inactive):当主体考虑一个目标时,其变为非活动状态。

活动(Active):非活动的目标可以被激活为活动的状态。

暂停(Suspended):活动和非活动的目标可以被暂停,暂停的目标可以被重新考虑为非活动状态,或重新激活为活动状态。

终止(Terminated):如果已经被考虑的目标被放弃或终止,则目标转换到终止状态。

失败(Failed):如果已被考虑目标的失败条件成立,则目标转换到失败状态。

满足(Satisfied):如果已被考虑目标的成功条件成立,则目标转换到满足状态。

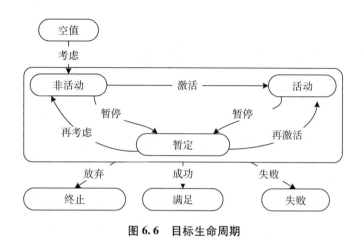

图 6.6　目标生命周期

第二节　基于 GoCo 的多部门协商模型

为给地理上分布的多个应急决策部门协商制定应急任务规划方案,引入了分布式规划技术。因此需要一种有效的机制,为参与分布式规划的各主体提供互相交互的途径。本章对承诺和目标的 HTN 形式进行建模,同时扩展了 HTN 规划形式以适应资源不确定的分布式规划系统。

一、承诺的 HTN 形式

根据图 6.7 所示承诺生命周期,可提炼出承诺的五个状态:$null(C)$,$pending(C)$,$canceled(C)$,$released(C)$ 和 $expired(C)$,以及对应承诺状态转换的六个操作符,如图 6.7 所示。

二、GoCo 承诺协议的 HTN 规划形式建模

HTN 规划是一种基于状态的智能规划技术,而规划动作则对应于规划状

```
(:operator (!create(?C, ?Deb, ?Cre))
    ((commitment(?C, ?Deb, ?Cre))(null(?C)))
    (null(?C))
    ()
    (0)

(:operator (!suspend(?C, ?Deb, ?Cre))
    ((commitment(?C, ?Deb, ?Cre))(active(?C)))
    ()
    (pending(?C))
    (0)

(:operator (!reactivate(?C, ?Deb, ?Cre))
    ((commitment(?C, ?Deb, ?Cre))(pending(?C)))
    (pending(?C))
    ()
    (0)

(:operator (!expire(?C, ?Deb, ?Cre))
    ((commitment(?C, ?Deb, ?Cre))(conditional(?C))(timeout(?C)))
    ()
    (expired(?C))
    (0)

(:operator (!cancel(?C, ?Deb, ?Cre))
    ((commitment(?C, ?Deb, ?Cre))(active(?C)))
    ()
    (canceled(?C))
    (0)

(:operator (!release(?C, ?Deb, ?Cre))
    ((commitment(?C, ?Deb, ?Cre))(active(?C)))
    ()
    (released(?C))
    (0)
```

图 6.7　承诺状态转换操作符

态的转换。本章提炼承诺和目标生命周期中的状态及状态的变换,构建出对应于状态变换的 HTN 规划操作符。

（一）目标的 HTN 形式

根据图 6.8 所示目标生命周期,提炼出目标的五个状态 $null(G)$, $activatedG(G)$, $suspendedG(G)$, $droppedG(G)$ 和 $abortedG(G)$,以及对应目标状态转换的操作符,如图 6.8 所示。

```
(:operator (!consider(?G, ?A))
    ((goal(?G, ?A))(null(?G))(pg(?G)))
    (null(?G))
    ()
    (0)

(:operator (!activate(?G, ?A))
    ((goal(?G, ?A))(inactiveG(?G)))
    ()
    (activatedG(?G))
    (0)

(:operator (!suspend(?G, ?A))
    ((goal(?G, ?A))(not (terminalG(?G))(not null(?G)))
    (activatedG(?G))
    (suspendedG(?G))
    (0)

(:operator (!reconsider(?G, ?A))
    ((goal(?G, ?A))(suspended(?G))(not (terminalG(?G))(not null(?G)))
    ()
    (suspendedG(?G))
    (0)

(:operator (!reactivate(?G, ?A))
    ((goal(?G, ?A))(suspended(?G))(not (terminalG(?G))(not null(?G)))
    (activatedG(?G))
    (suspendedG(?G))
    (0)

(:operator (!drop(?G, ?A))
    ((goal(?G, ?A))(not (terminalG(?G))(not null(?G)))
    ()
    (droppedG(?G))
    (0)

(:operator (!abort(?G, ?A))
    ((goal(?G, ?A))(not (terminalG(?G))(not null(?G)))
    ()
    (abortedG(?G))
    (0)
```

图 6.8　目标状态转换操作符

（二）目标和承诺的关联

在多部门应急任务规划过程中，各参与部门可以通过自身能力完成给定的任务目标，也可以通过对其他参与部门的承诺来帮助其他参与方完成任务

129

目标(出于成本、能力,完成满意度的考虑)。在需求点调用承诺请求供应点协助的过程中会将自身目标传递给供应点,这时候需要一定的规则来创建承诺和传递任务目标。

据此提取两种规划领域方法如图 6.9 所示。*entice* 方法在两个主体之间创建承诺,*deliver* 方法将本地主体的目标传递给外部主体。

```
(method:entice(G,C,D,A),
pre:(goal(G,D)∧activeG(G)∧commitment(C,D,A)∧null(C)∧(s(G)↔p(C))),
tn:(!create(C,D,A)))

(method:deliver(G,C,D,A),
pre:(goal(G,D)∧null(G)∧commitment(C,D,A)∧detached(C)),
tn:(!consider(G,D),!activate(G,D)))
```

图 6.9 目标和承诺关联方法

三、考虑资源不确定的多部门协商 HTN 规划

(一)多主体 HTN 规划扩展

将分布式规划系统表示为多主体系统 $MAS = (I, D, A)$,其中 I 为初始状态,D 为领域知识,A 为代理集合。领域知识 $D = (M, O)$ 由方法集 M,操作符集 O 组成。操作符 o 描述系统状态的转换,是一个五元组($name(o)$, $pre(o)$, $eff(o)$, $uti(o)$),其中 $name(o)$, $pre(o)$ 和 $eff(o)$ 分别是操作符的名称,前提条件和效果,$uti(o)$ 表示操作符执行的效用,是由操作符执行的收益和成本组成的表达式。方法 m 描述复合任务分解为原子任务的途径,是一个三元组($name(m)$, $pre(m)$, $tn(m)$),其中 $name(m)$ 是方法的名称,$pre(m)$ 是应用方法的前提条件,$tn(m)$ 是使用该方法分解得到的子任务集合。

要实现各自的目标,各参与的自主代理通过方法集 M 逐层递归分解复合任务,直到所有的任务都能被实例化的操作符(即动作)直接执行。分解过程中,代理如果发现无法独立实现的任务,会通过创建承诺,以请求其他代理协作完成任务。HTN 规划的解是一个动作序列 $\pi = (a_1, a_2, \cdots, a_n)$。

操作符的执行将导致系统状态的转换,使得目标的实现更进一步,所产生的效用为 $\sum_{i=1}^{n} uti(o_i) \geqslant 0 \sum_{i=1}^{n} uti(o_i) \geqslant 0$。当突发事件事态紧急时,可以通过找到一个 $\sum_{i=1}^{n} uti(o_i) \sum_{i=1}^{n} uti(o_i)$ 不低于预期效用的应急计划以指导救援。如果时间足够,规划总能找到 $\sum_{i=1}^{n} uti(o_i)$ 最大的最优解。

每个主体 $a = (G, C, R) \in A$ 包括各自的目标 G 和承诺 C 和当前的资源信息 R。资源使用资源时间轴技术表示成一个 8 元组 $R = (R\_ID, R\_Type, X, D, C, Q, M, N)$,其中,$R\_ID$ 为该领域中所有资源的编码集合;R_Type 表示对应于 R_ID 的资源的类型;(X, D, C) 为简单时间网络描述模型:X 为一组离散的时间变量集合,D 为时间变量的值域集合,C 为时间变量的约束集合;(Q, M, N) 为扩展的资源状态描述模型:资源状态集合 Q 描述对应于 X 中的每个时间点的资源状态的变化量,M 为 Q 中所有变量的值域集合,N 为时间的约束集合。

（二）资源不确定的处理

在多部门协商进行应急任务规划的过程中,各规划主体对其他参与主体的信念存在偏差。这使得多部门协商进行资源共享的过程中需要解决资源不确定的问题。

一是资源请求点（请求方）不确定资源供应点（应答方）会返回哪一种应急资源。例如在防汛应急任务规划中,消防队对某地 100 名居民执行人员救援和转移任务时,需要为这些居民向商务委请求一天的食物,消防队认为商务委可能会返回 500 个面包,也可能返回 400 盒泡面。在这种情况下,可以将操作符的效果扩展为 $(effect_1, p_1)$,$(effect_2, p_2) \cdots, (effect_n, p_n)$,其中 P_i 为概率,表征请求方主体对应答方主体做出 $effect_i$ 这种资源应答的信念。

在应急任务规划过程中,规划器选取概率 P_i 最大的 $effect_i$ 作为该操作的效果,将其更新到当前状态中,并据此向资源供应点发送资源请求。

二是资源请求点不确定资源供应点返回某种应急资源的数量。例如在防汛应急任务规划中,消防队对某地100名居民执行人员救援和转移任务时,需要为这些居民向民政局请求帐篷,但是不确定民政局能够供应多少。此时,可以通过公理和在方法中设置不同的条件分支来实现。在应急任务规划过程中,请求方主体通过公理对应答方主体返回的资源数量进行判断,如果足够,则结束资源请求过程;如果不够,则通过数值计算找出资源量缺口,同时继续调用该方法,向下一级资源供应点发送资源请求。

四、多部门协商模型

应急任务规划通常由多个部门共同参与,各参与部门有着各自的应急目标;同时各参与部门的规划动作通常涉及相同状态的资源,此时需要他们共享资源,以达到资源利用效率的最大化。这其中涉及多部门协商的技术,有效的多部门协商模型能够提供高效的多部门协商通道,促进资源共享方案的生成。

论文通过创建并激活承诺以及目标的传递来实现多部门之间的协商。基于GoCo建立多部门协商应急任务规划模型如图6.10所示。椭圆表示参与应急响应的部门,矩形表示承诺,带阴影的举行表示目标。各应急决策部门指向的目标表示该目标在应急响应中所需实现的目标,承诺源于债务方部门,指向债权方部门。

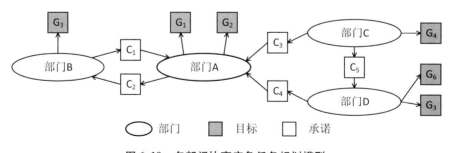

图6.10 多部门协商应急任务规划模型

第三节 应急任务规划的多部门协商算法

一、多部门协商应急任务规划基本框架

传统应急任务规划方法往往采用集中式规划的方法来生成规划方案,统一指挥各应急部门开展应急响应工作。由此产生的规划方案在一定程度上能够完成应急响应任务,但应急指挥长官通常不如各应急决策部门了解自身能力,因此难以充分发挥各应急决策部门的救援能力。应采用分布式规划方法,建立多部门协商应急任务规划整体框架,由各应急决策部门自主规划本部门的应急任务,并在自身无法完成本地应急任务时通过与其他部门协商共同完成任务。

多部门协商应急任务规划基本框架如图 6.11 所示。框架按职能的差异为地理位置上分散的各应急部门输入各自的应急任务,各应急决策部门收到应急任务后对各自的目标进行分层分解的方式进行规划。在规划的过程中,如果各应急决策部门识别出自身难以实现的目标(如资源不够或实现目标的代价过大),则通过激活承诺的方式与相关的部门进行协商,以请求该部门的协作;接收到协作请求的部门会按照承诺协议对请求做出应答并返回应答结果。最后,各应急决策部门的规划方案共同组成总体的规划方案。

各应急决策部门在分配到与自身职能相匹配的应急任务后,其任务规划由本地规划模块和协商模块两部分组成。本地规划按照部门掌握的应急领域知识分解应急任务,协商模块负责在本地规划出现困难时向其他部门发送协作请求并接收协作方案,或接收其他部门的协作请求并发送协作方案。其规划过程如图 6.12 所示。

在规划本地应急任务的过程中,各应急决策部门每次从任务列表读取前会先检测是否接收到其他部门的协作请求,如果收到,则从自身的领域知识中

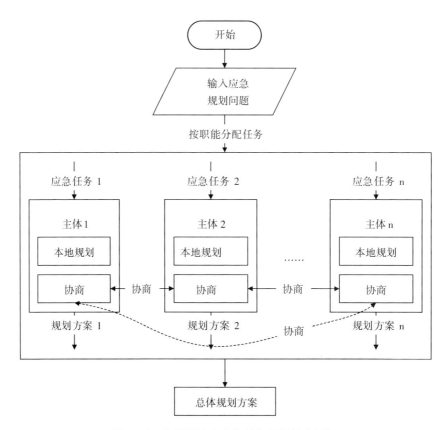

图 6.11 多部门协商应急任务规划基本框架

匹配适用的操作符,并将操作返回给请求协作的部门;如果没有收到,则从本地任务列表中读取任务进行分解,其间如果发现无法独立完成的任务,则通过激活相应的承诺,请求其他部门的协作,并发送协作请求,等待协作方案返回。完成以上步骤后更新本地状态信息和任务列表,并重复这些步骤,直到分解完所有的本地任务,生成该部门的规划方案。

图 6.12 中,协作请求任务为一个包含协作双方标识的规划任务,协作应答方案为能完成前述规划任务的规划动作。

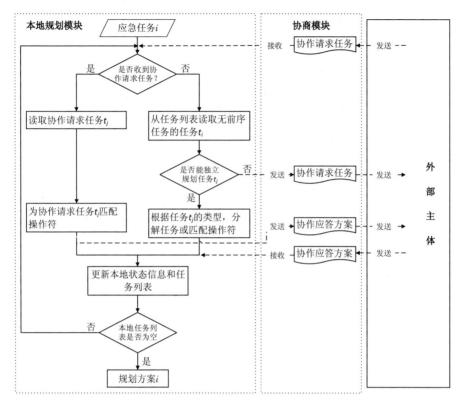

图 6.12　单部门应急任务规划过程

二、多部门协商应急任务规划算法

（一）OTD 算法

使用 HTN 规划器 SHOP2 对规划问题进行求解，SHOP2 采用 OTD（Ordered task decomposition）算法，按照任务随后被执行的顺序生成规划方案。算法如图 6.13 所示。

OTD 算法由 4 个基本步骤组成。

步骤 1：判断任务网络 TN 是否为空。如果 TN 为空，即没有需要分解的任务，因此解计划 π，跳转到步骤 4；否则按照 TN 中任务将被执行的顺序检索第一个任务 t，并跳转至步骤 2。

```
Procedure OTD(S,TN,D)
 1: π←∅
 2: if   TN   is empty then return π endif
 3: Let   t   be the first task in TN
 4: if   t   is a primitive task then
 5:       Find an operator op=(h,Pre,Eff) in Domain such that
 6:             h unifies with t and S satisfies Pre
 7:       if no such op exists then return failure endif
 8:       S←S′, Let S′ be S after adding Eff to S
 9:       TN←TN′, Let TN′ be TN after removing t
10:       π ← π′, Let   π′ be   π   after adding op at the end of   π
11:       return OTD(S,TN,D)
12: else if   t   is a compound task
13:       Find a method   me=(h,(L₁,T₁),(L₂,T₂),…)   in Domain such that
14:             h unifies with t
15:       Find the task list   Tᵢ   such that
16:             S satisfies   Lᵢ   and does not satisfy   Lₖ, k<i
17:       if no such   Lᵢ   exists then return failure endif
18:       TN←TN′, Let   TN′ be TN   after removing t and adding all the
19:             elements in   Tᵢ   at the beginning of TN
20:       return OTD(S,TN,D)
21: endif
end OTD
```

图 6.13 OTD 算法

步骤 2:操作选择。如果任务 t 不是原子任务,则规划过程跳转至步骤 3;否则,在领域知识 domain 中找到适用于当前状态 S 的操作 $op=(h,P,D,A)$,并将从当前状态中减去删除列表 D,增加添加列表 A 的状态 S' 赋值为新的当前状态 S,将移除任务 t 后的任务网络 TN' 作为新的任务网络 TN,将操作 op 加到解计划 π 的末尾,同时返回 $OTD(S,TN,D)$。

步骤 3:方法选择。在领域知识 domain 中找到方法头 h 与任务 t 一致的方法 $me=(h,(L_1,T_1),(L_2,T_2),\cdots)$,并从中找到适用于当前状态 S 的方法分支 (L_i,T_i),用 T_i 替换任务 t 后的任务网络 TN' 作为新的任务网络 TN,同时返回 $OTD(S,TN,D)$。

步骤 4:返回结果。按照算法的规划过程返回结果,如果规划过程中没有找到适用的操作或方法(第 7 行,第 17 行),则算法返回失败提示;否则,在当

前任务网络 TN 为空时返回解计划 π。

（二）MA-OTD 算法

OTD 算法只考虑单个主体参与规划的过程，是为单主体规划或集中式规划设计的算法，无法用于多主体规划。要适应多部门协商应急任务规划过程，需要对 OTD 算法进行改进。改进后的算法称为 MA-OTD（Multi-Agent OTD）算法，规划算法如图 6.14 所示。

与单主体 HTN 规划的 OTD 算法不同的是，如图 6.13 第 10 行所示，多主体 HTN 规划的 MA-OTD 算法增加了与外部主体交互协商的过程。在每次从当前任务网络中读取任务 t_i 进行分解和匹配操作符前，会先检测是否收到外部主体发送的协作请求信息。如果收到协作请求信息，则将请求信息中的任务读取为 t_i，为 t_i 匹配合适的操作符，同时将该操作符实例化加入到本地解计划中，并将该动作对状态信息的改变更新到当前状态中。

三、考虑资源不确定的多部门协商算法

对应急任务规划的传统研究通常聚焦于对战术动作的推理以及推理过程的优化，然而对突发事件的处置往往需要大量的应急物资，将资源信息的处置过程与应急任务规划过程统一，有助于充分利用应急任务规划方法的规划能力，提高其适用范围。而在多部门协商应急任务规划过程中考虑资源的不确定性，极具挑战性。

由于 HTN 是一种基于状态的规划系统，本章以状态的形式来表示资源（即状态资源）。对于本地资源量足够的应急任务，各主体通过本地规划完成对资源的分配和资源状态的更新；对于本地资源量不够的应急任务，各本地主体通过向外部主体发送资源请求来满足资源。由于本地主体不确定外部主体会返回所需的资源还是所需资源的可替代资源，也不确定所需资源量能够得到完全满足，因此需要考虑资源不确定的问题。对资源不确定的处理按照 6.2.3 节所示来进行，其算法如图 6.15 所示。

Procedure MA-OTD(S_i,TN_i,D_i)

1: $\pi_i \leftarrow \emptyset$

2: **if** TN_i is empty **then** return π_i **endif**

3: **if** receive task t_j from the request_agent

4:　　Find an operator $op=(h,Pre,Eff)$ in *Domain* such that

5:　　　　h unifies with t_j and S satisfies *Pre*

6:　　return op to the request_gent

7:　　**if** no such op exists **then** return null to the request_gent

8:　　$S_i \leftarrow S_i'$, Let S_i' be S_i after adding *Eff* to S_i

9:　　$\pi_i \leftarrow \pi_i'$, Let π_i' be π_i after adding op at the end of π_i

10:　　**return** MA-OTD(S_i,TN_i,D_i)

11: Let t_i be the first task in TN_i

12: **if** t_i is a primitive task **then**

13:　　Find an operator $op=(h,Pre,Eff)$ in *Domain* such that

14:　　　　h unifies with t and S_i satisfies *Pre*

15:　　**if** no such op exists

16:　　　　deliver t_i to the response_agent and wait

17:　　　　**if** receive null **then** return failure **endif**

18:　　$S_i \leftarrow S_i'$, Let S_i' be S_i after adding *Eff* to S_i

19:　　$TN_i \leftarrow TN_i'$, Let TN_i' be TN_i after removing t_i

20:　　$\pi_i \leftarrow \pi_i'$, Let π_i' be π_i after adding op at the end of π_i

21:　　**return** MA-OTD(S_i,TN_i,D_i)

22: **else if** t_i is a compound task

23:　　Find a method $me=(h,(L_1,T_1),(L_2,T_2),...)$ in *Domain* such that

24:　　　　h unifies with t

25:　　Find the task list T_i such that

26:　　　　S satisfies L_i and does not satisfy $L_k, k<i$

27:　　**if** no such L_i exists **then** return failure **endif**

18:　　$TN_i \leftarrow TN_i'$, Let TN_i' be TN_i after removing t_i and adding all the

19:　　　　elements in T_i at the beginning of TN

20:　　**return** MA-OTD(S_i,TN_i,D_i)

21: **endif**

end MA-OTD

图 6.14　MA-OTD 算法

　　当分解当前任务出现本地资源量不够时,本地主体会调用根据对应答方会返回所需资源还是所需资源的替代资源的信念扩展的带概率的操作符

1: Let Q_1 be the quantity of resource r_1;; r_1 and r_2 are alternative and 3 quantity of r_2 is equal to 2 quantity of r_1.

 2. Let A be the local agent and B an external agent

3: for primitive task t_i consuming q_i quantity of resource r_i

4: **if** $q_i > Q_i$

5:　　call operation request=$(h,pre,(r_1,p_1).(r_2,p_2))$

6:　　**if** $p_1 > p_2$

7:　　　　send resource require message (A,B, r_i, $q_i - Q_i$) to agent B and wait for B's response that supplies m_i quantity of r_1.

8:　　　　call method *resourceRequire*$(h,(L_1,T_1),(L_2,T_2))$

9:　　**else**

10:　　　　send resource require message (A,B, r_2,3/2($q_i - Q_i$)) to agent B and wait for B's response that supplies m_i quantity of r_2.

11:　　　　call method *resourceRequire*$(h,(L_1,T_1),(L_2,T_2))$

12:　　adding operations at the end of π_i

13: **else**

14:　　find an operation applicable or a method to decompose task t_i

15: removing　t_i　from TN_i

16: updating current state according to effects of the operations

图 6.15　考虑资源不确定的多部门协商算法

request,然后从中选择返回概率大的资源,向该外部主体请求对应数量的资源（（$q_i - Q_i$）的 r_i 或 3/2（$q_i - Q_i$）的替代资源 r_2）,同时调用方法 *resourceRequire*,方法 *resourceRequire* 有两个子任务分支,它会通过公理对外部主体返回的资源数量进行判断,如果外部主体返回的资源量满足所需的资源量,则更新资源信息,否则嵌套调用方法 *resourceRequire*,并向下一个外部主体发送尚未满足的部分资源请求。

第七章　应急物资公私协同储备模型与算法

近年来,我国城市建成区规模快速扩大,人口密集,突发事件频发,在救灾抢险过程中往往面临应急救援物资调度困难的局面。为此,应急管理部门希望动员社会力量来共同提高应急管理能力,其主要表现形式包括部分应急物资的代储制和在应急物流中通过购买公共服务引入商业物流。应急物资正逐步由公有储备走向企业代储化,但各级政府之间的协同储备还不成熟,政府与企业的目标追求不一致,政府监管力度不够导致企业投机行为较多。应急物资有耐用型物资和非耐用型物资之分,耐用型物资短时间内不需要进行更新和轮换,完全由企业代储难度较大且效率不高。因此,对城镇应急物资的多层级公私协同储备等问题进行深入研究能够为政府的应急储备综合决策提供科学的参考依据。

第一节　应急物资公私协同储备基本概念

根据《中华人民共和国突发事件应对法》的规定,应急物资指应对自然灾害、事故灾难、公共卫生事件和社会安全事件等突发事件应急处置过程中所必需的保障性物质。《应急物流》一书中将应急物资定义为当突发性的灾难事件发生时,社会能够筹集的用以应对事件的其他同类或替代资源的总和。广义的应急物资是指突发事件预防、应急处置和事后恢复等全周期所需的各种应急资源,而狭义的应急物资仅指突发事件应急处置时所需的救援物资。

顾名思义,防汛应急物资是一种针对洪涝灾害的应急物资。为防止或减少洪涝灾害地区的损失,灾前根据相关标准和洪涝灾害风险地区的实际物资需求,选择合适的储备点并储备合理量的物资。防汛应急物资种类较多,主要包括防汛抢险设备及物资,比如救生抛投器、探生仪器、救生艇、救生圈、救生衣、防汛照明灯具等,以及各种生命救助和生活类物资,比如药物、水和粮食等。

本书所研究的应急物资是指为应对各响应等级洪涝灾害而储备的典型物资,包括耐用型的防汛抢险工具设备及非耐用型的生命救助、生活类物资。防汛抢险工具设备主要包括救生抛投器、救生艇、救生圈、救生衣、榔头、锤、铁锹、铁锚以及气压植桩机、快速膨胀堵漏袋、电工钳、防汛照明灯具等。生命救助和生活类物资主要包括帐篷、担架、药品、水、食物等。

应急物资由企业代储又称协议企业储备,是指各级政府通过与相关企业签订储备合同,由企业来储备一定量的应急物资,从而保证突发事件发生时应急物资的有效供应。《中华人民共和国突发事件应对法》中规定县级以上地方各级人民政府应该根据本辖区的情况,主动与具备相应能力的有关企业签订协议,来保障应急物资的生产和供给。根据《中央防汛抗旱物资储备管理办法》规定,防汛应急物资储备由水利部或已授权的代储单位与仓库签订代储合同。因此,应急物资由企业代储已经成为一种常见的方式。

应急物资企业代储有实物储备和生产能力储备两种方式,前者是指政府与代储企业签订储备合同或协议,代储企业按照合同或协议内容储备相应种类和数量的应急物资,并定期上报物资储备情况,政府对代储企业进行检查和监督。代储企业作为一种营利性组织,其物资保障意愿较政府要低,因此政府需加强对相应企业的监督,来保证企业储备的物资数量和质量。

广义的应急物资储备包括前期的储备点选址、储备物资种类和数量的确定,储备过程中的动态管理以及灾害发生后储备点物资的分配调度等环节。

应急物资储备作为应急物流中的重要环节之一,储备点的合理选址、物资储备种类和数量以及灾后物资分配等直接关系到应急物资储备和灾害应急救援效果。应急物资储备点应充分考虑建设在具有距离灾害风险区较近、交通便利、物资采购方便、周围环境安全等条件的地方。应急物资储备点的库存管理包括物资的动态调整、轮换更新和定期检查等内容,直接关系到物资质量。应急物资储备点的物资分配是指在灾害发生后,储备点储备的物资分配到哪些受灾点以及分配多少,直接关系到应急救援的公平与效率。防汛应急物资储备流程如图 7.1 所示。

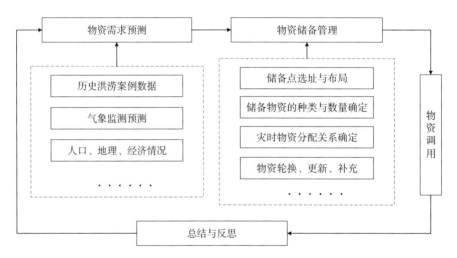

图 7.1 防汛应急物资储备流程示意图

防汛应急物资储备点的合理选址应充分考虑到候选储备点的地理位置、交通情况、物资采购便利程度、到洪涝风险地区的距离等因素,而储备点的库存则需要充分考虑各风险区的物资种类和数量需求以及物资储备特点,至于物资分配问题,更多的是根据多层级储备库的出救规则以及灾害需求来确定对受灾点分配的物资种类和数量。将选址—库存—分配问题统一起来进行研究,旨在提高防汛应急物资储备的科学合理性。选址—库存—分配问题如图7.2 所示。

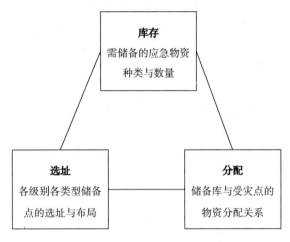

图 7.2 选址—库存—分配问题

为服务城镇洪涝灾害应急管理,提高城镇防汛应急决策的智能化水平,在城镇防汛应急物资储备中开展公私物流资源整合的储备与分配研究。为实现多层级储备库的科学选址、多物资的合理储备分配以及最大化发挥代储机制的优势,有必要对储备库的选址—库存—分配问题进行深入研究。

第二节 应急物资分类及需求

应急物资是应对洪涝灾害的重要保障,根据《防汛物资储备定额编制规程》(SL298-2004)等文件,防汛物资主要涉及抢险物料类、救生器材类和抢险机具设备类,这些都是在洪涝灾害应急中发挥重要作用的物资。同时,对于灾民来说,洪涝灾害可能会造成其房屋倒塌、生活物资短缺、身体受伤等问题。因此,在洪涝灾害应急救援过程中,临时食宿类和生命支持类的物资也必不可少。防汛应急物资的主要种类和典型设备如表7.1所示。

表7.1　应急物资及分类

类别	设备
抢险物料类	编织袋、土工布袋、草包、麻袋、滤垫、膨胀堵漏袋、土工布、彩条布、块石、木材、钢管、钢丝网兜、管涌抢护材料
救生器材类	救生抛投器、救生衣、防汛抢险舟、操舟机、救生圈
抢险机具设备类	抢险照明车、发电机组、投光灯、帐篷、打桩机、防汛灯具
临时食宿类	饮用水设备、食品、饮食设备、卫生设备、住宿设备等
生命支持类	输氧设备、输液设备、窒息设备、急救药品等

应急物资主要具有以下特性:

时效性。应急物资大多具备时效性要求,对于突发灾害的情况,应急物资是抢险救生的必备条件。同时,许多灾害其影响范围更广,可预见性更强。因此,如果相应的应急救援人员和物资及时到位,抢险救援方式方法得当,就能够挽回和减少更多的损失。

动态性。灾害的灾情是动态变化的,受到天气、地理环境、湖泊河流、人工抵御等多种因素的影响,因此,对于应急物资的需求也是动态变化的,在灾害发生的各个周期,所需要的物资种类和数量都不一样,这就加大了相应物资的储备和动态调度难度,只有运用更加智能的储备决策方式才能提供储备效率。

预防性。在我国,每年都会发生许多灾害且呈现较为明显的地域差异。虽然我国的灾害预警机制和技术在一定程度上能够减少灾害影响,但是仍存在较多问题。应急物资更多是灾害前的预防物资,是预防灾害发生时出现物资极度短缺的情况。

应急物资的需求预测是当前应急物流研究的重要内容。需求预测是在实际需求发生之前对应急物资的需求进行科学合理的预估,能够为应急物资筹集和储备提供重要的参考依据。当前,学术界使用了多种物资预测方法,其中较为常见的有:专家经验判断法、情景分析法、案例推理法、灰色系统法、回归预测法等。

专家经验判断法使用简单、决策速度快,但较为主观且结果预测信度较低。情景分析法和案例推理法是通过案例推理模型进行预测,在未得到受灾点的具体信息之前,通过情景分析和案例推理方法进行预测有一定的意义和价值,但是也有较多局限性,比如匹配程度低、失去其他案例的有效经验且匹配的案例经验不一定适用现在等。灰色系统是当前使用较多的一种预测方法,在受灾点部分信息未知的情况下,采用灰色系统方法进行预测效果较好,学者们将改进的 GM(1,1)模型应用于应急物资的需求预测。回归分析法是通过根据需求影响因素建立回归预测模型,再将受灾点的实际参数值代入预测模型得到应急物资需求量,此方法的局限性在于受灾点的数据难以准确获取,在灾前无法较好地使用此方法进行有效预测。

本书研究的是灾前应急物资的储备问题,既要考虑最大量满足应急物资需求问题,也要从经济角度考虑成本问题。根据最大最小值原则,为使决策者在事后的后悔程度最小,以洪涝灾害为例,通过考虑本地区历史最大洪涝灾害来确定防汛应急物资需求。具体的需求计算模型为:

$$D_j^{sm} = R_j^s \times \rho_j \times d^m \tag{7.1}$$

其中,D_j^{sm}为 j 地区发生 s 级灾害时防汛应急物资 m 的需求量,R_j^s为 j 地区发生 s 级灾害时灾害影响范围,ρ_j为 j 地区的人口密度,d^m为防汛应急物资 m 的人均需求量。

第三节　城镇多层级应急物资储备库及出救规则

一、突发事件应急响应等级

洪涝灾害是我国常见的一种自然灾害,根据《国家防汛抗旱应急预案》的要求,将洪涝灾害应急响应按照灾害的影响范围和严重程度分为 4 个等级,分别为 Ⅰ、Ⅱ、Ⅲ、Ⅳ级。同时,各级地方政府也根据《国家防汛抗旱应急预案》

以及结合本地实际情况制定了各级地方政府关于本地的防汛抗旱应急预案,来指导本地的防汛应急工作。

由于各地的应急预案存在一定差异,现以《国家防汛抗旱应急预案》为例,介绍洪涝灾害的应急响应等级。需启动Ⅰ级应急响应的共分为四种情形:一是当某流域发生特大洪水灾害时,此情形记为(1);二是当多个流域同时发生大洪水灾害时,记为(2);三是某大江大河干流的重要河段堤防发生了决口现象时,记为(3);四是某重点大型水库发生垮坝时,记为(4)。需启动Ⅱ级应急响应的共分为四种情形:一是当某个流域发生大洪水时,记为(5);二是当某大江大河干流的一般河段及主要支流堤防发生决口时,记为(6);三是当多个省(区、市)多市(地)发生严重洪涝灾害时,记为(7);四是当一般大中型水库发生垮坝时,记为(8)。需启动Ⅲ级应急响应的共分为四种情形:一是多个省(区、市)同时发生洪涝灾害时,记为(9);二是当某省(区、市)发生较大洪水时,记为(10);三是当某大江大河干流堤防出现重大险情时,记为(11);四是当大中型水库出现严重险情或小型水库发生垮坝时,记为(12)。需启动Ⅳ级应急响应的共分为三种情形:一是当多个省(区、市)同时发生一般洪水时,记为(13);二是当某大江大河干流堤防出现险情时,记为(14);三是当大中型水库出现险情时,记为(15)。以上15种洪涝灾害情形为需要启动国家级应急响应的情形,绝大多数的影响范围跨多个地区甚至省份,危害程度较高。基于以上规定,国家级的洪涝灾害应急响应判定流程如图7.3所示。

二、应急物资储备库层级划分

应急物资储备库是洪涝应急物流网络中重要的一环,是应急救援的前提和保障。根据我国的纵向行政区划体制,应急物资储备库有4种级别,分别为中央级、省级、市级和区县级,如图7.4所示。不同级别的储备库在规模、成本、物资种类和数量、地理位置等各方面都有所不同,同时承担的应急救援职能也存在差异。从功能上看,中央级储备库辐射的区域更广,负责储备多个城

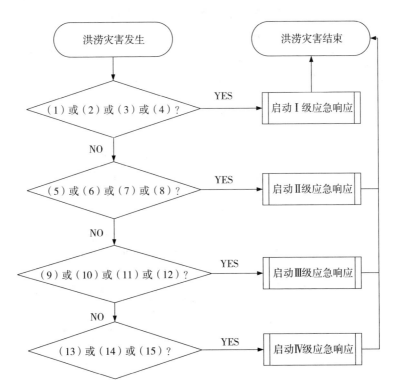

图7.3 洪涝灾害应急响应等级判定流程图

市甚至多个省份的应急物资,而区县级储备库更多的是负责本行政区划内或者临近区县的应急物资储备任务。从储备库启动优先级上看,灾害响应等级越高,灾害影响范围越广,启动的储备库级别越高。从数量上看,储备库级别一般越高而数量越少。

三、应急物资储备库多层级出救规则

突发事件发生后,应急管理部会第一时间启动相应的应急预案。根据"分级承担、分类保障、警地联储"的原则,我国已制定了从中央到各级政府的多灾种应急救援预案。考虑到灾害响应等级和应急物资储备库级别划分,结合当前应急救援的实际情况,本书设定的应急物资储备库多层级出救规则为:发生Ⅳ级响应的灾害时启动应急物资区县级储备库进行物资调度,Ⅲ级时由

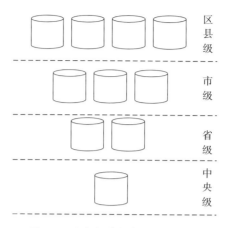

图 7.4　应急物资储备库层级划分

区县级和市级储备库进行协同调度,Ⅱ级时由省、市、区县三级储备库进行协同调度,Ⅰ级时由中央、省、市、区县四级储备库进行协同调度。同时,如果有企业代储点,企业储备库没有级别之分,换言之,任意响应等级的灾害,都可以直接启动企业代储点进行物资调度。具体的多层级出救规则如图 7.5 所示。

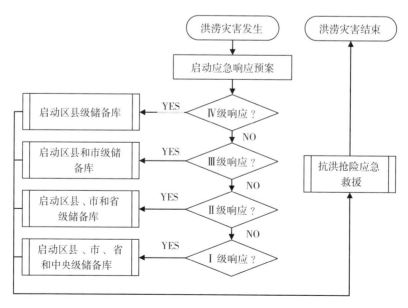

图 7.5　多层级应急物资储备库出救流程图

第四节　城镇应急物资公私协同储备模式

城镇应急物资种类繁多,单一模式的储备库难以满足需要,故需建立不同级别的多种储备库。同时,各响应等级的灾害对应急物资的需求不同,储备库级别和储备能力也存在差异,仅依靠政府自建储备库进行物资储备成本过高且储备效率不高。从现有的储备模式来看,主要有政府储备、企业代储、非营利组织储备和家庭自备四种,后两种模式刚刚起步且物资储备能力较低,因此本书只对政府储备和企业代储两种模式进行深入分析,并根据应急物资的特点和分类,构建政府与企业协同即公私协同储备模式。

一、我国应急物资储备体系

应急物资库存与传统意义的物资库存不同,它是具有特殊含义的库存方式。关于应急物资的库存管理,学者从不同的视角对其进行研究。常克光等(2007)通过构建随机规划模型,来辅助政府部门关于应急物资库存地点选择、库存数量和分配方案的确定等应急决策。约翰森(Johansen,1998)基于应急需求的角度分析了供应商库存管理策略,重点研究通过对库存物资进行分类来实现针对性的管理。随着应急物资库存管理相关研究的不断深入,为进一步细化应急物资的需求,在应急物资分类领域开始出现各种数学方法,使得物资分类方法得到发展和完善。埃尔贡(Ergun,2010)研究了应急物流的主要特征、应急物资库存与传统库存的异同以及在突发灾害中应急物资库存管理等问题。从应急物资库存相关模型和算法来看,斯塔林斯基(Stalinski,1998)研究了最小化期望成本和最大化利润水平不同目标下,如何解决配件与多阶段产品的库存管理问题。穆罕默德(Mohammadi,2014)为实现应急物资的需求预测,提出一种通过向确定径向基函数神经网络(RBFNN)中输入网络参数和变量的混合进化算法。高丽芳等(2005)研究了能够解决库存和运输成本最优化问题的多级库存管理优化模型。颜文艳(2012)基于经济订购批量模型,通过对应急物资分类,构建了不同物资的库存模型。王兰英(2015)针对应急物资需求预测,提出基于模糊图例的需求预测模型。刘博文(2014)在使用不同方法对应急物资进行分类的基础上,对每类物资建立了不同的库存模型并进行研究。王芹等(2018)研究突发事件发生后,事件的可控程度和应急物资需求弹性等因素对零售商订货批量和对应利润的影响规律,构建了应急物资的两阶段库存模型。

我国应急物资储备体系由政府储备、企业代储、非营利组织储备及家庭自备等模式组成,具有纵向到底和横向到边的特征。目前,虽然储备体系中单主体和多主体协同储备都存在,但是主要以政府储备、企业代储及公私协同储备模式为主,非营利组织储备和家庭自备的物资种类和物资占比很低,因此本书将不考虑这两种物资储备模式。我国应急物资的储备体系如图7.6所示。

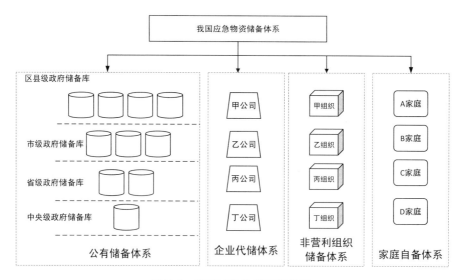

图 7.6 我国应急物资储备体系

对于公有储备体系而言,需要横向和纵向的跨部门协同合作。从纵向上来说,各层级之间要进行统筹考虑和协同储备,不同层级要做到信息共享和分类协同。从横向上来看,统一层级上需要财政、民政、发改委等多个部门承担不同职责,根据职责分工和相关政策方针为应急物资的储备提供支持。同时,公有储备体系是我国应急物资储备体系中最重要的部分,必须严格承担相应储备职责,担当主要角色,充分研究风险地区的实际情况,合理分配应急物资储备种类数量、物资储备模式方法、费用分担、调配程序和监督管理等职责,确保物资储备的科学合理。

而应急物资代储是指将应急物资储存于代储企业中,由代储企业负责储存管理与轮换更新,目前对于这方面的研究相对较少,韩永飞等(2013)考虑到应急物资的不确定性,构建了基于改进模糊 TOPSIS 的应急物资代储企业选择模型,研究发现地理位置、仓储能力、供给能力和准时交货率这 4 个指标对代储企业的选择影响较大。物资代储机制的研究主要从博弈理论和委托代理理论出发,王海兰(2014)对战备物资协议企业合同准备模式进行了研究。胡会琴(2014)从信息传导、利益均衡、组织协同、资源储备及制定约束等角度出发剖析了应急代储系统的运作机理。翁心刚(2014)研究了成品粮的代储问题,将地方政府和成品粮代储企业的关系嵌入委托代理模型,并通过计算得到了模型的均衡解。本(Ben,2017)提出的关于应急管理供应链的多代理架构能够实现在决策支持系统提供应急计划后,代理商之间实现有效合作来保障对突发事件的有效响应。物资代理企业的激励同样主要从博弈理论及委托代理理论出发,王海兰(2015)分析了物资代理博弈中影响各博弈主体策略选择的主要因素,通过对比不同策略下博弈参与主体双方的利润期望,构建了基于期权合约的合同储备激励机制模型。斯宾勒(Spinler,2003)开发了物资代理下实物交割的期权合估值的分析框架。高(Gao,2018)将代储一期激励合约模型扩展到多期,并用 MATLAB 实验平台进行数值实验,证明多期激励合同优于一期合同。高晓宁(2017)基于供应链契约激励理论建立了政企之间的代储利益博弈模型,研究提出代储系统中不可控因素越少,激励契约效力越强等结论。

因此,对于企业代储体系而言,实现合作共赢和有效监管是关键所在。企业的目标是盈利,如何在不影响代储企业正常营收的前提下,提高相关企业进行应急物资储备的意愿和能力。首先,相关部门及应急管理单位在选择企业进行代储时,要充分考虑企业的储备能力、资质和意愿,根据分类储备和经济合理原则来确定代储企业。其次,相关的应急管理单位要与代储企业签订协议,并建立监管机制,确保代储企业能够履行协议,保障物资储备。企业代储作为我国防汛应急物资储备体系中对公有储备体系的重要补充,发挥着愈来愈重要的作用。

二、我国应急物资储备模式

一是政府储备模式。政府储备是应急物资储备最主要、最可靠和最重要的方式。目前,我国政府制定了应急物资的储备制度,主要由中央级和地方性的应急物资储备制度组成,这些储备制度奠定了相应的储备模式。对于中央级政府储备而言,现在施行的是 2002 年颁布的《中央级救灾储备物资管理办法》,该办法规定了救灾物资储备和管理工作。各省市区县根据相关的要求,相应地制定了地方性应急物资储备制度,规定了物资筹集、购买、储备管理和分配调度等全过程中的办法和细则,是应急物资储备的重要行动指南。

二是完全代储模式。企业代储是政府与相关企业签订委托储备合同或者协议代储合同之后,相关企业按照合同规定对既定的应急物资进行储备和管理的模式。对于某类应急物资而言,如防汛应急物资,部分地方政府特别是区县级政府多采用完全代储模式,主要是因为由政府自建储备库需要的财力和人力成本太高,特别是洪涝灾害影响较小的地区,由政府自建储备库的投入与收益不成正比,因此选择有一定储备能力和意愿的企业进行完全代储成为一种最优的储备模式。企业代储模式可采用波特五力分析法进行分析。波特五力分析法是对一个产业盈利能力和吸引力的静态断面扫描,说明的是该产业中的企业平均具有的盈利空间,包括供应商的议价能力、购买者的议价能力、新进入者的威胁、替代品的威胁和同业竞争者的竞争程度5个方面。

三是公私协同储备模式。政府与企业进行协同储备即为公私协同储备，也称为政企联合储备模式。根据我国突发事件应对的相关法律，政府有权将部分应急物资储备任务向协议企业转移。在公私协同储备模式中，政府是主导，企业是物资储备的配合和补充。政府为降低储备成本和提高物资储备的效能，企业则追求更多收益和承担一定的社会责任。在协同过程中，政府通过将部分物资转向企业进行储备而降低自建储备库的储备和管理成本，由于企业在物资储备上更加专业，因此降低的成本完全足以支付协议企业，甚至有所结余。企业实际上是接受了政府将部分物资储备任务的外包工作，其收益主要有三个方面，一是获得政府支付的代理储备费用，二是提高自身仓库的利用率，三是通过合理的轮换更新获得收益。

三种模式都是现存且常见的应急物资储备模式，各地在不同的现实情况下会选择不同的储备模式，现对这三种模式的优势、劣势及适用性进行对比分析，具体如表7.2所示。

表7.2　应急物资储备模式比较分析

模式	优势	劣势（或难点）	适用性
政府储备模式	物资供应时效性强、物资保障能力强、已形成点面结合的完整储备网络、储备库受政府直接管辖，组织性和纪律性高，能够更好保证储备物资的质量，也方便进行统筹决策和统一管理	成本较高、缺乏市场化管理水平，且物资轮换机制存在缺陷，难以将即将过期的物资投入市场获得一定的收益、难以储备全部应急物资、存在预算限制、储备库容量限制等现实情况时，政府无法做到面面俱到，应有尽有	大部分耐用型应急物资以及部分特别重要且时效性要求高的非耐用型应急物资
完全代储模式	一是能够充分利用企业自有仓库的储备能力；二是能够发挥企业储备的规模优势；三是能够利用企业较为高效的运营管理经验；四是能够提高储备物资轮换、物资质量和降低成本	企业的目标与政府的目标并不一致，其物资储备意愿和保障能力较低，容易出现投机行为。需要对相关企业的意愿和资质进行严格审查，建立有效的监管制度	小部分有轮换价值的耐用型物资和大部分非耐用型物资

续表

模式	优势	劣势(或难点)	适用性
公私协同储备模式	政府储备模式中政府成本高且难以实现全种类储备,而完全代储模式中企业存在投机行为需要较高的监管成本,而公私协同储备能发挥两种模式的优点且能克服缺点	确定能够进行协同储备的物资种类以及双方分别储备的物资数量较难、该模式下仍然需要政府发挥监管作用,提升政府对应急物资的管控能力	政府和企业各有侧重的协同储备耐用型和非耐用型物资

通过对比分析,不难发现,在我国政府不断深化改革和职能转变的进程中,应急主体不断多元化,应急物资的公私协同储备模式正成为城镇应急管理工作的重要选择和必然趋势。因此,本书接下来将围绕这一模式进行现状和策略分析,探究公私协同储备模式的现实问题和内在机理。

三、城镇应急物资公私协同储备的原则

城镇的人口密度较高且经济活动较为集中,对应急物资在需求种类和数量等方面要求更高。各类灾害虽有历史案例可供参考,但是由于环境变化复杂,对于灾害的精准预测也更加困难。因此,城镇对于应急物资的需求在时间、种类、数量和地点等方面都具有高度不确定性。为实现高质量的应急物资供给,提升城镇应急物资的储备能力,在公私协同储备模式下,在进行城镇应急物资储备时需要遵循一定的原则,以期提高储备效率和最大化发挥物资储备的作用。

一是层级协同原则。从历史数据来看,我国的灾害呈现明显的区域特征,比如洪涝灾害中,"南涝北旱"或"北涝南旱"现象时常发生。同时,从地域分布上看,具有高度的流域性特征,我国的几大流域比如松花江流域、长江流域和黄河流域等,都发生过严重的洪涝灾害。因此,各层级的储备库选址要充分考虑区域特征,中央级的储备库相对于其他层级的储备库要尽量选择辐射面广、需求迫切的地点,且需要与低层级的储备库进行协同储备。在进行多层级

储备的布局时,首先各层级储备库要建立信息更新机制,做到对物资种类和数量信息及时更新和维护。其次,要建立层级之间以及跨层级之间的信息共享机制,进行选址和储备决策时,要通过多层级之间的协同,实现物资储备点的合理布局以及考虑物资种类和数量的协同储备,提高物资储备的效率和能力。

二是全面保障原则。应急物资需要在质量、种类、数量及时效性等方面满足灾害应急救援的需求。首先,应急物资作为一种救灾物资,储备的物资在使用时必须要有使用价值,换言之,如果在应急过程中从储备库调度到灾区的物资已经丧失全部或者部分价值,将会对应急救援的效果产生严重影响甚至直接导致救援失败而造成严重损失。其次,在储备物资的种类和数量方面,必须保障满足相应需求。面对很多典型的突发事件,在灾后初期应急过程中,会出现明显的物资短缺,因此在进行物资储备时,要尽可能保证储备一定种类和数量的物资来避免出现灾后初期的部分物资极度短缺的情况。最后,要保障储备的应急物资能够及时送到灾区,这就要求在储备点选址时做到科学合理。基于以上分析,应急物资储备要全面保障物资的质量、种类、数量及时效性等,才能实现保障城镇安全的目标。

三是分类储备原则。应急物资种类繁多,涉及救援抢险的各个方面。从物资分类来看,专用工具和设备大多属于耐用型物资,而各类生命支持和生活援助等应急物资则属于非耐用型物资,这就要求在进行物资储备时进行分类储备。进行分类储备时,一是要考虑选择合适的储备模式,保障物资储备单位能够在保质保量储备物资的同时,获得最大收益。二是要抓住每种物资的特点进行分类储备,需要充分考虑物资在筹集、储备、调度和使用等各方面的特点,为物资提供合理的储备、更新轮换和管理方式。要实现这两个目标,最重要的就是实现科学合理的物资分类,这也是储备的基础。因此,应急物资要进行严格的分类储备,同时也要简化储备流程,实现储备过程的高效。

四是经济合理原则。应急物资是一种典型的准公共物品,具有较明显的弱经济性。随着我国经济的不断发展,自然灾害发生的频次不断增加,导致城镇对于应急物资的需求也在增加。同时，虽然对于一些灾害有较为丰富的历史案例和数据可供参考，同时相应的监测预警技术和手段也在提高，但想实现应急物资的精准预测还是存在较大难度。因此，政府需尽可能建设覆盖面更广、数量更多的涉及多层级的公有储备库，这就使得建设和维护成本不断增加。同时，由于各储备库储备的物资种类和数量的增加导致筹集成本、运营和管理成本以及更换成本都有所增加。因此，在进行物资储备时，需在储备资金一定的情况下，尽可能储备更多的高质量物资，或在储备物资种类和数量一定的情况下，尽可能减少物资储备所需要的成本。

四、应急物资储备网络现状分析

目前，我国已经形成了完备的多层级应急物资储备网络，储备网络的形成得益于逐渐完善的体制机制建设以及一系列的制度安排。2002 年我国实行了新的《中央救灾物资管理办法》，现在实行的主要是 2014 年修订的《中央救灾物资储备管理办法》，同时在省级、市级和县区级的行政区域都制定了相应的应急物资储备管理办法，形成了从中央到各级地方政府的纵向储备网络，同时代储机制也发挥着重要作用，各级政府与当地具备相应资质和能力的企业签订了代储协议，形成了中央级、省级、市级、县区级以及乡镇级储备库和代储企业公私联合的多层级储备体系。从中央级储备库来看，我国从全局考虑，截止到 2021 年 5 月，根据各地实际情况已经建立了 113 个中央应急物资储备库，储备的物资种类和数量都在不断增加，且对于储备物资的质量也有所提升。从企业代储情况来看，代储企业不断增加，在得到政府补贴的同时开始承担一定的社会责任，对应急物资储备提供了极大的补充。

从目前的公私协同储备情况来看，在发生重大区域性灾害时，现有的应急物资储备对于应急救援起到了重要作用，但是从应急实践来看，现有的物资储备还存在着一些问题，严重影响了灾害应急管理工作的成效。

一是应急物资储备的体制机制方面，多层级协同和跨部门协同不畅通。

目前,我国在进行应急物资的实物储备和生产能力储备时,政府部门之间的联动机制不协调。我国城镇灾害应急管理体系采用"统一领导,综合协调、分级负责、属地管理为主"的指导原则,由当地政府的应急管理部门主导,其组成要素既包含刚性的交通、水利和公安等政府职能部门,也包含柔性的现场指挥部和会商小组。与之对应,应急物资平时由政府各部门分别统计和管理,应急时则转由现场指挥部负责调度,条块之间由于管理系统不同而造成了应急物资的指标体系和管理方式不统一。简单而言,本系统内部的应急物资上下级调用和横向借调有一定的经验积累,而跨系统跨地域的物资应急联动则不够顺畅。目前也少有各系统联合的应急物资储备多层级应急联动管理的分析和评估研究,尚未形成科学严格的分级调度机制。同时,政府储备的机构需要进一步统一和明确,在多部门的有效沟通和协调方面也有待加强,需要建立灾时多部门协同应急的机制,提高应急效率。

二是应急物资储备的种类数量方面,多物资协同储备不合理。近年来,我国城市建成区规模快速扩大,人口密集程度增大,应急物资的储备和调度面临较大压力。为此,应急管理部门希望动员社会力量来共同提高应急管理能力,其主要表现形式包括部分应急物资的代储制和在应急物流中通过政府购买公共服务引入商业物流。例如,武汉市水务部门在发布全市渍水风险图的基础上,协调当地社区的水泵、冲锋舟等专业防汛物资的公私协同储备。深圳市应急管理部门通过与当地企业合作,积极推动先进防灾设备、技术和服务的先行先试。但是在政府储备体系中,储备种类配置还存在较多问题,一些地区经常出现某类或者某几类应急物资供应不足的情况。这与储备库的布局不够科学以及相应的物资需求预测不够合理有关,同时也与没有进行物资的模块化储备以及多物资之间的协同储备有关。如武汉 2016 年的洪涝灾害、2021 年郑州暴雨灾害等,在应急救援过程中暴露了在高强度跨区域的暴雨洪涝中,现有的物资储备还难以满足应急需求的问题。

三是应急物资储备的管理调度方面,代储机制优势不明显。我国目前的储备主体还是以政府储备为主,市场资源和家庭储备占比较小。当前对于代储企业的选择与合作有待加强,代储企业的数量较少,其储备能力也没能得到充分的利用。从目前的应急物资管理现状来看,管理模式较为守旧。在日常维护、物资管理调度使用、报废处置等方面都存在较多问题。各地的储备库建设和维护力度有较大差异,部分仓库的建设标准较差,并未达到建设要求,设备陈旧、硬件条件较差。同时,较多储备库整体的仓储水平较差,没有配备专业的仓储作业装备和管理队伍。近年来,由于多地政府下拨的应急物资储备专项资金难以满足需要,相应储备库难以改造升级,导致对于物资储备的管理维护和调度方面效率不高、管护不力。同时,由于政府与企业的目标追求不一致,对于风险的感知能力也不相同,而防汛物资的调用和补偿涉及法规、政策、市场、技术进步、社会舆论和突发事件实际情境等复杂因素。应急物资的日常管理中,在政府监管力度不够的情况下,企业会出现较多的投机行为。而耐用型物资短时间内不需要进行更新和轮换,政府长期监管的难度较大。有些地方引入巨灾保险,但是已属于事后弥补,且救灾补偿方式设计仍处于起步阶段。应急物资的应急态管理中,应急救援队伍需要合理的物资配备才能发挥最佳作用,而政府与企业通常处于信息不对称的情况。针对应急物资代储的政府—企业博弈研究尚未全面考虑这些因素,应急物资代储管理的权责界定还需要更多的探索。

第五节　城镇应急物资公私协同储备策略

对于城镇应急物资储备而言,是否采取公私协同储备模式、公私协同模式下如何确定政府补贴标准以及该采取何等程度的政府监管,都是需要深入研究的策略问题。基于本问题的特点,本书采用演化博弈理论和模型对应急物资公私协同储备的策略进行分析,以期深入了解该模式的运行机理和博弈策略,为相应决策提供参考。

一、博弈论基础

博弈论,又称为对策论(Game Theory)、赛局理论等,既是现代数学的一个新分支,也是运筹学的一个重要学科。世界存在许多具有斗争或竞争性质的现象,博弈论是一种针对此现象的数学理论和方法,能够通过数学建模来描述激励结构间的相互作用。博弈论重点研究存在竞争的游戏中个体的预测和实际行为及其优化策略。博弈理论可以被生物学家用来理解和预测进化论的某些结果,还是经济学的标准分析工具之一,目前在金融学、证券学、生物学、经济学、国际关系、计算机科学、政治学、军事战略和其他很多学科都有广泛的应用。

二、公私协同储备博弈模型

本书构建的博弈模型将政府部门和代储企业视为主要博弈方,双方是有限理性的且为一个系统的利益相关者。因此,各方的目标是实现自我利益的最大化。

政府部门的相关参数和假设:政府部门有"监管"和"不监管"两种策略可以选择,"监管"主要是对应急物资代储企业进行监督和管理。当政府部门采取"监管"策略时,需要付出一定的监管成本C_g,政府积极监管所获得的隐性收益P,主要是指居民对政府积极备灾的行为进行肯定,表现为政府形象和公信力等方面的提升。当代储企业采取投机行为时,政府有θ概率能证实其投机行为,并将在行为证实之后收取该企业采取投机行为所带来收益的K倍罚款。当政府选择"不监管"策略时,政府要遭受代储企业投机行为所带来的社会损失S,主要包括灾害发生时应急物资的短缺以及政府公信力和形象的损失等方面。在公私协同储备模式下,政府储备应急物资所需要付出的存储成本和管理费用为C'。

代储企业的相关参数和假设:代储企业有"投机"和"不投机"两种策略选

择,"投机"主要是指企业消极代储、不遵守代储管理条例、变卖物资以及骗取政府补贴等行为,投机行为获得的收益为 R。代储企业获得的政府补助为 V,储备应急物资所需要付出的存储成本和管理费为 C,代储企业自负盈亏管理非耐用性物资平均轮换总收益或损失为 L。相关参数说明如表 7.3 所示。

表 7.3 参数说明

参数符号	含义
V	物资代储企业获得的政府补助(>0)
C	代储企业储备应急物资所需要付出的存储和管理成本等(>0)
L	代储企业自负盈亏管理非耐用性物资平均轮换总收益或损失(自然数)
C_g	政府监管成本(>0)
C'	政府储备应急物资所需要付出的存储和管理成本等(>0)
R	企业投机收益(>0)
θ	投机行为被证实的概率(0—1)
K	惩罚倍率(K 大于等于1)
P	政府积极监管所获得的隐性收益,主要是指居民对政府积极备灾的行为进行肯定,主要表现为政府形象和公信力等方面的提升(常量)
S	政府对代储企业和物资生产企业投机行为不作为所带来的社会损失(常量)

基于以上的参数设定和博弈假设,本书构建的政企博弈的收益支付矩阵如表 7.4 所示。

表 7.4 政府和代储企业博弈的支付矩阵

支付矩阵		政府	
		监管 x	不监管 $1-x$
代储企业	投机 y	$(P+\theta kR-C_g-C'-(1-\theta)S-V,$ $V-C+L+(1-\theta)R-\theta kR)$	$(-S-V-C',V-C+L+R)$
	不投机 $1-y$	$(P-C_g-V-C',V-C+L)$	$(-V-C',V-C+L)$

其中 V, C', C, C_g, R, U, S 均大于 0。

三、模型分析

假设在防汛应急物资储备中,有 x 比例的政府部门选择监管策略,有 $(1-x)$ 比例的政府部门选择不监管策略;有 y 比例的企业选择投机策略,有 $(1-y)$ 比例的企业会选择不投机策略;x 和 y 都是时间 t 的函数。

(一)在公私协同储备模式下政府的收益函数

政府选择监管策略的收益函数为:

$$U_{p1} = y[P + \theta kR - C_g - C' - (1-\theta)S - V] + (1-y)(P - C_g - V - C') = y(\theta kR - S + \theta S) + P - C_g - C' - V \tag{7.2}$$

政府选择不监管策略的收益函数为:

$$U_{p2} = y(-S - V - C') + (1-y)(-V - C') = -yS - V - C' \tag{7.3}$$

公私协同储备模式下,政府的总体平均收益为:

$$\overline{U}_p = x U_{p1} + (1-x) U_{p2} \tag{7.4}$$

此时政府的复制动态矩阵为:

$$F(x) = \frac{dx}{dt} = x(U_{p1} - \overline{U}_p) = x(1-x)(yqkR + yqS + P - C_g) \tag{7.5}$$

(二)在公私协同储备模式下代储企业的收益函数

企业选择投机策略的收益函数为:

$$U_{b1} = x[V - C + L + (1-\theta)R - \theta kR] + (1-x)(V - C + L + R) = V - C + L + R - x\theta R - x\theta kR \tag{7.6}$$

企业选择不投机策略的收益函数为:

$$U_{b2} = x(V - C + L) + (1-x)(V - C + L) = V - C + L \tag{7.7}$$

公私协同储备模式下,代储企业的总体平均收益为:

$$\overline{U}_b = y U_{b1} + (1-y) U_{b2} \tag{7.8}$$

此时代储企业的复制动态矩阵为:

$$F(y) = \frac{dy}{dt} = y(U_{b1} - \overline{U}_b) = y(1 - y)(R - x\theta R - x\theta kR) \quad (7.9)$$

令 $F(x) = 0, F(y) = 0$,可以得到 5 组局部稳定点:$(0,0)$,$(0,1)$,$(1,0)$,$(1,1)$,(x^*, y^*)。雅克比矩阵为:

$$J = \begin{bmatrix} \dfrac{\partial F(x)}{\partial x} & \dfrac{\partial F(x)}{\partial y} \\ \dfrac{\partial F(y)}{\partial x} & \dfrac{\partial F(y)}{\partial y} \end{bmatrix} =$$

$$\begin{bmatrix} (1 - 2x)(y\theta kR + y\theta S + P - C_g) & x(1 - x)(\theta kR + \theta S) \\ y(1 - y)(-\theta R - \theta kR) & (1 - 2y)(R - x\theta R - x\theta kR) \end{bmatrix} \quad (7.10)$$

根据雅克比矩阵,可以计算行列式($Det(J)$)和迹($Tr(J)$),如果 $Det(J) > 0, Tr(J) < 0$,则该点为稳定点,这就要求矩阵的特征根都小于 0。因为 (x^*, y^*) 是该博弈的解,其行列式恒等于 0,即为鞍点,不可能是该演化博弈的稳定策略。接下来对其他四个点的稳定性进行讨论,具体结果如表 7.5 所示。

$$Det(J) = (1 - 2x)(y\theta kR + y\theta S + P - C_g)(1 - 2y)(R - x\theta R - x\theta kR) - y(1 - y)(-\theta R - \theta kR)x(1 - x)(\theta kR + \theta S) \quad (7.11)$$

$$Tr(J) = (1 - 2x)(y\theta kR + y\theta S + P - C_g) + (1 - 2y)(R - x\theta R - x\theta kR) \quad (7.12)$$

表 7.5　局部平衡点的稳定性讨论

平衡点	$Det(J)$	符号	$Tr(J)$	符号	局部稳定性
$(0,0)$	$(P-C_g)R$	不确定	$P-C_g+R$	不确定	不确定
$(0,1)$	$-(\theta kR+\theta S+P-C_g)R$	不确定	$\theta kR+\theta S+P-C_g-R$	不确定	不确定
$(1,0)$	$-(P-C_g)(R-\theta R-\theta kR)$	不确定	$-(P-C_g)+(R-\theta R-\theta kR)$	不确定	不确定
$(1,1)$	$(\theta kR+\theta S+P-C_g)(R-\theta R-\theta kR)$	不确定	$-(\theta kR+\theta S+P-C_g)-(R-\theta R-\theta kR)$	不确定	不确定

从已知条件知道有 $R>0,S>0,P>0,C_g>0$，因此需要对 $P-C_g$、$\theta kR+\theta S+P-C_g$ 和 $R-\theta R-\theta kR$ 的符号进行讨论。设 $A=P-C_g$，$B=\theta kR+\theta S+P-C_g$，$A$ 和 B 表示在公私协同储备模式下，政府在监管时所产生的收益，当 A 大于 0 时，由于 $\theta kR+\theta S$ 肯定大于 0，则不需要讨论 B 的符号，只有当 A 小于 0 时，需要讨论 B 的符号；设 $C=(1-\theta-\theta k)R=(1-\theta)R-\theta kR$，$C$ 表示代储企业投机行为所产生的收益期望值。对于 A 和 B 讨论的结果分别如表7.6、表7.7和表7.8所示。其中，ESS 表示演化稳定策略点，NS 表示不确定。

表 7.6　演化博弈的行列式与迹符号分析

	$A>0,C>0$			$A>0,C<0$		
	$Det(J)$	$Tr(J)$	稳定性	$Det(J)$	$Tr(J)$	稳定性
(0,0)	+	+	不稳定	+	+	不稳定
(0,1)	—	NS	不稳定	—	NS	不稳定
(1,0)	—	NS	不稳定	+	—	ESS
(1,1)	+	—	ESS		NS	不稳定

表 7.7　演化博弈的行列式与迹符号分析

	$A<0,C>0$					
	$B>0$			$B<0$		
	$Det(J)$	$Tr(J)$	稳定性	$Det(J)$	$Tr(J)$	稳定性
(0,0)	—	NS	不稳定	—	NS	不稳定
(0,1)	—	NS	不稳定	+	—	ESS
(1,0)	+	+	不稳定	+	+	不稳定
(1,1)	+	—	ESS	—	NS	不稳定

表 7.8 演化博弈的行列式与迹符号分析

	$A<0,C>0$					
	$B>0$			$B<0$		
	$Det(J)$	$Tr(J)$	稳定性	$Det(J)$	$Tr(J)$	稳定性
(0,0)	—	NS	不稳定	—	NS	不稳定
(0,1)	—	NS	不稳定	+	—	ESS
(1,0)	—	NS	不稳定	—	NS	不稳定
(1,1)	—	NS	不稳定	+	+	不稳定

四、公私协同储备策略分析

政府与代储企业进行协同储备,主要是为了发挥代储企业的成本优势而降低政府成本,同时政府的有效参与能够保证应急物资的保障能力。政府与代储企业作为储备的两个主体,各自的利益追求存在差异,在该模式下,需要综合考虑物资储备量、政府补贴标准以及监管力度等多方面因素。

1. 政府方的策略分析。作为物资储备的主导方,政府主要考虑两个方面的因素,一是采用公私协同储备模式的条件,即采用该模式时政府的支出不能大于政府完全自储模式的支出,假设政府储备模式下的总支出为 C_z,即 $C_g+C'+V\leqslant C_z$,这也为政府制定对代储企业的补贴提供了一定的依据。二是在该模式下,政府是否采取监管以及监管的力度问题。当 $U_{p1}-U_{p2}>0$,即 $y(\theta kR+\theta S)+P-C_g>0$ 时,政府会采取监管策略,这跟投机企业的比例、投机行为被证实的概率、惩罚倍率、企业投机收益、投机行为带来社会损失、政府隐形收益和监管成本有关。当 $\overline{U}_p=x U_{p1}+(1-x)U_{p2}>0$,即 $x(y\theta kR+y\theta S+P-C_g)-yS-V-C'>0$ 时,政府的监管才能收到成效,假定 $y\theta kR+y\theta S+P-C_g>0$,此时的临界监管比例为 $x>\dfrac{V+C'+yS}{y\theta kR+y\theta S+P-C_g}$。

2. 代储企业方的策略分析。企业的第一要义是盈利,如果将企业纳入物资的协同储备方,将会给相关企业增加储备和管理成本,因此只有当政府的补贴达到一定比例,企业才会同意与政府进行协同储备。代储企业主要考虑的因素也是两个方面,一是政府补贴达到多少时企业会进行协同储备,即当$V-C+L>0$时,企业有利可图且能促进企业与政府的关系,提高企业形象,企业会与政府进行协同储备。二是当政府的监管力度多大时企业不会采取投机行为,当$U_{b1}-U_{b2}<0$,即$R-x\theta R-x\theta kR<0$时,企业的投机行为收益为负,且会给企业带来严重负面影响,企业不会选择投机策略,此时政府的监管比例为$x>\dfrac{1}{\theta k+\theta}$。

基于以上分析,得到了政府和企业各自选择公私协同储备策略、公私协同模式下的政府监管选择和力度等策略以及该模式下代储企业投机行为选择策略的条件,解决了政企之间是否能够选择公私协同储备模式以及选择该模式之后的各自行为策略这两个基础问题。通过对公私协同储备的策略分析,为构建政企之间的公私协同储备模型厘清了机制和操作上的障碍。因此,本书接下来将构建满足政企双方选择公私协同储备模式、政府不监管以及企业选择不投机行为这3个条件下的城镇应急物资多层级公私协同储备模型。

第六节　城镇应急物资多层级公私协同储备模型与算法

城镇应急物资储备工作是涉及多项子任务的综合决策,包括物资筹集和分类、储备库选址与布局、库存管理及分配调度等内容。储备库具有多层级、公有制和私有制等特点,在进行物资储备的综合决策时需要综合考虑多个因素。因此,建立符合多层级出救规则的物资储备模型,尽量发挥代储制的优势,降低应急储备的成本,是城镇应急物资储备的关键。因此,在政企选择公私协同储备模式且政府选择不监管以及企业选择不投机这一情景的基础上,综合考虑物资分类与需求、灾害应急响应等级、储备库多层级出救规则、企业代储制及公私协同储备模式等因素,构建储备过程中的选址—库存—分配模型。

一、问题描述

城镇突发灾害事件之后,需要立即启动相应等级的应急预案,将应急物资及时调度至灾区。由于灾区存在异质性,灾害响应等级不相同,导致不同灾区对于应急物资需要的种类和数量存在差异。为方便建模,根据我国的灾害应急预案和应急物资管理办法,将各类灾害分为 4 种响应等级,将应急物资储备库设定为 4 种级别,当某地区发生不同响应等级的灾害时需要启动不同级别的储备库进行应急救援。

储备库有公有制和私有制两种类型,换言之,候选的储备库有政府出资建设和委托企业代储两种形式。公有制储备库需要一定的建设成本、储备成本和运营成本,企业代储库需要储备成本,考虑到企业进行应急物资代储时导致的运营成本增加,企业代储的储备成本要略高于政府储备库。

通过本区域内各类灾害的物资需求预测来决定应急物资储备数量,并在灾害发生时,由预先约定的分配关系进行配送。为此,该问题可以抽象为选择每种级别的哪些储备库和哪些企业代储点进行协同储备,选择的储备点储备哪些物资以及储备多少,以及每个储备库负责在灾害发生时向哪个受灾点配送哪种应急物资以及配送多少。具体的拓扑关系如图 7.7 所示。

二、模型假设

(1)以灾害多发区域为已知受灾点,物资储备候选点位置和级别已知。

(2)根据国家灾害应急响应级别来确定灾害情景。在灾害响应级别不同时,由不同等级的储备点进行物资调度,规则是:Ⅳ级时由区县级储备库进行物资调度,Ⅲ级时由区县级和市级储备库协同调度,Ⅱ级时由省市县三级储备

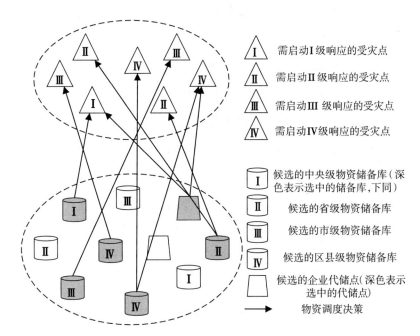

图 7.7 应急物资储备库多层级多物资公私协同选址一分配问题

库协同调度，Ⅰ级时由中央和省市县四级储备库协同调度。

（3）企业代储点没有级别之分，可对任何等级灾害进行物资调度。

（4）灾情动态变化，需要根据灾情来选择配送中心，因此模型只考虑应急物资从储备点到受灾点的两级网络。

（5）不同响应级别的应急物资需求已知。

（6）不考虑物资过期和损坏等导致的成本。

（7）道路运输条件和运输时间已知且固定。

（8）不考虑储备库多周期的补货和调度。

三、符号说明

I 表示储备库候选点集合，$i \in I, I = \{1,2,3,\cdots\}$；

J 表示受灾点集合，$j \in J, J = \{1,2,3,\cdots\}$；

K 表示候选公有制储备库级别集合,$k \in K, K = \{1,2,3,4\}$;

M 表示物资种类集合,$m \in M, M = \{1,2,3,\cdots\}$;

S 表示灾害应急响应等级集合,$s \in S, S = \{1,2,3,4\}$;

R 表示代储企业候选点集合,$r \in R, R = \{1,2,3,\cdots\}$;

t_{nij} 表示第 n 等级的储备库 i 向受灾点 j 的物资调度时间;

x_{nij}^{k} 为 0—1 变量,当第 n 等级的储备库 i 向受灾点 j 进行物资调度时此值为 1,反之为 0;

t_{rj} 表示企业代储点 r 向受灾点 j 的物资调度时间;

y_{rj}^{k} 为 0—1 变量,当企业代储点 r 向受灾点 j 进行物资调度时此值为 1,反之为 0;

c_{in} 为应急储备点的建设成本和日常运营成本;

p_{1}^{m} 为物资 m 在应急储备点的单位储备成本,p_{2}^{m} 为物资 m 的每单位每小时运输成本,p_{3}^{m} 为物资 m 在企业代储点的单位储备成本(因需要考虑到企业的运营管理成本,此成本略高于应急储备点);

q_{in}^{m} 为第 n 等级的应急储备库 i 中物资 m 的数量,q_{r}^{m} 为企业代储点 r 中物资 m 的数量,d_{j}^{km} 为应急响应等级 k 下受灾点 j 对物资 m 的需求量;

θ_{in} 为 0—1 变量,当候选的应急储备库 i 被选中时此值为 1,反之为 0;θ_{r} 为 0—1 变量,当候选的企业代储点 r 被选中时此值为 1,反之为 0;

ρ^{k} 为 k 级响应的灾害发生概率,ω^{k} 为 k 级响应的灾害发生概率所占的权重;

δ_{j}^{m} 为受灾点 j 对物资 m 需求未满足量的单位惩罚成本。

四、选址—库存—分配模型构建

针对应急物资公私储备各有利弊的现实情况,为实现多层级储备库的协同布局和储备分配,综合考虑不同等级灾害的物资需求差异、多物资选址分配策略、多层级出救规则和企业代储点等因素,构建最小化加权总运输时间和系统总成本的储备库公私协同选址—分配模型。

基于以上分析和设定,构建如下模型:

$$minG_1 = \sum_{k=1}^{4} \sum_j \left(\sum_{n=1}^{4} \sum_i \omega^k t_{nij} x_{nij}^k + \sum_r \omega^k t_{rj} y_{rj}^k \right) \tag{7.13}$$

$$minG_2 = \sum_{n=1}^{4} \sum_i \left(c_{in} + \sum_m p_1^m q_{in}^m \right) \theta_{in} + \sum_{k=1}^{4} \sum_{n=1}^{4} \sum_i \sum_j \sum_m p_2^m q_{in}^m t_{nij}$$

$$x_{nij}^k + \sum_m \sum_r p_3^m q_r^m \theta_r + \sum_{k=1}^{4} \sum_r \sum_j \sum_m p_2^m q_r^m t_{rj} y_{rj}^k + \sum_{k=1}^{4} \sum_j \sum_m \omega^k$$

$$\delta_j^m \left[d_j^{km} - \left(\sum_{n=1}^{4} \sum_i q_{in}^m x_{nij}^k + \sum_r q_r^m y_{rj}^k \right) \right] \tag{7.14}$$

目标式(7.13)表示最小化加权总运输时间,单位为小时,即候选储备库到灾区的物资运输时间目标。考虑到灾害响应等级不同,储备库出救规则导致物资分配关系存在差异,此处如果只考虑运输时间的简单加和不太合理,只考虑最长分配关系的运输时长也欠妥,因为响应等级低的灾害对于物资需求的紧迫程度也相对较低,如果不合理设置相应权重,将会降低模型的合理性,因此,通过对灾害等级的概率进行加权处理,构建最小化加权总运输时间的目标函数来确保储备库到灾区的时效性。其中,第1项为应急储备库到受灾点的运输时间,第2项为企业代储点到受灾点的运输时间。

目标式(7.14)表示最小化系统总成本,单位为元,即候选储备库进行物资储备和分配的综合成本函数。模型是考虑选址、库存和分配的综合模型,因此成本将考虑储备库的建设成本、运营成本、储备成本以及储备库到灾区的运输成本。其中,第1项为政府储备点的固定成本(包括建设成本和运营成本)和储存成本,第2项为政府储备点的运输成本,第3项为企业代储点的储存成本,第4项为企业代储点的运输成本,第5项为需求未满足量的惩罚成本。

模型的约束主要有:

(1)多层级公有制储备库出救规则的限制。此约束是指由于多层级储备库的出救规则,在不同响应等级的灾害中,参与救援的应急储备库级别不同。发生Ⅳ级响应的灾害时启动应急物资区县级储备库进行物资调度,Ⅲ级灾害时由区县级和市级储备库进行协同调度,Ⅱ级灾害时由省、市、区县三级储备库进行协同调度,Ⅰ级灾害时由中央、省、市、区县四级储备库进行协同调度。同时,如果有企业代储点,企业储备库没有级别之分。约束式如下:

$$k \leqslant n, k \in K, n \in N \tag{7.15}$$

(2)物资满足不超过需求量限制。考虑到灾害初期应急物资的紧缺性,在进行储备分配时,受灾点得到的物资量不能超过其需求量,即某受灾点从政府储备库得到的物资量与企业代储库得到的物资量之和要小于受灾点的需求量。约束式如下:

$$\sum_{n=1}^{4} \sum_{i} q_{in}^{m} x_{nij}^{k} + \sum_{r} q_{r}^{m} y_{rj}^{k} \leqslant d_{j}^{km}, \forall n \in N, i \in I, m \in M, j \in J, k \in K,$$

$$r \in R \tag{7.16}$$

(3)政府储备库和企业代储库的容量限制。由于政府储备库和企业代储库都有相应的容量限制,而且不同层级的储备库差异较大,不同企业之间的储备容量也不同,因此,在选择储备库进行应急物资储备的时候要充分考虑储备库和代储库的容量限制,即储备的各种物资体积之和要小于该库的最大容量。约束式如下:

$$\sum_{m} q_{i}^{m} v_{m} \leqslant V_{i}, \sum_{m} q_{r}^{m} v_{m} \leqslant V_{r}, \forall m \in M, i \in I, r \in R \tag{7.17}$$

(4)0—1变量。本模型涉及选址和分配问题,因此需要通过设定0—1变量来表示候选的储备库或代储库是否被选择以及某个选中的库是否与某受灾点有分配关系。约束式如下:

$$x_{nij}^{k} \in \{0,1\}, y_{rj}^{k} \in \{0,1\}, \theta_{in} \in \{0,1\}, \theta_{r} \in \{0,1\} \tag{7.18}$$

(5)物资量数值取值范围。由于应急物资属于实物,在进行物资储备和库存管理时需要根据数量特征来进行,因此相应物资的数量不能为负,当数值为0时,说明某库不储备该物资或者某库不向相应受灾点运输该物资。约束式如下:

$$q_{in}^{m} \geqslant 0, q_{r}^{m} \geqslant 0, d_{j}^{km} \geqslant 0 \tag{7.19}$$

（6）灾害等级概率的取值范围。各类灾害的发生属于不确定性事件，因此在确定其是否发生时，通常用概率来衡量。根据现有案例和历史数据来看，一定发生和一定不发生的情况不会出现，因此不存在概率为 0 和 1 的可能性。约束式如下：

$$0 < \rho^k < 1 \tag{7.20}$$

五、求解算法设计

该模型有两个目标函数，属于多目标规划问题，不用判定其属于线性或者非线性优化问题，即可确定其为 NP-hard 问题，在求解上需要根据其特点寻找有效算法。对于求解此类问题，现在主要有两种解决办法：一种是将模型的多目标转化为单目标，进而对单目标进行求解，比如常见的线性加权法或极值法等，这种解决办法需要通过合理确定权重或者预设系数等，主观性较大，在使用时存在着一定的局限性。第二种是通过使用进化算法对问题进行求解。20世纪 50 年代末诞生了进化算法，并逐渐被推广，此类算法在求解多目标规划问题时优势明显，能够实现智能计算和自主适应。进化算法与其他算法相比，能够兼顾全局性与多向性地对模型进行求解，因此能有效求解各类目标函数。同时，进化算法的规模更大，其种群数量能够扩大到大种群数量。目前，进化算法已经成为求解多目标优化问题的常用方法之一，使用较多的算法主要有NSGA-II（Non-dominated sorting genetic algorithm-II）、SPEA-II（Select-best and Prepotency Evolution Algorithm-II）以及 MOGA（Multi-Objective Genetic Algorithm）等。目前，NSGA-II 算法因其在计算速度、精确度、解集均匀、目标函数限制等方面的优势而被广泛使用，其特点是能够通过快速非支配排序和计算拥挤度等，用以替代共享半径并在排序后的同级个体中，选出优胜者使得准pareto 域的个体能够均匀分布和扩展到整个 pareto 域中，使得种群的多样性更有优势。其次，NSGA-II 算法中加入了精英策略来扩大样本的空间，既能防止最优个体丢失也能提高算法运算速度和其鲁棒性能。基于此，考虑到本书所构建模型的特点,用 NSGA-II 算法进行求解能够快速得到可行解集。因此,选择使用 NSGA-II 算法,并针对模型特点对算法进行改进来求解模型。现对 NSGA-II 算法中的基本概念及所做改进之处进行介绍。

NSGA-II 算法的基本参数。一是支配关系。在多目标优化问题当中,如果个体 p 的所有目标都不比 q 的目标差且 p 至少有一个目标比 q 要好,则称个体 p 支配个体 q 或者个体 q 被个体 p 支配,同时也可称个体 p 非劣于个体 q。二是排序规则。当个体之间存在支配或被支配的关系时,如个体 p 支配个体 q,则个体 p 的序值比个体 q 要低。如果两个个体之间不存在支配关系时,此时两个体之间的序值相同。某个体的序值为 1 时属于第一前端,序值为 2 时属于第二前端,后面的序值以此类推。因此,种群中的第二前端个体被第一前端所支配,第一前端不被任何个体所支配,由此可知通过这种排序可以实现对种群中的全部个体进行分类。三是拥挤距离。拥挤距离是指位于某一前端的某个指定个体到同一前端的其他个体之间的距离,用来表征种群中个体之间拥挤程度的特定指标。拥挤距离越大说明这一前端中的个体就越松散,越松散就说明种群的多样性越好。特别地,拥挤距离计算是指计算在同一前端的个体之间的距离,不同前端之间的个体进行拥挤距离的计算没有意义。

NSGA-II 算法的精英策略。算法中采用了精英策略,具体是指:首先,将新生成的子代种群与父代种群进行合并,组成一个大小为 $2N$ 的新种群。其次,对新种群进行非支配排序,产生多个非支配集并计算拥挤距离。新种群中是子代和父代个体组成的,因此在非支配集中的父代个体是最好的,此时将非支配集中的个体加入新的父代种群中。最后,对新的父代种群进行大小判定,如果种群小于 N,则继续加入下一级非支配集,当且仅当种群大小刚到 N 时停止添加,并将序值靠前和拥挤距离相对较小的种群个体添加到子代种群中,其他的种群全部淘汰。经过精英策略的子代种群更加优越,这样才能更好地寻找全局最优解。

NSGA-II 算法的基本流程。首先进行种群的初始化得到初始种群,然后进行非支配排序和选择、交叉以及变异等遗传算法基本操作,获得第一代子代种群,再将子代和父代种群合并成新种群并对新种群进行非支配排序。同时,计算个体拥挤距离和非支配关系选择种群中个体组成新的父代种群。最后进行相应的遗传操作,持续产生新的子代种群并进行迭代。算法流程具体如图7.8所示。

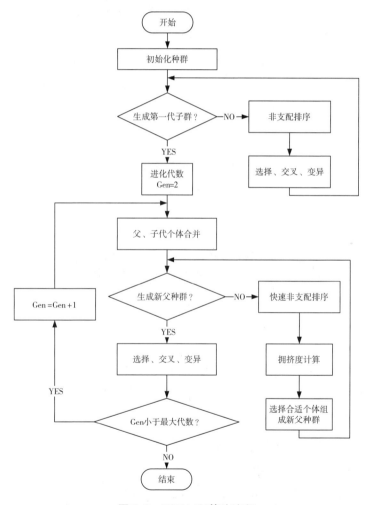

图 7.8　NSGA-II 算法流程

本书所构建的模型属于多目标优化问题,为解决此问题并得到最优解,采用较为流行的非支配排序多目标遗传算法(NSGA-II)进行求解。该算法可以不通过设置多目标的权重参数,获得均匀分布的 pareto 最优解集,稳定性和适应性较好。根据模型的特点,对传统的 NSGA-II 算法进行改进,具体算法流程如下:

(1)染色体编码。采用 2 阶段实数编码,子串 1 为各储存点 A 物资的储存量,长度为 m(m 为候选储备点个数)。子串 2 是各储备点 B 物资的储备量和各储备点分配到需求点的物资 A 和 B 的量,长度为 $m+2m \times n$(n 为受灾点个数),前 m 是 B 物资的储备量,第 $m+1$ 到 $m+m \times n$ 是各储备点分配给各受灾点的 A 物资的分配量。第 $m+m \times n+1$ 到 $m+2m \times n$ 为各储备点分配给各受灾点的 B 物资的分配量,具体如图 7.9 所示。

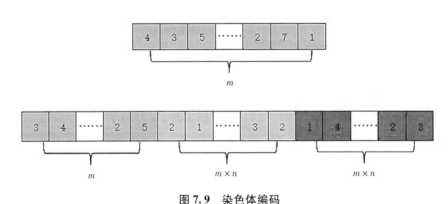

图 7.9　染色体编码

为提高收敛速度,设置多个全局变量:ZS 为零存储概率,AS 为全量存储概率,AD 为全量配送概率,ZD 为零配送概率,$I T_{max}$ 为存储上限阈值,$I T_{min}$ 为存储下限阈值,$T T_{max}$ 为配送上限阈值,$T T_{min}$ 为配送下限阈值,这些可调参数的作用是当个体趋近极值时会有概率直接变成极值,从而提高收敛速度。

(2)初始化种群。设定初始种群大小为 N,通过初始化种群,产生新一代子代种群,并将子代种群与父代合并,得到 $2N$ 个个体。

(3)适应度计算。将加权总运输时间和系统总成本作为目标函数,设 $G_1 = a$ 为目标 1,是各公有储备点和企业储备点到受灾点的加权时间之和。设 $G_2 =$

b 为目标 2,是各储备点和代储点成本、运输成本和需求未满足的惩罚成本之和。

(4)非支配排序。采用精英策略,将 2N 个个体进行非支配排序,将不被其他个体所支配的个体放在第 1 非支配层,然后对不处于第 1 非支配层的个体再进行非支配排序,同理得到第 2 非支配层,重复此过程,当所有个体都有非支配层级时,停止排序。

(5)交叉和变异。设置交叉和变异概率,对子代种群进行交叉、变异等遗传操作产生新的种群,并且将新产生的种群与父代种群结合成大小为 2N 的种群。

(6)迭代和终止。开始新一轮非支配排序选择、交叉和变异。当迭代次数达到设定的最大值,算法终止,得到非劣解集并输出结果。

第七节　算例分析

湖北省是我国中部大省,总面积 18.59 万 km²,介于北纬 29°01′53″—33°6′47″、东经 108°21′42″—116°07′50″之间。湖北属长江水系,大部分地区为亚热带季风性湿润气候,是我国洪涝灾害特别严重的省份之一。以 2019 年的数据为例,2019 年 7 月 22 日,湖北省出现分散阵性降雨,遇短时大风等强对流天气,局部地区短时大到暴雨,引发洪涝灾害。据省防汛抗旱指挥部办公室统计,截至 26 日 16 时,洪涝灾害造成 15.02 万人受灾,紧急转移安置 1470 人;农作物受灾面积 8440 公顷,其中绝收面积 948 公顷;因灾倒塌房屋 45 间,不同程度损坏房屋 579 间;直接经济损失 1.52 亿元。湖北由于暴雨频繁、降水强度大、降水变率大、降水的时空集中程度增加以及气候变化加剧等,导致全省常年遭受暴雨洪涝的影响,造成了较为严重的生命和财产损失。因此,防汛应急物资的储备问题,是考验湖北洪涝应急管理工作的一项迫切且重要的工作。基于此,选择湖北省的部分城市为例,对所构建的模型和所设计的算法进行验证和分析。

一、算例情景描述与设定

通过查阅湖北省历史洪涝案例和数据,选取湖北省受洪涝影响较为严重的武汉、黄石、十堰、宜昌、黄冈、荆州、襄阳、咸宁和恩施 9 个地级市(州)为受灾点,由于洪涝灾害的特点是流域性和多区域同时发生,因此在每个受灾点选取一个灾害中心点,以该地点作为防汛应急物资配送的终点。受灾点的洪涝灾害响应等级通过历史案例确定,以该市频发的洪涝灾害最高响应等级为该受灾点的应急响应等级。应急物资需求量根据式(7.1)确定。假定 A 物资为临时食宿类物资,B 物资为抢险物料类物资。选取湖北 9 个地级市(州)的 12 个地点为受灾点,其中启动 I 级响应的受灾点 1 个,II 级响应的受灾点 4 个,III 级响应的受灾点 3 个,IV 级响应的受灾点 4 个。受灾点通过①—⑫进行编号,具体的灾害情景如表 7.9 所示。

表 7.9　湖北省受灾点情景生成和物资需求情况

编号	城市	灾害中心点	响应等级	受灾人口(万人)	需求量(万)	
					A 物资	B 物资
①	武汉	蔡甸区消泗乡	III 级	2.86	11.44	0.57
②		新洲区凤凰镇	I 级	7.25	29	1.45
③	黄石	阳新县龙港镇	IV 级	1.98	7.92	0.40
④	十堰	丹江口龙山镇	II 级	4.75	19	0.95
⑤		郧阳区柳坡镇	III 级	2.42	9.68	0.48
⑥	宜昌	兴山县峡口镇	IV 级	1.88	7.52	0.38
⑦	黄冈	麻城市铁门岗乡	II 级	4.68	18.72	0.94
⑧	荆州	监利县柘福村	IV 级	1.26	5.04	0.25
⑨	襄阳	谷城县五山镇	III 级	2.56	10.24	0.51
⑩		汉江襄城老龙堤公园	II 级	4.12	16.48	0.82
⑪	咸宁	咸安区中心汽车站	IV 级	1.76	7.04	0.35
⑫	恩施	咸丰县坪坝营站	II 级	4.16	16.64	0.83

选取的 12 个受灾点分布情况如图 7.10 所示。

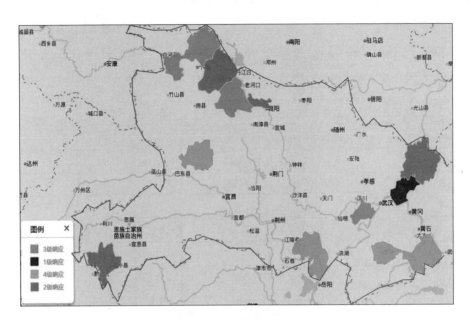

图 7.10 受灾点分布图

通过相关文献和网络资料调研,共选择涉及武汉、黄石、十堰、宜昌、黄冈、荆州、襄阳、咸宁、恩施等 9 个地级市(州)的政府储备库,由于部分储备库实际位置难以获知,故选择以防汛抗旱指挥部或水务水利部门所在地代替政府储备库的实际位置。共选择 9 个地级市(州)的 18 个政府储备库,其中中央级 1 个,省级 1 个,市级 5 个,区县级 11 个。通过筛选,共选择涉及武汉、孝感、宜昌、咸宁等 4 个城市的 6 家企业作为候选企业代储点。将 18 个政府储备库和 6 个企业储备库共计 24 个候选储备库按照 1—24 进行编号。根据现实情况,政府储备库有一定的建设运营成本,企业没有此项费用。同时,不同级别和地方的政府储备库容积不同,企业的容积限制也存在差异。基本情况如表 7.10 所示。

表 7.10 候选储备库的基本情况

序号	城市	名称	级别	建设运营成本（万元）	储存总空间（万件）
1	武汉	中央防汛抗旱物资武汉仓库	中央级	5000	24
2		湖北省防汛抗旱指挥部	省级	3000	15
3		武汉市防汛抗旱指挥部	市级	2000	12
4		新洲区防汛抗旱指挥部	区县级	1000	6
5		蔡甸区防汛抗旱指挥部	区县级	880	5
6	黄石	阳新县防汛防控指挥部	区县级	600	6
7	十堰	丹江口水务局	区县级	500	5
8		十堰市水利水电局	市级	1200	10
9		郧阳区水务局	区县级	600	6
10	宜昌	兴山县防汛抗旱指挥部	区县级	800	5
11		宜昌市水利和湖泊局	市级	1500	10
12	黄冈	麻城市水务局	区县级	500	6
13	荆州	监利县水务局	区县级	600	6
14	襄阳	谷城县水利局	区县级	700	5
15		襄阳市水利局	市级	1800	10
16		樊城区水利局	区县级	600	6
17	咸宁	咸安区水利局	区县级	600	5
18	恩施	恩施土家族苗族自治州防汛抗旱指挥部	市级	1000	10
19	宜昌	宜昌××仓储物流有限公司	企业	0	5.6
20	孝感	湖北××物流有限公司	企业	0	5.2
21	武汉	武汉×××(仓储)物资有限公司	企业	0	5.4
22		武汉××储运有限公司	企业	0	6.6
23		武汉市××防汛物资仓储有限公司	企业	0	6.8
24	咸宁	×××物流实业湖北有限公司	企业	0	5.8

二、基础数据与模型验证

为了确定 12 个受灾点和 24 个储备库之间的距离,通过百度地图测算相应的距离关系,得到如表 7.11 所示的距离矩阵。

表 7.11 受灾点与储备库之间的距离

单位:km		受灾点											
		①	②	③	④	⑤	⑥	⑦	⑧	⑨	⑩	⑪	⑫
候选储备点	1	104.2	106.8	188.0	449.9	455.5	420.0	109.2	276.1	405.2	307.6	116.0	649.6
	2	94.6	124.4	177.1	461.5	472.0	423.4	136.0	278.5	417.8	320.0	99.1	632.8
	3	94.2	114.6	188.3	452.2	462.7	415.6	117.0	271.4	408.6	310.8	110.3	645.4
	4	157.0	13.6	187.3	448.1	494.8	466.3	33.3	322.1	410.8	346.9	158.8	712.1
	5	57.4	96.3	214.4	444.8	455.3	395.9	139.8	170.2	401.1	303.4	130.1	620.2
	6	204.0	191.4	57.3	578.0	624.7	561.3	196.4	303.6	540.8	472.8	123.1	751.4
	7	417.9	413.0	557.8	36.3	111.8	399.0	437.8	433.7	69.4	110.7	470.3	630.0
	8	474.3	469.4	624.0	63.4	32.6	432.0	494.2	463.4	83.3	58.9	526.7	679.2
	9	500.1	544.7	644.4	83.9	20.2	453.9	546.0	511.3	103.7	201.1	557.2	699.6
	10	396.4	525.6	574.4	263.5	300.0	35.5	527.0	367.0	235.2	276.0	506.6	483.7
	11	269.9	439.0	447.8	419.7	377.0	168.0	440.4	240.5	402.4	304.9	382.9	348.9
	12	194.0	53.2	216.7	525.9	536.4	507.9	31.9	309.7	482.2	384.5	219.0	737.3
	13	156.2	330.8	287.2	500.3	494.1	361.1	332.2	25.2	471.6	373.8	271.0	530.4
	14	391.9	436.5	536.2	79.5	124.0	370.1	437.9	403.1	34.1	63.4	449.0	599.4
	15	341.4	341.7	496.3	141.7	193.4	329.9	366.5	303.7	98.0	0.6	399.0	559.3
	16	339.4	334.5	489.1	146.0	186.8	334.2	359.4	308.0	102.3	5.8	391.5	563.6
	17	98.6	165.3	119.1	499.1	545.8	454.4	208.2	198.2	461.9	393.9	6.5	646.0
	18	462.9	582.1	646.3	529.6	576.5	290.3	607.0	411.5	482.6	452.2	539.3	134.7
	19	213.4	338.5	396.8	326.9	373.6	181.0	363.4	162.0	279.9	249.7	289.8	372.5
	20	112.0	178.3	276.5	394.3	397.9	402.6	180.7	334.1	350.6	252.7	165.9	638.5
	21	123.2	119.2	174.2	468.7	479.2	439.6	121.6	295.5	425.1	327.3	118.3	653.6
	22	129.0	42.2	212.0	479.2	481.9	445.2	129.0	301.0	436.3	338.5	139.7	674.5
	23	98.0	114.5	189.9	445.6	456.1	414.2	116.9	270.0	401.9	304.1	114.3	643.5
	24	170.0	167.9	163.0	501.8	548.4	444.8	217.8	254.6	464.5	406.4	17.1	636.3

设定 A 物资与 B 物资的体积比为 1∶3,A 物资的单位储备成本p_1^1定为 0.3 元,B 物资的单位储备成本p_1^2定为 0.2 元,A 物资每单位每小时的运输成本p_2^1定为 0.02 元,B 物资每单位每小时的运输成本p_2^2定为 0.3 元,A 物资在企业代储点的单位储备成本p_3^1定为 0.4 元,B 物资在企业代储点的单位储备成本p_3^2定为 0.3 元,A 物资需求未满足量的单位惩罚成本δ_j^1定为 1000 元,B 物资需求未满足量的单位惩罚成本δ_j^2定为 5000 元,发生 Ⅰ—Ⅳ级应急响应的洪涝发生灾害概率分别为 0.03、0.08、0.1、0.15。物资运输速度按每小时 80km 计算。

通过 MATLAB2016a 实现算法,参数设置如下:种群规模为 100,最大迭代代数为 500,交叉概率为 0.9,变异概率为 0.1。经多次调试,将全局变量设置如图 7.11 所示。

```
－    global countNum
－    countNum=1;
－    global zeroStorageChance
－    zeroStorageChance = 0.38;% 零存储概率
－    global allStorageChance
－    allStorageChance = 0.1;% 全量存储概率
－    global allDeliveryChance
－    allDeliveryChance = 0.1;% 全量配送概率
－    global zeroDeliveryChance
－    zeroDeliveryChance = 0.2;% 零配送概率
－    global maxThreshold
－    maxThreshold = 0.25;% 存储上限阈值
－    global minThreshold
－    minThreshold = 0.85;% 存储下限阈值
－    global maxTranThreshold
－    maxTranThreshold = 0.25;% 配送上限阈值
－    global minTranThreshold
－    minTranThreshold = 0.85;% 配送下限阈值
－    nsga_2(100,500);
```

图 7.11　全局变量设置

三、求解结果

经过程序的运算,得到了本算例最优解的 pareto 前沿面,如图 7.12 所示。

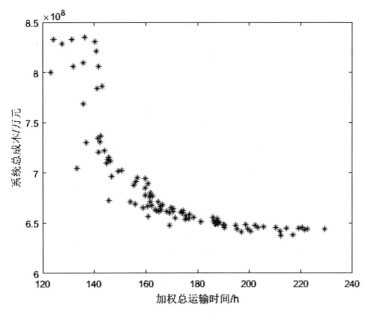

图 7.12　pareto 最优解

由图 7.12 可以看出,加权总运输时间和系统总成本 2 个目标之间相互制约和关联,一个目标的上升会导致另一个目标的下降。应急管理决策者在进行城镇防汛应急物资储备库的综合决策时,可根据实际情况对每个目标进行赋权来选择最优方案。

根据程序运行结果,从全部可行方案中,选择其中 1 种可行性方案进行分析。最终得到 24 个候选储备库的选择结果、选中储备库中两种物资的库存量、选中储备库中库存物资分配到每个受灾点的物资数量,构成该算例的储备库选址—库存—分配决策方案,具体方案如表 7.12 所示。

表 7.12 选址—储备—分配方案

选中的储备库	2	3	4	5	6	7	8	9	12	13	14	15	16	17	18	19	20	21	23	24	合计
物资储备量(件) A物资	119476	104057	0	44806	49540	26882	94186	60000	57796	58258	23738	82278	16040	40091	99731	48874	43294	53850	31290	3	1054191
B物资	63	1268	13638	0	2367	6893	1823	0	138	316	2192	4053	0	2075	24	1962	0	0	11848	14136	60288
分配的受灾点 ① A物资	0	866	0	0	257	161	0	0	1568	316	2192	14244	32	1034	15156	0	0	0	12048	0	47874
① B物资	0	6	0	0	21	0	58	0	1	0	0	194	0	0	0	0	0	11	1013	769	2406
② A物资	93001	0	0	34536	47266	21073	26616	57554	1266	1454	4812	1405	943	75	52	12	0	11	0	0	290000
② B物资	63	962	9751	0	755	3475	146	0	82	0	0	15	0	5	1	1	0	409	0	0	14500
③ A物资	0	0	1163	0	0	0	0	0	588	0	0	0	0	463	2	0	0	0	0	0	2215
③ B物资	0	0	0	0	0	0	0	0	0	0	0	0	0	38	0	0	0	0	448	2804	3290
④ A物资	26475	85092	0	2714	72	395	28960	1163	34283	6505	1365	2189	218	545	2	22	0	0	0	0	190000
④ B物资	0	46	0	0	1212	431	831	1223	0	0	0	2317	0	619	0	1512	0	0	1223	0	9404
⑤ A物资	0	34	0	0	0	24	0	0	0	0	0	10	0	32	0	17	0	304	0	0	395
⑤ B物资	0	0	0	0	0	0	0	0	0	0	0	0	0	15	0	0	0	0	2253	956	3251
⑥ A物资	0	0	0	0	0	0	0	0	0	0	0	0	0	102	0	0	0	2970	83	0	3155
⑥ B物资	0	0	0	0	0	0	0	0	0	0	0	0	0	72	0	0	0	0	98	223	399
⑦ A物资	0	17084	0	5278	554	2085	31569	0	13925	36030	14598	0	14637	15647	32069	6	0	0	687	0	187200
⑦ B物资	0	225	1429	0	961	1785	565	0	6	0	0	0	0	659	21	23	0	0	0	2894	9400
⑧ A物资	0	0	0	0	60	0	0	0	536	0	0	0	0	4	1	1	0	48	1627	0	2275
⑧ B物资	0	0	0	0	0	0	0	0	0	0	0	0	15	0	0	0	0	0	0	0	15
⑨ A物资	0	0	0	0	1	191	0	0	0	0	659	3135	0	8	0	8	0	7671	10	0	11657
⑨ B物资	0	0	0	0	0	0	0	395	0	0	0	163	0	77	0	0	0	0	148	4793	5041
⑩ A物资	0	434	0	2278	172	1944	7042	0	1887	10190	0	38010	72	21676	52451	16676	9044	548	577	0	164713
⑩ B物资	0	6	361	0	153	1203	57	0	0	0	0	0	0	3	0	125	0	0	5276	332	7535
⑪ A物资	0	0	0	0	0	0	0	0	3743	0	0	0	0	12	0	0	0	1251	66	0	5226
⑪ B物资	0	0	0	0	0	0	0	0	0	0	0	0	0	0	0	0	0	0	196	228	424
⑫ A物资	0	452	0	0	422	1009	0	0	0	3369	112	19631	122	569	0	32164	34250	40637	16741	0	149480
⑫ B物资	0	24	934	0	0	0	166	0	0	0	0	1210	0	512	0	0	0	0	645	1131	4623

四、结果与优化效率分析

从表 7.12 中可以看出,该方案共选择 15 个政府储备库,其中省级储备库 1 个,市级储备库 4 个,区县级储备库 10 个。选择宜昌××仓储物流有限公司、湖北××物流有限公司、武汉×××(仓储)物资有限公司、武汉市××防汛物资仓储有限公司、×××物流实业湖北有限公司等共 5 个代储企业进行物资代储。该方案的加权总运输时间为 145.7 小时,系统总成本为 67256.07 万元。从物资储备的库存量来看,A 物资的库存量为 1054191 件,B 物资的库存量为 60288 件,因此 A 物资的需求满足率达到 66.42%,B 物资的需求满足率达到 75.93%。其次,在优先满足高响应级别的前提下,按照多层级出救规则,由省、市、区县和企业储备库协同对 12 个受灾点进行物资分配,充分发挥了政府与企业协同储备防汛应急物资的优势。由结果可以看出:在未启用中央储备库的情况下,9 个地级市(州)发生 Ⅰ—Ⅳ级应急响应的洪涝灾害时,两类物资的需求满足率较高,特别是对于紧迫度更高的 B 物资而言,其满足率达到 75% 以上,由此可以说明此种多层级公私协同的储备方案是有效且可行的。

为验证防汛应急物资在政府储备模式下与公私协同储备模式下的效率,去掉 6 个候选的企业代储点,求解政府储备模式下的决策方案。本次求解除了去掉企业代储点外,其他所有参数都设置成与公私协同储备模式下的相关参数一致进行计算,最终得到只有政府储备点的防汛应急物资储备库选址—库存—分配方案,然后从两种模式的求解结果中各选择 10 组可行性方案进行对比分析。

(一)目标函数比较分析

通过求得两种模式下的 10 组方案的平均加权总运输时间和平均系统总成本分析发现:首先,在政府储备模式下,所消耗的加权总运输时间要小于公私协同模式,平均要少 22.69 个小时。分析其原因,一是由于政府储备库多在受灾点所在城市,而企业代储点有不在受灾点所在城市的情况,因此配送距离较远;二是政府储备模式的储备点个数较少,配送距离加权和就相对小,因此加权总运输时间相对较短。其次,公私协同模式下,系统总成本要小于政府储备模式,平均要少3918.18万元,由于有代储企业参与,减少了公有制储备库的个数,因此建设成本等固定成本减少了,同时企业在物资储备和管理的效率更高,故而降低了系统总成本。

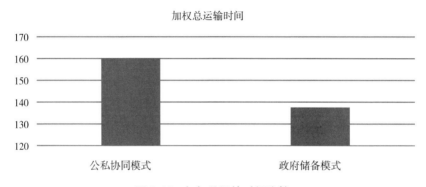

图 7.13   加权总运输时间比较

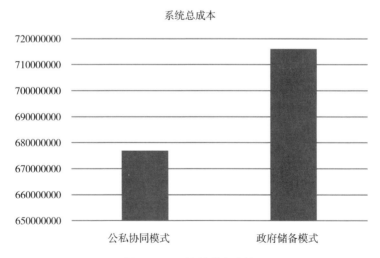

图 7.14   系统总成本比较

(二)储备点个数、物资库存量比较分析

从两种模式下的储备点个数来看,公私协同模式与政府储备模式下选择政府公有制储备库数量相当,但公私协同模式下选择了一部分企业作为代储点,因此在储备点个数方面比政府储备模式更多,在系统总成本小于政府储备模式的情况下,拥有更多的储备点能够将物资分散储备,灾害发生时将能拥有更多选择。

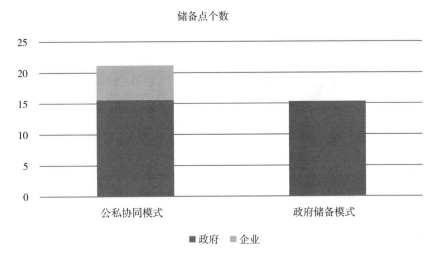

图 7.15　储备点个数比较

从防汛应急物资库存量来看,对于 A 物资,公私协同模式下的库存量明显大于政府储备模式,能更好地满足应急需要。对于 B 物资,两种模式差别不大,但政府储备模式下的库存略大于公私协同模式。对于所有物资库存总量来说,公私协同储备模式要大于政府储备模式。

(三)物资满足率比较分析

从物资满足率来看,A 物资的需求满足率公私协同模式比政府储备模式提高了 38.98%,B 物资满足率降低了 7.47%。此结果表明,在增加企业代储点时,两种物资满足率会相对均匀,会避免出现其中一种物资极度短缺的情况。同时,公私协同储备模式的物资总体满足率明显高于政府储备模式。

从目标函数、储备点个数、物资库存量以及物资满足率的优化效率来看,构建的城镇应急物资多层级公私协同储备模型能够提高政府储备模式的储备

防汛应急物资库存量

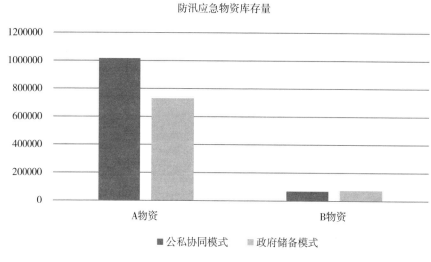

图 7.16 物资库存量比较

物资需求满足率

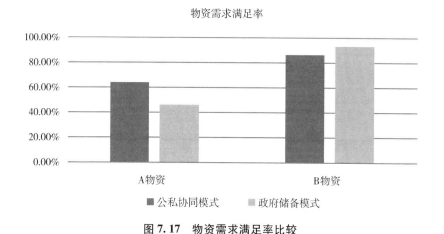

图 7.17 物资需求满足率比较

效率,该模型不仅能够将城镇应急物资的选址—库存—分配问题进行集成研究,而且能实现公有制储备库多层级之间的协同储备,充分发挥各层级储备库的特点和优势,提高储备效率和储备库服务能力,还能实现各层级储备库与代储企业之间的协同储备,最大化发挥代储制的功能,能够解决当前公私储备库之间协调联动性不足的问题,做到公私储备库之间充分协同,互相补充,在降低成本的同时,提高储备效率和能力。

　　城镇灾害频发,如何科学有效储备应急物资是当前应急管理工作的迫切任务。灾害的发生具有高度的突发性和不确定性,导致在进行应急物资的灾前储备时难度较大。针对我国当前应急物资储备过程中,物资储备点布局不够科学、多层级多部门协同不够、代储制不够完善、物资分类储备不够合理以及政企利益追求不一致等问题,综合考虑储备库层级、储备库性质、灾害响应等级以及多物资等影响城镇应急物资储备综合决策的多个因素,研究城镇应急物资多层级公私协同储备问题,探究实现多层级协同、公私协同以及多物资协同的应急物资储备库的选址—库存—分配方案。

第八章　应急救援队伍多任务指派模型与算法

第一节　地震应急医疗救援基础研究

地震作为群灾之首给人类社会带来了极大的破坏,我国是一个地震频发的国家,历年来的地震灾害对人民的生命、生活、财产等都造成了无法挽回的损失,同时严重影响了我国经济的发展和社会的进步。但是目前对于灾后应急医疗救援队伍的派遣还处于分散管理的状态,相关的研究也还不够深入,缺乏全局规划以及相关部门的统一指挥和协调。作为医疗救援的决策环节,应急医疗救援队伍指派决策的制定在整个减灾救灾过程中有着统领全局的作用。好的决策方案能够从方向上对队伍指派进行指引,进而加快医疗救援工作的进程,最终实现好的救援效果。

开展应急医疗救援队伍的相关研究对于提升灾害现场的医疗救治效率起到关键作用,同时也是灾害救援体系和应急救援能力建设的重要问题。现场的医疗救援工作对于挽救伤员生命具有重大意义。我国地震活动具有持续久、发生频率高、难以预防、灾情严重、明显的区域差异、大量的次生灾害、复杂的伤情状况等特点,国家层面也意识到了地震灾害应急管理工作的重要性,相关研究工作还有很大的发展空间。随着我国经济的发展和城市化进程的加快,地震灾害造成的损失呈阶梯式增长。严峻的地震灾害形势促进了地震应急救援工作的开展,为了快速控制灾情,减轻人员伤亡,地震应急医疗救援的研究工作显得尤为重要。

一、地震应急医疗救援概述

（一）地震应急医疗救援特点

多任务性：地震灾害导致群体性伤害，在短时间内出现批量伤病员。除了大量的受困人员因构建物和建筑物的倒塌而造成机械性的损伤之外，各种次生灾害也可能造成人员伤亡，例如火灾导致的烧伤，化学物质甚至核物质的泄漏造成的中毒和急性放射性损伤等复杂的伤情状况。伤员除了生理上的伤痛，还遭受精神上的强烈刺激。复杂的伤情状况使得灾区现场往往存在急救、治疗、卫生防疫等多类医疗救援任务。

高时效性：地震灾害的发生往往使人们猝不及防，据有关资料显示，地震灾害发生后因房屋倒塌而受困的伤员很多是被家人或邻居救出，由于应急医疗救援队伍的到达需要一定的时间，其间伤员的自救和互救发挥了关键作用。根据对 1976 年唐山大地震的 10490 名伤员的诊断分析，医疗救援队伍的救治时间直接影响伤员抢救的存活率。为了提高应急医疗救援的救治效果，提升现场抢救的成功率，最大程度地降低人员死亡，挽救更多的生命，必须迅速集中可用的人力资源和物力资源，在短时间内开展有效的医疗救助。

高效率性：医疗救援效率直接关系着最终救援成效的好坏。地震灾害发生后各类医疗救援任务对应急医疗救援队伍的救援能力具有不同的需求，决策者所指派的应急医疗救援队伍的救援能力与该类医疗救援任务的需求越相符，救援效率就越高。需要给胜任能力高的应急医疗救援队伍指派适宜的医疗救援任务，以获得好的救援效果。同时，我国地震应急医疗救援也面临专业队伍素质不齐、工作职责不够清晰、救援环境十分艰苦、信息沟通不够通畅、救援工作涉及面广等许多挑战。

（二）地震三级医疗救援模式

历经多年的发展，我国形成了以现场紧急救援、区域中转救治中心和后方医疗保障机构为主体的地震三级医疗救援模式。

现场紧急救援：地震灾害发生之后，第一道工作就是实施现场紧急救援，对于挽救伤员生命意义重大，必须充分把握黄金救援时间。现场紧急救援具体的工作内容包括应急医疗救援队伍的组建、灾区受影响人群的科学分类、现场的伤员抢救等工作。需要对有限的人力资源和卫生资源进行充分利用，做好伤员的紧急处理等一些基础的治疗工作，为后续的医疗救治争取尽可能多的时间。应急医疗救援队伍到达灾区需要与其他部门相互配合、协同合作，例如地震灾害的勘测部门以及当地的卫生机构等，需要将灾区相关信息立即上报至指挥部门。以灾区人口的密集程度、人员的伤亡和财产损失情况作为依据，指挥中心能够评估出地震灾害的等级并确定应急医疗救援的响应级别。需要对人员的伤亡情况以及伤亡的严重程度作出充分估计，同时还要估计出灾害发生后的人员搜救难度和灾区交通状况的破坏程度，相关部门之间协调配合迅速建立起应急通信工作体系，确保灾害现场与指挥中心之间信息的顺畅传递。

区域医疗救治中心：作为地震医疗救援三级模式的中间层，区域医疗救治中心起到了承前启后的作用。现场紧急救援工作的继续医疗即为区域医疗救治中心的职责，同时也负责后方医疗保障机构的基础环节。主要的工作内容为对灾害发生后的群体伤病员开展集中的医疗救治，尽可能发挥其关键作用减轻人员的伤亡。对于受伤情况较重的人员，若区域救治中心也无法承担其救治任务，需要对伤员开展初期的及时处理并迅速将其转送到后方的医疗保障机构来进行专业的救治工作。

后方医疗保障机构：主要负责对技术水平要求比较高、治疗难度较大的专科治疗，是地震应急医疗救援工作的后方保障，同时在一定程度上还能作为指导机构协调现场的医疗救援工作。

（三）地震应急医疗救援的要求

地震应急医疗救援是一项系统性的工程，涉及到多个组织机构（地震灾害勘测中心、灾区当地卫生机构等）之间的互相协调配合，同时对救援人员的素质、技能、装备及组织指挥四个方面都有着特殊要求,只有素质良好、技能丰富、装备齐全,服从指挥的应急医疗救援队伍才能实现更好、更快的应急医疗救援。

对于医疗救援人员素质,由于灾害现场的医疗救援环境十分恶劣,医疗救援人员必须具备良好的心理素质,有着坚强的意志力才能克服在救治工作当中面临的各种难题;同时,医疗救援人员之间需要彼此信任、互相配合、协同合作才能互帮互助,发挥出最大的救治效能;由于灾害现场伤情的复杂性,医疗救援人员需要具备全面的专业知识、娴熟的治疗手段、丰富的医疗经验等;最为重要的是,灾害发生后,大量医疗救援人员赶赴灾区,现场医疗救援工作存在一定忙乱现象,医疗救援人员必须服从命令,听从指挥中心的调度安排,才能保障救援活动快速有序。

对于医疗救援人员技能,为确保震后指挥工作的顺利进行,救援工作能够有条不紊地开展,需要应急医疗救援人员明确自己工作责任的同时具备高效的救治能力。为进一步提升应急医疗救援队伍的救治能力,可以定期对其进行专业的培训,通过事前的技能培训、模拟训练和预先演习,提高应急医疗救援队伍的救援技能以及对灾害的应对能力。

对于医疗救援装备,医疗救援装备指的是在医疗救援过程中开展救治工作需要使用的各种设备,例如医疗器械、担架、固定器等专业的工具。为了保障救援工作的机动性,医疗设备必须性能稳定、便于携带。同时由于救援环境的简陋,相应设备应尽可能搭建简易、操作简单、便于使用。

对于组织指挥,救援环境的恶劣、救援需求的不确定性、医疗救援的时效性等都对灾害发生后的指挥体系提出了很高的要求。为了保障救援活动的有序、高效,需要相关医疗救援的法律支撑和完善的制度建设,需要制定应急预案来支持应急医疗救援活动的开展,同时还需要加强专业性救援人才的培养,提高全民急救意识并积极组织相关知识培训。

二、地震应急医疗救援应急管理体系

2002 年以前美国的应急管理工作统一由美国联邦紧急事务管理署(FEMA)领导进行。主要是从"民族安全"的角度来引导美国开展各种灾害的防御、减缓和处理等任务。美国联邦应急管理局对从中央到地方的救灾体系进行集成,建立一体化的调度和指挥体系,通过减灾、准备、响应和恢复四项业务的实施,维护社会稳定,减少人员生命和财产的损失,实现所有可利用资源的快速筹备、快速动员,最大限度上降低灾情造成的损失。联邦疾病控制中心(CDC)是联邦应急管理局的下设机构,其任务是获取可靠的公共卫生信息,为人民群众提供疾病预防服务,为政府提供决策依据。联邦疾病控制中心下设紧急事件运作中心,负责州医院应急准备系统以及城市医疗应急系统的工作。通过卫生局行政上的协调领导以及应急医疗服务委员会在技术层面的全面监督,相应政府职能得以有效实施。美国地震应急医疗救援管理体系如图8.1 所示。

面对灾难及突发事件频发的国情,日本在应对危机、施行危机管理方面有着丰富的经验。广大民众十分具有忧患意识,习惯预有准备,抗灾意识非常强烈,积极参与关于抗震救灾的培训,危机应对素质良好、服从命令、听从指挥,经常参与相关演习。同时日本构建物和建筑物都很结实,建筑结构十分牢靠,具有很强的抗震能力。为了应对频繁的自然灾害,日本建立了一套完善的应急救援体系,分为中央—都(道、府、县)—市(町、村)三级,由劳动厚生省(国家突发公共事件卫生管理体系)负责建立并将其作为指导中心纳入了整个国家的危机管理体系,劳动厚生省主管卫生和福利事务。日本地震应急医疗救援管理体系如图8.2 所示。

地震灾害是对我党和政府应急管理能力的考验。作为地震多发国家,历年来的地震灾害对我国人民生命和经济发展造成了重大的冲击。灾害发生后及时的灾情处理、快速的医疗救治是实现紧急有效救援的重要手段,能够迅速

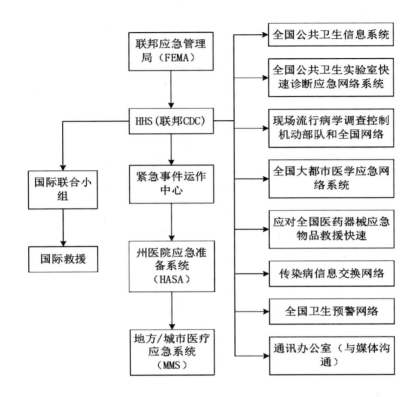

图 8.1　美国地震应急医疗救援管理体系

安抚民心,最大程度上挽救伤员生命。我国对应急医疗救援工作越来越重视,也出台了相关的法律法规。参考 2003 年由国务院制定并颁布的《突发公共卫生应急条例》,将我国的应急医疗救援管理体系划分成以下四个层次:

(1)领导层:国务院卫生行政部门组建的医疗卫生救援领导小组的主要工作是对突发事件的卫生医疗救援进行宏观的部署与领导。领导层对大致方向进行规划,使工作更加有序地开展,避免无的放矢。

(2)专家组:医疗卫生救援专家组的主要工作职责是在突发事件发生后,结合实际情况,从专业的角度给出建设性的救援意见以供决策部门进行参考;医疗卫生救援专家组是由各级政府的卫生行政部门负责组建的。

(3)指挥部:现场医疗卫生救援指挥部的主要作用是为灾害现场医疗救

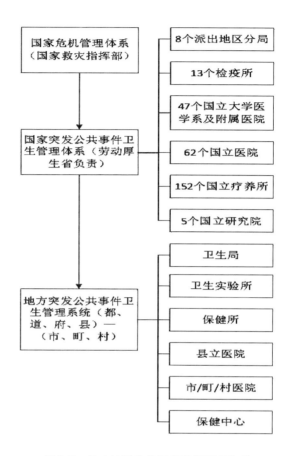

图 8.2　日本地震应急医疗救援管理体系

援工作的有序进行提供保障,主要的组成成员有中国红十字会、卫生部及应急医疗救援队伍等,其中应急医疗救援队伍可能不仅涉及到国内的救援队伍,还包括国外的救援经验丰富的应急医疗救援队伍。

(4)救援机构:医疗卫生救援机构主要的工作职责是突发事件现场的医疗救援。突发事件发生后,事发地人员伤亡惨重,亟待相关救援机构医疗救治的快速开展。虽然我国对应急医疗救援工作的重要性愈加重视并已经提出了相应的法律法规,促使我国应急医疗救援逐步规范化,但是仍然缺乏完整的应对灾害的医疗救援体系和方案,暴露出了相较于发达国家而言我国在应急医疗救援相关研究的不足之处,这也是我国需要进一步研究发展的方向。

第二节　地震应急医疗救援队伍指派决策

一、地震应急医疗救援队伍指派决策概述

应急医疗救援队伍指派决策是地震灾害发生后我国政府应急管理工作的重点,是抗灾救灾的关键因素,直接决定着救灾效果的好坏。如果制定的决策不够恰当,应急医疗救援队伍指派不合理,会造成伤员无法得到及时有效的医疗救治,不能最大程度上发挥应急医疗救援队伍的救治效能。可以说地震应急医疗救援队伍指派决策是地震灾害应急管理中的重要决策。所有的决策系统都是由决策主体、决策对象及主客体之间的联系等要素构成的。应急医疗救援队伍指派决策系统是地震灾害相关信息、应急医疗救援队伍指派决策主体、应急医疗救援队伍指派决策对象和指派方案组成的一个有机系统,如图8.3所示。

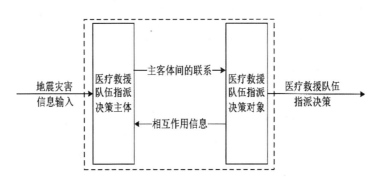

图 8.3　医疗救援队伍指派决策体系的架构

决策主体制定决策方案。地震灾害应急医疗救援队伍指派决策主体往往是政府或非政府公共组织,属于公共决策的范畴。由于地震灾害的突发性、不确定性、救援时间紧迫性,应急医疗救援队伍指派决策属于应急决策,与常规

决策相比具有不同的特点。比如说决策者处于应急状态下,因此拥有许多特殊的权利,可以调用各种可用的人力资源,有权使用各种先进的信息技术(卫星、遥感技术)等。

决策客体包含决策对象及决策环境。地震灾害应急医疗救援队伍指派决策的对象是位于不同出救点的应急医疗救援队伍,决策环境是地震灾害。决策环境涉及面广,不仅包括地震发生的地点以及地震烈度,还与地震发生的时间以及人口和受灾面积等因素有关。此外,还与当地的经济发展水平、建筑物的抗震能力、人口密度等因素有关,甚至还受地震发生时国际国内经济政治关系所决定的各种救援力量的影响。

决策目标是制定决策的前提条件,是决策方案最终要实现的目的或达到的预期结果,只有明确的目标指引才能使整个决策过程具有方向性。决策目标有单目标与多目标之分。单目标顾名思义指的是决策方案的制定仅取决于单个目标,多目标指的是方案的选择取决于多个目标的满足程度,或称为多目标最优化。应急医疗救援队伍指派决策由于其系统复杂性一般有多个决策目标,而且决策目标是动态变化的。随着救援工作的开展,救援阶段的变化,应急医疗救援队伍指派决策的重点会随着地震灾害事态的演变而变化,决策者也要随之不断调整和修正决策目标。应急医疗救援队伍指派决策的首要目的是保障受困人员的生命安全,人民生命重于一切。同时,在地震灾害救援过程中,将应急医疗救援队伍指派到其擅长的医疗救援任务才能人尽其才,最大限度地发挥应急医疗救援队伍的救治能力,提升救治效率。

约束条件分为两大类,一类是主观因素,一类是客观因素。应急医疗救援队伍的指派决策是在多种约束条件下制定的。主观因素主要体现在决策者的应急反应能力、决策者对地震灾害的认知水平以及决策环境等多方面。客观因素包含信息约束、资源约束、时间约束等。上述客观因素会因不同的地震灾害事件存在差异,为了将地震灾害造成的损失和影响降到最低,最大程度上保障受灾群众生命和财产安全,需要对已有案例进行实例分析把握其规律,做好事前的预案准备。

二、地震应急医疗救援队伍指派决策特性

通过对应急医疗救援队伍指派决策系统的构成要素进行分析,应急医疗救援队伍指派决策具有以下特点:

决策主体的多元性:地震灾害的发生会导致受灾地区产生大批量的人员伤亡,同时还会致使灾区建筑倒塌,交通、通信崩溃,当地的医疗卫生机构严重毁损,因此面临着灾区的医疗人员严重不足的难题,需要从临近地区指派应急医疗救援队伍快速抵达灾区现场开展救援工作。由于应急医疗救援队伍数量众多,不仅来自周边医院,还有来自国际组织以及自动自发的志愿者们,决策主体不仅有政府组织还涉及非政府组织,同时我国政府设有各级应急管理部门,所以说应急医疗救援队伍指派决策的决策主体具有多元性。

决策对象的专业性:由于地震灾害造成的伤情具有复杂性,应急医疗救援队伍需要根据不同的情况做出针对性的处理,这不仅受应急医疗救援队伍救援能力的影响,同时还关系到医疗救援人员的心理素质。为了最大程度地减少伤亡、降低人员伤残率,在心理上要求应急医疗救援人员具备良好的心理素质,面对巨大的救援压力时能调控好自身情绪,保持最佳的状态参与医疗救援,同时在专业能力上也具有很高的要求。

决策环境的危险性:地震过后是一片废墟,余震不断,还可能伴有火灾、暴雨等随时发生的继发性灾害,但是由于地震应急医疗救援的时间紧迫性,不可能等到灾害平息之后才施展相应的救援工作。由于灾害发生后生态环境遭到严重破坏,交通阻断、通信中止,应急医疗救援队伍赶赴现场之后面临着缺电、少水、食物和药品的严重不足,增加了救援工作的难度。救援条件十分艰苦、救援环境危机重重。

决策模式的非常规性:地震灾害发生后,应急医疗救援队伍的指派是强制性的、无偿的,这区别于一般情况下的队伍调配,在常时队伍的派遣需要支付

一定的报酬。决策者在制定决策时面临着时间紧迫、信息不足、资源有限等约束条件，且该决策属于需要决策者立即反应的应急处置决策，为了简化决策过程、快速制定决策方案需要决策者按照当时的情境做出准确决断，主要依靠决策者的全局把控能力以及决策经验等，所以地震灾害应急医疗救援队伍指派决策必然是非程序化决策，具有不同于一般指派决策的非常规性。

决策目标的多目标性：基于人道主义原则，灾害发生后的首要任务就是抢救灾区受困人员生命，人民群众生命安全顶天立地。决策者在制定决策时需要将最大化保障灾区人民生命安全作为必须的决策目标，同时整体救援效率的高低也是决策的重点。

高时效性：地震灾害发生后，应急医疗救援队伍越早抵达灾区开展相应的医疗救援任务，灾区人员伤情就能得到越早的诊断，受困人员的生存概率就越高，医疗救援任务的时间满意度就越高。及时的现场救治对降低人员死亡率和伤残率有重大意义。

高效率性：由于受困人员伤情十分复杂，灾区现场往往存在多类医疗救援任务。不同的应急医疗救援队伍存在擅长的医疗救援任务与不擅长的医疗救援任务之分，即队伍对不同医疗救援任务的胜任能力是有高低差异的，需要将应急医疗救援队伍指派到其胜任能力高的医疗救援任务中，才能人尽其才。如果将应急医疗救援队伍指派到其胜任能力不足的医疗救援任务，会造成资源的浪费，降低整体的救援效率。应急医疗救援队伍能力上的差异可能有多种原因，装备的配备、是否具有丰富的救援经验等都会影响救援能力。

三、地震应急医疗救援队伍任务需求特性

地震应急医疗救援任务包括搜救现场的急救任务、临时安置医疗点的治疗任务以及灾区的卫生防疫任务。医疗救援任务指地震灾害发生后的专业性救援工作，需要运用到适宜的卫生技术以及一定的救治手段。搜救现场的急救任务是医疗救援的首要工作，负责伤员的现场急救，也是医疗救援最有效的

工作。由于灾后伤员数量众多、伤情复杂,搜救现场急救任务开展的及时性和有效性是决定灾区伤员死亡率与残疾率的关键因素。临时安置医疗点的治疗任务是搜救现场急救任务后的救援工作,主要是指对灾区伤员开展生理治疗和必要的心理治疗等救治工作,由现场急救抢救伤员为主转变为伤员病情诊治为主。灾区的卫生防疫任务作为医疗救援的收尾工作,需要对各种传染病进行有效的监测和控制。灾后房屋倒塌,灾民临时紧急聚集,生活地卫生条件差,导致民众生理上的疾病甚至造成瘟疫的暴发,因此灾区的卫生防疫工作是必不可少的。应急医疗救援队伍需求特征:

（一）需求多任务性

地震灾害发生后,尤其是特大地震的发生会造成大批量人员伤亡,且伤情十分复杂,这就造成应急医疗救援队伍的医疗救援任务繁多。例如,2008 年汶川大地震造成 69227 人死亡,374643 人受伤,搜救现场的急救任务为医疗救援工作的重中之重,同时大量伤员亟待临时安置医疗点的治疗任务,灾区的卫生防疫任务也不能落下。

（二）需求专业性

应急医疗救援队伍是灾后医疗救援的骨干力量,必须具备专业的救援技术,能够准确处理伤情挽救伤员生命;必须具备全面的救援知识和技能,能够应对各种复杂情况;必须具备丰富的救援经验,能够熟练掌握救援装备的使用;必须具备良好的组织协调能力,能够及时处理紧急情况;必须具备坚强的意志力,能够克服不利条件全力救治伤员;必须具备团结协作和人道主义精神,能够服从命令听从指挥;必须具备良好的心理素质,能够调节自身应对各种压力;必须具备良好的沟通能力,能够顺利开展救援工作。

（三）需求紧迫性

地震灾害的突发性以及地震应急医疗救援的时效性,导致应急医疗救援队伍的需求具有紧迫性,需要在尽可能短的时间内尽可能多地抢救伤员,充分利用救援黄金时期,否则受困人员将因未能得到及时救治而死亡或残疾,影响最终的救援效果。

（四）需求不确定性

由于地震灾害的强破坏性,灾区当地交通中断、通信中止,受困人员无法与外界取得有效联系,无法及时传递灾区需求,使得上级部门无法准确得到应急医疗救援队伍的需求。

四、地震应急医疗救援队伍指派决策关键问题

地震灾害应急医疗救援队伍指派决策是在可供指派的应急医疗救援队伍数量充足的条件下对需求点的各类医疗救援任务分配所需数量的应急医疗救援队伍。在决策时需要解决三个关键问题:

（一）应急医疗救援队伍任务需求分析

在地震灾害发生后,由于伤病员群发以及伤情的复杂性,往往存在多类医疗救援任务。在医疗救援行动开始的初期,决策者最关心的就是应急医疗救援队伍的需求问题。例如灾区存在哪些医疗救援任务以及各类医疗救援任务对应急医疗救援队伍的需求,只有掌握了相关信息才能从全局上对应急医疗救援队伍的指派进行把控,使指派决策具有方向性。如果不能解决这些问题,就可能会导致灾区应急医疗救援队伍指派的不合理。例如部分医疗救援任务时间紧迫度较高,伤员因没有得到及时的医疗救治而死亡;或者指派给医疗救援任务的应急医疗救援队伍的救治能力与该医疗救援任务需求并不十分契合,造成救治效率低下,加重灾区负担。因此,在医疗救援行动初期对应急医疗救援队伍的任务需求特征和需求量进行分析是十分有必要的。

灾害初期,由于灾区建筑的严重毁损、交通阻断、通信中断等使得信息的传递难以通达,外界很难快速获取灾情的详细信息,决策部门无法直接统计出灾区对应急医疗救援人员的需求,使得决策的制定缺乏方向。通过调查各大医院的医患比例关系,可以依据伤员数量来计算出对应急医疗救援人员的需求。但是由于地震灾害的特殊性,现有的医患关系与紧急救治时的实际情况

并不相符;平时的医患关系中,医疗人员比较充分,为了达到更好的救援效果,一位病患可能同时由多名医生集中进行诊治;而在地震灾害的特殊情境下,往往医疗救援人手严重不足,因而医生需要尽可能多地救治伤员,高峰时期一位医生甚至能够救治上百名病人,所以通过医院的医患关系来分析应急医疗救援人员的需求并不可靠。以 1976 年唐山大地震为例,分析应急医疗救援人员数量与伤员数量的关系发现,两者之间的关系存在阶段性。前期两者具有线性关系,如图 8.4 中虚线所示,但随着灾情的扩散,伤员的逐渐增加,两者变为指数型关系,如图 8.4 中实线所示。在医疗救援的前期阶段,应急医疗救援人员较为充足,应急医疗救援人员数量能够满足地震伤员数量;后来随着事态的发展,应急医疗救援人手不足,这是造成上述阶段变化的关键原因。分析发现所描述的阶段性关系符合其他地震中的伤员数量与应急医疗救援人员数量两者之间的关系。依据上述分析,假设应急医疗救援人员充足时,按照伤员数量分析应急医疗救援人员需求量时采用直线相关。

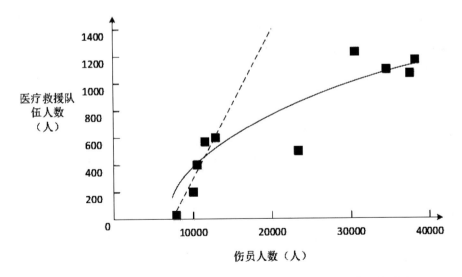

图 8.4　应急医疗救援队伍人数与伤员人数数量关系——唐山大地震

同时除了灾区的伤员数量之外,应急医疗救援人员的需求量还受地区系数的影响。1998 年的张北地震就是一个很好的例子。张北地震震级为 6.2 级,造成的人员伤亡并不十分严重,但政府和社会各界投入了相当多的救援力量,相较以往其他地区发生同级地震时,救援资源的投入存在显著差异,救援力度明显更强。究其原因主要在于张北的地理位置靠近首都,首都作为国家的重点城市,其城市风貌能够体现国家形象,为了避免灾情影响首都的经济发展和社会环境,需要保障快速的灾情处理。综上所述,在分析应急医疗救援人员的需求量时,引入地区系数这一概念是很有必要的。聂高众等提出了可以定量化快速确定地震灾区可能的救援需求的一系列关系式。假设 N_p 表示应急医疗救援人员的数量,N_h 表示受伤人数,地区系数用 RC 表示,地震应急医疗救援人员需求量的数学模型如公式(8.1)所示:

$$N_p = RC \times 0.11 \times N_h \tag{8.1}$$

式中:0.11 是通过对以往发生过的地震中的伤员人数与应急医疗救援人数进行数据分析获得的需求系数。

通过公式(8.1)将受伤人员的数据以及地区系数的数据代入,就可以得到地震灾害发生后,需求点对应急医疗救援人员的需求量。由于地震灾害现场存在搜救现场的急救任务、临时安置医疗点的治疗任务以及灾区的卫生防疫任务三类医疗救援任务,而以上三类医疗救援任务的人员伤亡情况大致存在一定比例(该比例可以通过统计历年来实际地震救援数据获得)。在需求点总的受伤人数已知的情况下,依据该比例关系即可推算出各类医疗救援任务的受困人员数量。假设应急医疗救援队伍的数量用 N_t 表示,各类医疗救援任务受伤人数用 N_m 表示,应急医疗救援队伍人数用 N_c 表示。建立地震应急医疗救援队伍任务需求量模型如下所示:

$$N_t = \frac{RC \times 0.11 \times N_m}{N_c} \tag{8.2}$$

依据公式(8.2)即可获得需求点搜救现场急救任务、临时安置医疗点的治疗任务以及灾区的卫生防疫任务三类医疗救援任务对应急医疗救援队伍的需求。

(二)医疗救援任务时间满意度分析

各类医疗救援任务受困人员伤亡情况的严重程度不同,导致各类医疗救援任务在救援时间要求上(时间紧迫度)呈现差异,因此在开展救援的时间相同时各类医疗救援任务的受困人员生存概率不同,需要将到达时间早的应急医疗救援队伍指派到时间紧迫度高的医疗救援任务,从而最大化需求点各类医疗救援任务的时间满意度。在地震灾害应急医疗救援中,考虑应急医疗救援队伍从出救点到达需求点的时间是一个非常重要的因素,其直接影响各类医疗救援任务受困人员的生存概率,生存概率的大小能够反映医疗救援任务时间满意度,从而直接体现出应急医疗救援队伍指派决策方案的优劣。好的决策方案能够最大化医疗救援任务的时间满意度,在最大程度上减轻人员伤亡。依据医疗救援任务对应急医疗救援队伍到达时间的要求(时间紧迫度)将队伍指派到相应医疗救援任务如图 8.5 所示。

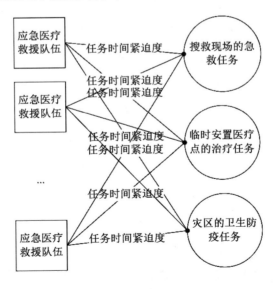

图 8.5　考虑时间满意度的应急医疗救援队伍—医疗救援任务指派描述

需求点存在的多类医疗救援任务对应急医疗救援队伍到达时间的具体要求存在差异。有的医疗救援任务例如搜救现场的急救任务对应急医疗救援队伍到达时间的要求比较高,因为该任务要求应急医疗救援队伍对现场伤员进行第一时间紧急医疗抢救,所以该任务的时间紧迫度较高。比较而言卫生防疫任务的时间紧迫度则较低。时间满意度与医疗救援任务对救援时间的具体要求以及应急医疗救援队伍从出救点到达需求点开展救治的时间有关,时间满意度是制定地震应急医疗救援队伍指派决策的一个关键影响因素。

（三）应急医疗救援队伍胜任能力分析

灾害发生后第一时间到达现场的应急医疗救援队伍开展的现场急救、医疗救治和卫生防疫等救治任务能够快速安抚民心、控制灾情、挽救伤员生命,但在实际救援过程中仍有不足之处。例如缺乏统一的协调指挥,当地的和外来的医疗救援队伍之间信息沟通不畅、相互配合不充分、具体分工不明确导致救援资源分配不均,影响最终的救援效果。由于现场存在多类医疗救援任务,伤员伤情十分复杂,因而队伍是否具备丰富的救灾经验、医疗装备是否完善、专业结构是否合理、是否能够胜任相应的医疗救援任务对医疗救援工作能否有序开展起到关键性的作用。依据应急医疗救援队伍对医疗救援任务胜任能力大小将其指派到相应医疗救援任务如图8.6所示。

当可供指派的应急医疗救援队伍数量充足时,由于各类医疗救援任务对应急医疗救援队伍救援能力的要求不一样,在派遣的数量一定时,需要将胜任能力高的应急医疗救援队伍指派到适宜的医疗救援任务,从而最大化应急医疗救援队伍整体的救援效率。应急医疗救援队伍对其所参与的医疗救援任务胜任能力的大小能够体现其救援效率。应急医疗救援队伍对该类医疗救援任务的胜任程度越大,则表明队伍越擅长诊治该类任务,在开展医疗救援时就能获得更好的救治效果,最终具有更高的救援效率。队伍对医疗救援任务的胜任能力同样是制定地震应急医疗救援队伍指派决策的一个关键因素,需要纳入考虑。

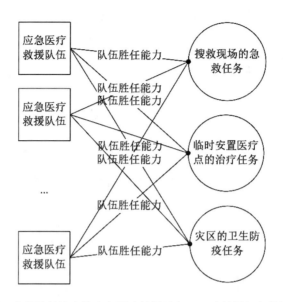

图 8.6　考虑胜任能力的应急医疗救援队伍—医疗救援任务指派描述

第三节　地震应急医疗救援队伍多任务指派模型

一、地震应急医疗救援队伍指派问题的描述

模型中涉及的参数说明如下：

A_i 表示出救点，$i=1,2,3,\cdots,m$；

a_i 表示出救点 A_i 中的应急医疗救援队伍数量；

P_{ij} 表示出救点 A_i 中的第 j 支应急医疗救援队伍，$j=1,2,3,\cdots,a_i$；

D 表示需求点；

T^k 表示需求点的第 k 类医疗救援任务，$k=1,2,3,\cdots,n$；

d^k 表示医疗救援任务 T^k 所需要的应急医疗救援队伍数量；

t^k 表示医疗救援任务 T^k 中受困人员生存概率为 0.5 的时间点；

t_i 表示应急医疗救援队伍从出救点 A_i 抵达需求点 D 的时间。由于队伍的抵达时间是不确定的,假设 t_i 服从 $[t_i^L, t_i^U]$ 的均匀分布,$0 \leq t_i^L \leq t_i^U$;

C_h 表示应急医疗救援队伍特征评价指标,$h = 1, 2, 3, \cdots, g$。该指标是可测量的并直接影响绩效表现。考虑评价指标分为效益型和成本型,两类指标在评价值大小的偏好上截然相反,令 O^b 表示效益型指标的下标集合,O^c 则表示成本型指标的下标集合;

b_{ijh} 表示应急医疗救援队伍 P_{ij} 在评价指标 C_h 上的表现值;

H_k 表示医疗救援任务 T^k 所要求的特征评价指标集的下标集合;

w_h^k 表示医疗救援任务 T^k 包含的特征评价指标 C_h 的权重,满足 $0 \leq w_h^k \leq 1$ 且 $\sum_{h=1}^{g} w_h^k = 1$;

X_{ij}^k 表示 0—1 决策变量,表示出救点 A_i 中的第 j 支应急医疗救援队伍 P_{ij} 是否对任务 T^k 开展救援。

地震应急医疗救援的时效性及效率直接受医疗救援任务对救援时间的要求以及医疗救援任务对应急医疗救援队伍救援能力要求的影响。在该背景下,如果应急医疗救援队伍指派不合理就会导致最终救援效果不佳。因此,为了科学合理地指派应急医疗救援队伍,需综合考虑应急医疗救援的多任务性、受灾情况、医疗救援队伍储备情况、医疗救援队伍胜任能力和救援时间等要素,并且制定的指派方案不仅要保障应急医疗救援队伍开展各类医疗救援任务时间满意度最大,还要保证应急医疗救援队伍对各类医疗救援任务总的胜任程度最佳。

本书解决的问题是:在每支应急医疗救援队伍只被指派完成一类医疗救援任务,同时分配到各类医疗救援任务的应急医疗救援队伍的数量刚好满足需要的情况下,考虑医疗救援任务时间满意度以及队伍对各类医疗救援任务的胜任能力,厘清模型构建思路并以时间满意度最大和队伍胜任能力最佳为目标指导应急医疗救援队伍指派多目标模型的建立,进而通过模型求解获得最优的应急医疗救援队伍指派方案,尽可能多地挽救伤员生命。地震应急医疗救援队伍指派问题如图 8.7 所示。

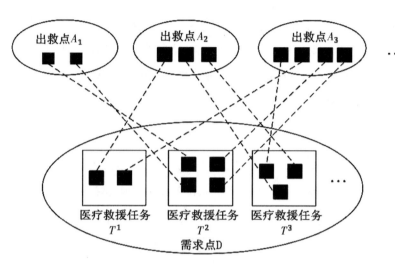

图 8.7　地震应急医疗救援队伍指派问题示意图

在建立模型之前先做如下假设：

（1）出救点中可供指派的应急医疗救援队伍数量充足；

（2）救援前期不考虑应急医疗救援队伍的指派成本；

（3）每类医疗救援任务可由多支应急医疗救援队伍负责，但每支应急医疗救援队伍只负责一类医疗救援任务；

（4）灾后所有受困人员集中在一个救援需求点，并按照医疗救援任务做好伤员分类工作。

二、考虑生存概率的医疗救援任务时间满意度分析

（一）受困人员生存概率函数

生存概率是指某单位时段开始时存活的个体在该时段结束时仍存活的可能性大小，其值可随时间往后推移而增大、减小或者呈现更加复杂的变化，这

与研究对象的特征密切相关。费德里奇(Fiedrich)等及张玲等对震后受困人员生存概率进行了研究,以震后受困人员的实际生存情况作为依据,描述随时间变化的生存概率形态如图 8.8 所示,并构建了受困人员生存概率的指数函数。假设受困人员平均生存概率为 0.5 时所对应的时间点用 T 表示,救援到达时间用 t 表示,俞武扬构造了分段式的生存概率函数如公式(8.3)所示。这里受灾点 j 处的受困人员在时间点 T_j 时的平均生存概率为 0.5,且 T_j 值的不同可体现出受灾点灾情严重程度的差异。

$$S_j(t) = \begin{cases} 1 - 0.5 \times (t/T_j)^2 & t \leqslant T_j \\ 0.5 \times e^{2(1-t/T_j)} & t > T_j \end{cases} \tag{8.3}$$

俞武扬所构造的函数形态贴合 Fiedrich 等描述的生存概率形态,因而该分段式函数具有一定合理性。受困人员生存概率为 0 表示该人员死亡。生存概率为 1 表示该人员能够获救,维持生命。生存概率为 0.5 则表示该受困人员只有一半的机会能够存活。

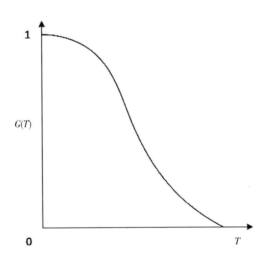

图 8.8　震后受困人员生存概率形态

（二）考虑时间满意度的应急医疗救援队伍指派模型

参考 Fiedrich、张玲及俞武扬的研究内容,结合地震应急医疗救援的多任务性,考虑到各类医疗救援任务对应急医疗救援队伍在时间紧迫度上存在差异,建立出救点 A_i 中的应急医疗救援队伍完成现场第 k 类医疗救援任务 T^k 的应急救援受困人员生存概率函数,如公式(8.4)所示。时间紧迫度越高,受困人员的存活期就越短,因此需要指派到达时间越早的应急医疗救援队伍,才能快速把握救援时机。

$$S_k(t_i) = \begin{cases} 1 - 0.5 \times \left(\dfrac{t_i}{t_k}\right)^2 & t_i \leq t_k \\[3mm] 0.5 \times e^{2\left(1 - \frac{t_i}{t_k}\right)} & t_i > t_k \end{cases} \tag{8.4}$$

t_k 表示需求点第 k 类医疗救援任务的受困人员平均生存概率为 0.5 的时间节点。不同的 t_k 值可用来表达该类医疗救援任务的时间紧迫度,任务越紧迫, t_k 值越小,反之 t_k 值越大。由于医疗救援任务的时间紧迫度与多个因素有关,在现实中, t_k 的值可以通过问卷访谈、文献查阅等途径获得。由公式(8.4)可以看出,地震应急救援中,受困人员生存概率的大小与任务 T^k 的时间紧迫度以及队伍到达需求点开展救援的时间具有一定联系。实际的地震应急救援工作中,往往存在很多不确定性,例如来自于出救点 A_i 的应急医疗救援队伍到达现场救援的时间 t_i 值是难以确定的,交通情况、道路毁损情况等都会对到达时间产生影响。

为了便于研究,本书采用区间估计,假设 t_i 在区间服从 $[\,t_i^L\,,\,t_i^U\,]$ 的均匀分布, t_i^L 指的是交通状况良好时的最短到达时间, t_i^U 则指可能的最长到达时间, $t_i^U \geq t_i^L \geq 0$ 。 $[\,t_i^L\,,\,t_i^U\,]$ 区间内地震应急救援受困人员生存概率的期望值用 M_{ik} 表示,期望值 M_{ik} 是指对受困人员生存概率的预测, M_{ik} 值越大,则表明受困人员生存概率越高,救援效果越好。用 M_{ik} 来表示应急救援时间满意度,应急医疗救援队伍从出救点 A_i 被指派到需求点 D 完成医疗救援任务 T^k 的医疗救援任务时间满意度如公式(8.5)所示。

$$M_{ik} = \frac{\int_{t_i^L}^{t_i^U} S_k(t)\, dt}{t_i^U - t_i^L} \tag{8.5}$$

应急医疗救援队伍到达需求点的时间 t_i 估计越准确,救援时存在的误差也就越小,对最终的救援效果就能提供越好的保障。由于 t_i^L 和 t_i^U 的取值与地震应急救援受困人员生存概率函数中的关键转折点 t_k 在数值上可能具有 3 种不同的分布情况,估计区间 $[\, t_i^L\,,\, t_i^U\,]$ 中至多只能包含一个关键转折点 t_k,可以得出地震应急救援中,3 种分布下的医疗救援任务时间满意度 M_{ik} 的计算如公式(8.6)所示。

$$M_{ik} = \begin{cases} 1 - \dfrac{(t_i^L)^2 + (t_i^U)^2 + t_i^L t_i^U}{6\, t_k^2} & t_i^L \leqslant t_i^U \leqslant t_k \\[3mm] \dfrac{t_i^L\,[\,(t_i^L)^2 - 6\, t_k^2\,]}{6\, t_k^2 (t_i^U - t_i^L)} - \dfrac{t_k\, e^{2\left(1 - \frac{t_i^U}{t_k}\right)}}{4(t_i^U - t_i^L)} & t_i^L < t_k < t_i^U \\[3mm] \dfrac{t_k\,[\, e^{2\left(1 - \frac{t_i^L}{t_k}\right)} - e^{2\left(1 - \frac{t_i^U}{t_k}\right)}\,]}{4(t_i^U - t_i^L)} & t_k \leqslant t_i^L \leqslant t_i^U \end{cases} \tag{8.6}$$

由于不同出救点 A_i 到达需求点的时间 t_i 不同,需求点不同医疗救援任务 T^k 时间紧迫度也存在差异,即 t_k 不同,以上两个因素都会对需求点各类医疗救援任务受困人员的生存概率产生巨大影响,从而影响时间满意度。因此考虑时间满意度的地震应急医疗救援队伍指派模型构建如公式(8.7)所示。

$$\max Z = \sum_{i=1}^{m} \sum_{j=1}^{a_i} \sum_{k=1}^{n} M_{ik} X_{ij}^k$$

$$s.t. \sum_{k=1}^{n} X_{ij}^k \leqslant 1$$

$$\sum_{i=1}^{m} \sum_{j=1}^{a_i} X_{ij}^k = d^k$$

$$X_{ij}^k = 0 \text{ 或 } 1 \tag{8.7}$$

目标函数表示使各类医疗救援任务时间满意度最大。共有三个约束条件,约束一表示每支应急医疗救援队伍最多只能被指派至一类任务;约束二表示各类医疗救援任务对应急医疗救援队伍的需求刚好能被满足;约束三表示0—1约束,指是否指派出救点 A_i 中的应急医疗救援队伍 P_{ij} 负责现场第 k 类医疗救援任务。

三、考虑特征评价指标的应急医疗救援队伍胜任能力分析

胜任能力也称胜任力,应急医疗救援队伍对不同医疗救援任务胜任程度的高低体现了应急医疗救援队伍的胜任力。胜任力是指个人的深层次特征,能够将同一工作中绩优者与普通者进行区分,是指在特定的组织环境、工作岗位中表现良好个体所具备的某些特征,可以是个体特征或者行为特征,这些特征具有客观性,共同点在于这些特征是能够进行预测的并且能够对绩效产生影响。本书采用胜任力的基本标准内涵,认为胜任力直接关系着工作的绩效并可用一些被广泛接受的标准进行测量,同时可通过发展与培训得以改善和提高。应急医疗救援队伍对各类医疗救援任务的胜任能力的大小将直接影响最终的救援效率。

胜任度指的是应急医疗救援队伍对医疗救援任务的满足程度。为了确定应急医疗救援队伍对各类医疗救援任务的胜任度,需要计算应急医疗救援队伍的胜任能力。考虑应急医疗救援队伍对各类医疗救援任务胜任能力的应急医疗救援队伍指派如图 8.9 所示。

第一步,确定医疗救援任务。地震灾害发生后,灾区一片混乱,伤员众多,伤情复杂。现场存在着哪些医疗救援任务可以由现场的指挥人员根据实际情况确定,也可以参考地震灾害的应急预案来确定。为实现更好的医疗救援效果需做好伤员分类工作,按需救治。

第二步,确定应急医疗救援队伍特征评价指标集。当以灾区现场的实际情况为依据确定了医疗救援任务集合之后,可以进一步将各类医疗救援任务

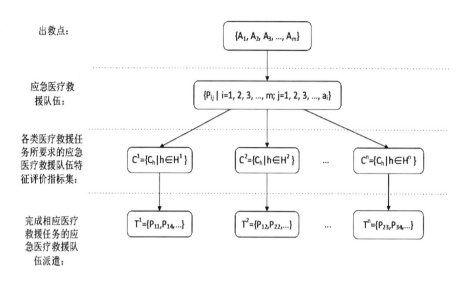

图8.9 应急医疗救援队伍对医疗救援任务胜任能力指派示意图

所要求的应急医疗救援队伍特征评价指标的集合确定下来,同样可以参考地震灾害的应急预案来进行确定。通过对应急医疗救援队伍进行评价,可以得到每支应急医疗救援队伍在评价指标集合下的表现值集合。

利用打分法这一评价方法,采用1—5分对每支应急医疗救援队伍进行指标表现的评价,队伍分值越高则表现值越好,反之则越差。

第三步,数值规范化处理。规范化处理指的是用一定的数学变换将性质、量纲各异的指标评价值变换成"量化值"便于综合处理。由于指标类型有很多种,本书按照成本型和效益型进行划分,这也是最常见的两种指标类型,两者在数值偏好上具有相反趋势。

数据变换的方法同样有很多种,例如初值化变换、均值化变换、百分比变换、倍数变换、归一化变换、极差最大化变换、区间值变换等,通过极差变换法、线性变换法、向量规范化法等现有的规范化方法将各指标评价值变换到一定的范围内,本书采用的是极差变换法。进行表现值矩阵的规范化处理主要是为了消除误差,利于数值比较,避免影响决策结果,是决策过程中不可忽视的环节。将各个出救点的每支应急医疗救援队伍在同一指标集合下的评价信息进行规范化处理,依据应急医疗救援队伍初始特征评价矩阵 $BP = [b_{ijh}]_{m \times g}$,得到规范化评价矩阵 $EP = [e_{ijh}]_{m \times g}$,其中 e_{ijh} 的计算如下所示:

$$e_{ijh} = \begin{cases} \dfrac{b_{ijh} - b_h^{min}}{b_h^{max} - b_h^{min}} & h \in O^b \\[3mm] \dfrac{b_h^{max} - b_{ijh}}{b_h^{max} - b_h^{min}} & h \in O^c \end{cases} \tag{8.8}$$

其中, $b_h^{min} = min\{b_{ijh} \mid i = 1,2,3,\cdots,m\}$, $b_h^{max} = max\{b_{ijh} \mid i = 1,2,3,\cdots,m\}$, $j = 1,2,3,\cdots,a_i$,规范化评价矩阵 $EP = [e_{ijh}]_{m \times g}$ 得到之后,将应急医疗救援队伍特征评价指标集以及各项指标权重结合起来进一步构建应急医疗救援队伍的综合表现评价矩阵 $FP = [f_{ij}^k]_{m \times n}$,其计算如公式(8.9)所示。

$$f_{ij}^k = \sum_{h \in H^k} e_{ijh} W_h^k \# \tag{8.9}$$

式中: $i = 1,2,3,\cdots,m$; $j = 1,2,3,\cdots,a_i$; $h = 1,2,3,\cdots,g$; $k = 1,2,3,\cdots,n$。

应急医疗救援队伍完成医疗救援任务的实际效能值存在高低差异。考虑应急医疗救援队伍对各类医疗救援任务胜任能力的指派模型构建如公式(8.10)所示。

$$maxZ = \sum_{i=1}^{m} \sum_{j=1}^{a_i} \sum_{k=1}^{n} f_{ik} X_{ij}^k$$

$$s.t. \sum_{k=1}^{n} X_{ij}^k \leqslant 1$$

$$\sum_{i=1}^{m} \sum_{j=1}^{a_i} X_{ij}^k = d^k$$

$$X_{ij}^k = 0 \text{ 或 } 1 \tag{8.10}$$

目标函数表示使负责各类医疗救援任务的应急医疗救援队伍胜任能力最大,约束一表示每支应急医疗救援队伍最多只能被分到一类医疗救援任务中;约束二表示各类医疗救援任务的需求刚好能够被满足,即分配到某类医疗救援任务的应急医疗救援队伍的数量刚好等于该类医疗救援任务所需要的应急医疗救援队伍数量;约束三表示0—1约束,表示是否指派出救点 A_i 中的应急医疗救援队伍 P_{ij} 参与第 k 类医疗救援任务。

四、应急医疗救援队伍指派模型

应急医疗救援队伍多数研究以总时间最小为目标函数建立模型,而总时间最小这一目标实际上是将需求点的所有医疗救援任务关于应急医疗救援队伍在时间方面的紧迫度同质化,而没有考虑不同医疗救援任务对于应急医疗救援队伍在同样的到达时间方面的差别。另外,不同的时间点对于医疗救援任务而言其效果并不是线性的关系。将救援时间与受困人员生存概率联系起来,反映出医疗救援任务时间满意度的大小,从而更加直观地体现队伍指派决策的成效,即地震灾害的应急医疗救援本质上是希望减少人员伤亡,最大化时间满意度而非只是追求救援时间上的最短。医疗救援任务时间满意度的大小对决策方案的制定起到关键作用,能够体现地震应急医疗救援的高时效性。同时,现有的应急医疗救援队伍研究大多将需求点作为一个整体,考虑多受灾点的救援问题而忽略了最重要的一点,即在实际救援过程中,一个需求点往往面临着多类医疗救援任务,而应急医疗救援队伍对不同医疗救援任务的胜任能力是存在差异的。将救援效率与应急医疗救援队伍对医疗救援任务的胜任能力联系起来,通过总体胜任能力的高低来体现应急医疗救援队伍开展救援工作的效率,是决策方案制定的关键因素之一,能体现地震应急医疗救援的高效率性。

目标函数的确立:地震应急医疗救援队伍指派模型中第一个目标为需求点的医疗救援任务时间满意度最大。区别于已有研究的单纯以救援时间最短为目标,本书所利用的生存概率函数将需求点不同医疗救援任务的时间紧迫程度纳入考虑,通过资料搜集能够赋予需求点中不同医疗救援任务不同的 t_k 值,受困人员在时间点 t_k 时的平均生存概率为 0.5,利用生存概率函数来刻画不同医疗救援任务受困人员随时间的生存率变化情况,这样使得受困人员的生存情况定量化,体现出医疗救援任务的时间满意度。换言之,在地震发生后,进行紧急医疗救援的根本目的并不是救援时间最短,而是时间满意度最大,最大程度地减少人员伤亡。同时需求点最终医疗救援效果的好坏不仅与各类医疗救援任务时间满意度有关,还受队伍对医疗救援任务胜任能力的影响,时间满意度能够体现受困人员生存概率的大小,胜任能力则会影响救援效率。以应急医疗救援队伍特征表现评价信息及指标权重为依据,计算来自各出救点中不同队伍综合表现评价值的大小,得到保证胜任能力最佳的应急医疗救援队伍指派方案。

约束条件:在应急医疗救援队伍指派模型中,由于讨论的情形是可供指派的应急医疗救援队伍数量能够满足需求点各类医疗救援任务的需求,所以该模型第一个约束条件为指派到各类医疗救援任务的应急医疗救援队伍数量等于其需求数量。第二个约束条件为每支应急医疗救援队伍只能被指派执行一类医疗救援任务。第三个约束条件为0—1约束。

依据模型构建思路,建立地震灾害救援中应急医疗救援队伍指派模型 I 为:

$$\max Z_1 = \sum_{i=1}^{m} \sum_{j=1}^{a_i} \sum_{k=1}^{n} M_{ik} X_{ij}^{k}$$

$$\max Z_2 = \sum_{i=1}^{m} \sum_{j=1}^{a_i} \sum_{k=1}^{n} f_{ik} X_{ij}^{k}$$

$$s.t. \sum_{k=1}^{n} X_{ij}^{k} \leqslant 1 \quad i = 1, 2, \cdots, m; j = 1, 2, \cdots, a_i$$

$$\sum_{i=1}^{m} \sum_{j=1}^{a_i} X_{ij}^{k} = d^k \quad k = 1, 2, \cdots, n, X_{ij}^{k} = 0 \, \text{或} \, 1 \quad i = 1, 2, \cdots, m; j = 1, 2, \cdots, a_i;$$

$$k = 1, 2, \cdots, n \tag{8.11}$$

模型 I 中,Z_1 和 Z_2 为目标函数,Z_1 表示地震应急医疗救援队伍到达需求点开展各类医疗救援任务的时间满意度最大。Z_2 表示地震应急医疗救援队伍完成需求点的各类医疗救援任务的胜任能力最佳。约束一表示一支队伍只承担一类任务；约束二表示应急医疗救援队伍的数量正好满足该类医疗救援任务对队伍数量的需求；约束三表示 0—1 约束，$X_{ij}^k = 1$ 表示指派出救点 A_i 中的应急医疗救援队伍 P_{ij} 执行医疗救援任务 T^k，否则 $X_{ij}^k = 0$。

（一）目标函数系数规范化

规范化处理是关键环节。由于模型 I 的两个目标函数可能具有不同的量纲、量级，Z_1 代表时间满意度，Z_2 代表队伍胜任能力，两者在数值上难以进行直接比较，因而目标函数的规范化处理是必要操作。由于时间满意度系数 M_{ik} 和应急医疗救援队伍 P_{ij} 对医疗救援任务 T^k 的胜任能力系数 f_{ij}^k 在数值上都是越大越好，M_{ik} 值越大，受困人员生存概率也就越高，目标一时间满意度越高，最终救援效果也就越好；f_{ij}^k 值越大，目标二中队伍胜任能力越高，最终的救援效率越高。两大目标函数系数皆为效益型指标（正指标），因此对目标函数系数进行规范化处理如公式（8.12）和公式（8.13）所示。

$$M'_{ik} = \frac{M_{ik} - M^{min}}{M^{max} - M^{min}} \tag{8.12}$$

式中：$i = 1, 2, 3, \cdots, m$；$k = 1, 2, 3, \cdots, n$。

$$\tilde{f}_{ij}^k = \frac{f_{ij}^k - f^{min}}{f^{max} - f^{min}} \tag{8.13}$$

式中：$i = 1, 2, 3, \cdots, m$；$j = 1, 2, 3, \cdots, a_i$；$k = 1, 2, 3, \cdots, n$。$M^{min} = min\{M_{ik} \mid i = 1, 2, 3, \cdots, m; k = 1, 2, 3, \cdots, n\}$，同理可知 $M^{max} = max\{M_{ik} \mid i = 1, 2, 3, \cdots, m; k = 1, 2, 3, \cdots, n\}$；胜任力系数 $f^{min} = min\{f_{ij}^k \mid i = 1, 2, 3, \cdots, m; j = 1, 2, 3, \cdots, a_i; k = 1, 2, 3, \cdots, n\}$，$f^{max} = max\{f_{ij}^k \mid i = 1, 2, 3, \cdots, m; j = 1, 2, 3, \cdots, a_i; k = 1, 2, 3, \cdots, n\}$。

（二）转化为单目标模型

多目标模型由于考虑的目标多，甚至不同目标之间可能相互矛盾，常见的解决方法是将其转化为单目标模型。目标函数系数规范化后，为两大目标赋予相应的权重,利用线性加权法将模型Ⅰ转化得到模型Ⅱ。这一操作的目的是进行模型的单目标化从而便于模型的计算求解。

$$\max Z = \sum_{i=1}^{m} \sum_{j=1}^{a_i} \sum_{k=1}^{n} [\rho_1 M'_{ik} + \rho_2 \tilde{f}_{ij}^k] X_{ij}^k$$

$$s.t. \sum_{k=1}^{n} X_{ij}^k \leqslant 1 \quad i = 1, 2, \cdots, m; j = 1, 2, \cdots, a_i$$

$$\sum_{i=1}^{m} \sum_{j=1}^{a_i} X_{ij}^k = d^k \quad k = 1, 2, \cdots, n; X_{ij}^k = 0 \text{ 或 } 1 \quad i = 1, 2, \cdots, m; j = 1, 2, \cdots, a_i;$$

$$k = 1, 2, \cdots, n \tag{8.14}$$

其中,ρ_1 和 ρ_2 分别表示两个目标函数的权重,且 $\rho_1 > 0, \rho_2 > 0, \rho_1 + \rho_2 = 1$。可以看出,模型Ⅱ是一个广义最优指派问题(0—1整数规划问题),故可以采用专用的优化软件工具 lingo 进行模型Ⅱ的求解。

第四节　九寨沟地震案例分析

2017年8月8日于四川省北部的阿坝州九寨沟县发生的7.0级地震是近年来我国发生的一次强烈地震,灾区人民群众生命财产遭受重大损失。截至2017年8月13日20时,九寨沟地震死亡25人,受伤525人,6人失去联系死伤不明,灾情影响176492人,73671间房屋不同程度受损。截至2017年8月13日零时,九寨沟地震造成的经济损失约达1.1446亿元,四川省绵阳市平武县11个乡镇不同程度受灾。查询中国地震台网速报目录,震中(九寨沟核心景区西部5km处)周边200km内近5年来共发生了142次3级以上的地震,按前50次历史地震的震级大小来看,最大地震是此次地震,可见此处为地震高发区域,作为研究对象具有很强的现实意义。因此以"8·8"九寨沟地震为背景,对前文提出的应急医疗救援队伍指派模型利用真实数据进行验证,计算出应急医疗救援队伍的指派方案,从而为决策者提供相应的决策依据。

一、九寨沟地震应急医疗救援队伍任务需求分析

地震灾害发生后,需要从周边地区紧急派遣应急医疗救援队伍前往支援。搜救现场的急救任务(T^1)。搜救现场的急救任务是指对受困人员实施紧急救治并将需要专业医疗救治的伤员送至临时安置医疗点安排后续治疗。从事该任务的应急医疗救援队伍需要具备较高的心理承受能力方能临危不乱,从容应对各种突发情况;需要具备良好的沟通协调能力方能相互协调配合,有条不紊地抢救伤员生命;需要具备丰富的临床经验,方能预有准备,有效应对。

临时安置医疗点的治疗任务(T^2)。临时安置医疗点的治疗任务是指应急医疗救援队伍对送达的伤员实施专业性的医治工作,配备有较完善的医疗设备,对挽救伤员生命具有重要意义。从事该任务的应急医疗救援队伍需要具备良好的沟通能力及工作耐受力,同时需要熟练的设备操作水平以及丰富的临床经验。由于现场存在大批量伤员,同时伤情十分复杂,承担的救援任务较重,所以对应急医疗救援队伍提出了更高的要求。

灾区的卫生防疫任务(T^3)。灾区的卫生防疫任务是指预防性的卫生手段。需要对受困人员集中地以及临时转移安置的区域实施重点防疫,因为人群越集中,疫情暴发的可能性越大,包括传染病宣传教育、流行病监测、报病、疫苗接种、药品发放、除菌、环境消毒以及医疗垃圾处理等,通过上述预防工作能够有效降低疫情发生的可能性。从事该任务的应急医疗救援队伍需要具备较强的沟通协调能力以及丰富的卫生防疫知识和经验。

通过对上述三类医疗救援任务的分析,确定地震灾害救援中应急医疗救援队伍的特征评价指标有:急救经验 C_1、沟通协调能力 C_2、心理承受能力 C_3、临床经验 C_4、医疗仪器操作水平 C_5、工作耐受力 C_6 以及防疫知识和经验 C_7。

已知"8·8"九寨沟地震受伤 525 人,四川省的地区系数为 2.9,假设三类医疗救援任务受困人数占所有伤员比例分别为 40%、50% 和 10%,可依照公式(8.2)计算出各类医疗救援任务所需的应急医疗救援队伍数量。参考其他学

者的研究,本节假设每支地震应急医疗救援队伍的人数都是标准的21人,则三类医疗救援任务各自所需要的应急医疗救援人员以及队伍数量如表8.1所示。

表8.1　三类任务对应急医疗救援人员和队伍的需求情况

医疗救援任务 T^K	应急医疗救援人员(人)	应急医疗救援队伍(支)
搜救现场的急救任务 T^1	67	$d^1 = 3$
安置医疗点治疗任务 T^2	84	$d^2 = 4$
灾区的卫生防疫任务 T^3	17	$d^3 = 1$

二、九寨沟地震医疗救援任务时间满意度分析

依据公式(8.4),第 k 类医疗救援任务的受困人员在时间点 t_k 时的平均生存概率为0.5。假设搜救现场的急救任务 t_k 值为6,临时安置医疗点的治疗任务 t_k 值为10,灾区的卫生防疫任务 t_k 值为12(单位:h)。选取临近的阿坝、成都等4个城市指派应急医疗救援队伍响应需求点这三类医疗救援任务。参照各个城市医疗规模和医院数量,设定4个城市共有13支应急医疗救援队伍,各城市拥有的应急医疗救援队伍数量及到需求点的时间区间如表8.2所示。

表8.2　四个出救点城市应急医疗救援队伍数量及到达时间

出救点编号	出救城市	医疗救援队数量(支)	到达需求点的时间(h)
A_1	阿坝	2	$t_1 \in [8,9]$
A_2	成都	5	$t_2 \in [7,8]$
A_3	德阳	3	$t_3 \in [6,7]$
A_4	绵阳	3	$t_4 \in [5,6]$

采用1—5分对每支地震应急医疗救援队伍进行各指标表现的评价。假设应急医疗救援队伍各指标评价结果如表8.3所示。

表8.3　地震应急医疗救援队伍特征指标的评价结果

出救点	队伍	C_1	C_2	C_3	C_4	C_5	C_6	C_7
A_1 $a_1 = 2$	P_{11}	4	3	4	5	3	3	4
	P_{12}	2	4	4	3	2	4	5
A_2 $a_2 = 5$	P_{21}	4	3	2	5	4	3	1
	P_{22}	3	4	4	2	5	3	3
	P_{23}	4	5	3	1	3	4	2
	P_{24}	2	4	5	3	33	3	4
	P_{25}	4	3	3	2	4	3	3
A_3 $a_3 = 3$	P_{31}	5	1	2	4	5	3	3
	P_{32}	4	3	33	2	4	1	4
	P_{33}	1	4	2	4	5	4	5
A_4 $a_4 = 3$	P_{41}	3	3	1	5	1	3	4
	P_{42}	3	2	1	2	4	5	3
	P_{43}	4	3	2	5	4	2	3

当评价决策面临多种因素时,关键之一就在于确定各因素的权重。由于各类医疗救援任务对应急医疗救援队伍的救援能力的要求存在差异,设定各类医疗救援任务所需考虑的评价指标及指标权重如表8.4所示。

表 8.4　各类医疗救援任务所需考虑的评价指标及指标权重

任务	C_1	C_2	C_3	C_4	C_5	C_6	C_7
搜救现场急救任务	0.5	0.3	0.2	—	—	—	—
临时安置医疗点的治疗任务	—	—	—	0.4	0.3	0.3	—
灾区卫生防疫任务	—	0.4	—	—	—	—	0.6

依据公式(8.6),计算得到从各出救点指派应急医疗救援队伍执行相应任务的时间满意度如表 8.5 所示。

表 8.5　应急医疗救援队伍开展相应医疗救援任务的时间满意度 M_{ik}

出救点	搜救现场急救任务	临时安置医疗点治疗任务	卫生防疫任务
阿坝 A_1	0.22	0.64	0.75
成都 A_2	0.30	0.72	0.80
德阳 A_3	0.43	0.79	0.85
绵阳 A_4	0.58	0.85	0.89

依据公式(8.12)将计算得到的时间满意度 M_{ik} 进行数据标准化后得到规范化后的医疗救援任务时间满意度 M'_{ik} 如表 8.6 所示。

表 8.6　规范化后的医疗救援任务时间满意度 M'_{ik}

出救点	搜救现场急救任务	临时安置医疗点治疗任务	卫生防疫任务
阿坝 A_1	0	0.63	0.79
成都 A_2	0.12	0.75	0.87

出救点	搜救现场急救任务	临时安置医疗点治疗任务	卫生防疫任务
德阳 A_3	0.31	0.85	0.94
绵阳 A_4	0.54	0.94	1

三、九寨沟地震应急医疗救援队伍胜任能力分析

依据公式(8.8),确定规范化评价矩阵 EP = $[e_{ijh}]_{m \times g}$,即

$$
EP = \begin{bmatrix}
0.75 & 0.5 & 0.75 & 1 & 0.5 & 0.5 & 0.75 \\
0.25 & 0.75 & 0.75 & 0.05 & 0.25 & 0.75 & 1 \\
0.75 & 0.5 & 0.25 & 1 & 0.75 & 0.5 & 0 \\
0.5 & 0.75 & 0.75 & 0.25 & 1 & 0.5 & 0.5 \\
0.75 & 1 & 0.5 & 0 & 0.5 & 0.75 & 0.25 \\
0.25 & 0.75 & 1 & 0.5 & 0.5 & 0.5 & 0.75 \\
0.75 & 0.5 & 0.5 & 0.25 & 0.75 & 0.75 & 0.5 \\
1 & 1 & 0.25 & 0.75 & 1 & 0.5 & 0.5 \\
0.75 & 0.5 & 0.5 & 0.25 & 0.75 & 0 & 0.75 \\
0 & 0.75 & 0.25 & 0.75 & 1 & 0.75 & 1 \\
0.5 & 0.5 & 0 & 1 & 0 & 0.5 & 0.75 \\
0.5 & 0.25 & 0 & 0.25 & 0.75 & 1 & 0.5 \\
0.75 & 0.5 & 0.25 & 1 & 0.75 & 0.25 & 0.5
\end{bmatrix}
$$

依据公式(8.9),计算医疗救援队伍的综合表现评价矩阵 FP = $[f_{ij}^k]_{m \times n}$,即

$$FP = \begin{bmatrix} 0.675 & 0.7 & 0.65 \\ 0.5 & 0.5 & 0.9 \\ 0.575 & 0.775 & 0.2 \\ 0.625 & 0.55 & 0.6 \\ 0.775 & 0.375 & 0.55 \\ 0.55 & 0.5 & 0.75 \\ 0.625 & 0.55 & 0.5 \\ 0.55 & 0.75 & 0.3 \\ 0.625 & 0.325 & 0.65 \\ 0.275 & 0.825 & 0.9 \\ 0.4 & 0.55 & 0.65 \\ 0.325 & 0.625 & 0.4 \\ 0.575 & 0.7 & 0.5 \end{bmatrix}$$

规范化后的队伍对各类医疗救援任务胜任能力权重系数如表8.7所示。

在可供指派的应急医疗救援队伍充足的情况下,由于各类医疗救援任务对应急医疗救援队伍救援能力的要求不一样,在派遣的数量一定时,需要将胜任能力高的应急医疗救援队伍指派到适宜的医疗救援任务,最大化应急医疗救援队伍的救援效率。

表8.7　规范化后的队伍胜任能力权重系数 $f_{ij}^{k\sim}$

出救点 A_i	应急医疗救援队伍 P_{ij}	搜救现场的急救任务 T^1 $d^1=3$	临时安置医疗点的治疗任务 T^2 $d^2=4$	灾区的卫生防疫任务 T^3 $d^3=1$
阿坝 A_1 $a_1=2$	P_{11}	0.68	0.71	0.64
	P_{12}	0.43	0.43	1

续表

出救点 A_i	应急医疗救援队伍 P_{ij}	搜救现场的急救任务 T^1 $d^1=3$	临时安置医疗点的治疗任务 T^2 $d^2=4$	灾区的卫生防疫任务 T^3 $d^3=1$
成都 A_2 $a_2=5$	P_{21}	0.54	0.82	0
	P_{22}	0.61	0.50	0.57
	P_{23}	0.82	0.25	0.50
	P_{24}	0.50	0.43	0.79
	P_{25}	0.61	0.50	0.43
德阳 A_3 $a_3=3$	P_{31}	0.50	0.79	0.14
	P_{32}	0.61	0.18	0.64
	P_{33}	0.11	0.89	1
绵阳 A_4 $a_4=3$	P_{41}	0.29	0.50	0.64
	P_{42}	0.18	0.61	0.29
	P_{43}	0.54	0.71	0.43

四、九寨沟地震应急医疗救援队伍指派方案

考虑到在地震应急医疗救援中,决策者往往对于救援时间更加重视,因此,这里取 $\rho_1=0.7$,$\rho_2=0.3$。将上述数据代入模型 II,用 lingo 软件计算得到相应的解,得到的最优解如表 8.8 所示。

表 8.8 "8·8"九寨沟地震应急医疗救援队伍指派结果

出救点 A_i	应急医疗救援队伍 P_{ij}	搜救现场的急救任务 T^1 $d^1=3$	临时安置医疗点的治疗任务 T^2 $d^2=4$	灾区的卫生防疫任务 T^3 $d^3=1$
阿坝 A_1 $a_1=2$	P_{11}	0	0	0
	P_{12}	0	0	1

续表

出救点 A_i	应急医疗救援队伍 P_{ij}	搜救现场的急救任务 T^1 $d^1 = 3$	临时安置医疗点的治疗任务 T^2 $d^2 = 4$	灾区的卫生防疫任务 T^3 $d^3 = 1$
成都 A_2 $a_2 = 5$	P_{21}	0	1	0
	P_{22}	0	0	0
	P_{23}	0	0	0
	P_{24}	0	0	0
	P_{25}	0	0	0
德阳 A_3 $a_3 = 3$	P_{31}	0	1	0
	P_{32}	1	0	0
	P_{33}	0	1	0
绵阳 A_4 $a_4 = 3$	P_{41}	1	0	0
	P_{42}	0	1	0
	P_{43}	1	0	0

依据上述求解结果,最终的"8·8"九寨沟地震应急医疗救援队伍指派方案为:德阳 A_3 中的第二支医疗救援队伍(P_{32})、绵阳 A_4 中的第一支和第三支医疗救援队伍(P_{41} 和 P_{43})被指派去完成搜救现场的急救任务 T^1 ;成都 A_2 中的第一支医疗救援队伍(P_{21})、德阳 A_3 中的第一支和第三支医疗救援队伍(P_{21} 和 P_{33})、绵阳 A_4 中的第二支医疗救援队伍(P_{42})被指派去完成临时安置医疗点的治疗任务 T^2 ;阿坝 A_1 中的第二支医疗救援队伍(P_{12})被指派去完成灾区的卫生防疫任务 T^3 。最终以"8·8"九寨沟地震为实例的应急医疗救援队伍指派结果如图 8.10 所示。

为了进一步说明模型和算法的可行性和有效性,表 8.9 中给出了应用本书提出的多目标优化模型所获得的应急医疗救援队伍指派方案(表 8.9 中的目标 Z)与仅考虑医疗救援任务时间满意度最大(表 8.9 中的目标 Z_1)或者仅

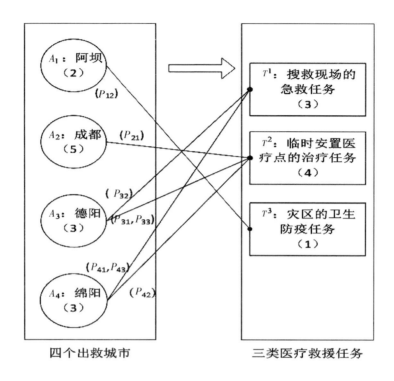

图 8.10 九寨沟地震四个出救城市与三类医疗救援任务的整体指派情况

考虑应急医疗救援队伍胜任能力最佳(表 8.9 中的目标 Z_2)时所获得的队伍指派方案的对比结果,并计算了相应的各类医疗救援任务时间满意度以及应急医疗救援队伍对医疗救援任务的胜任能力。

表 8.9 考虑不同目标时的应急医疗救援队伍指派方案

目标	搜救现场急救任务	临时安置点治疗任务	卫生防疫任务	$\sum_{i=1}^{m}\sum_{j=1}^{a_i}\sum_{k=1}^{n}M'_{ik}X_{ij}^k$ 总体时间满意度	$\sum_{i=1}^{m}\sum_{j=1}^{a_i}\sum_{k=1}^{n}f_{kij}X_{ij}^k$ 总体胜任能力
Z	P_{32},P_{41},P_{43}	$P_{21},P_{31},P_{33},P_{42}$	P_{12}	5.57	5.55
Z_1	P_{41},P_{42},P_{43}	$P_{21},P_{31},P_{32},P_{33}$	P_{22}	5.79	4.26
Z_2	P_{11},P_{22},P_{23}	$P_{21},P_{31},P_{33},P_{43}$	P_{12}	4.42	6.32

　　将同时考虑各类医疗救援任务时间满意度与应急医疗救援队伍胜任能力的指派方案与仅考虑时间满意度的指派方案进行对比,发现最终时间满意度仅提高了 3.95%,但是应急医疗救援队伍的胜任能力却降低了 23.24%,使得应急医疗救援队伍对医疗救援任务的整体适应情况不佳,损耗了最终的救援效率。将同时考虑各类医疗救援任务时间满意度与应急医疗救援队伍胜任能力的指派方案与仅考虑应急医疗救援队伍胜任能力的指派方案进行对比,发现时间满意度降低了 20.65%,但是应急医疗救援队伍的胜任能力却只提高了 13.87%,使得伤员不能得到及时的抢救,没有最大程度地挽救伤员生命。因此,同时考虑医疗救援任务时间满意度最大和医疗救援队伍胜任能力最佳时,所得到的指派结果不同于仅考虑单一目标的指派结果,能够在保证应急医疗救援队伍胜任救援任务的同时,获得较高的时间满意度,本书提供了一种合理有效的应急医疗救援队伍指派优化方法,旨在提高我国地震应急救援的决策水平以及应急医疗保障系统的运作效率。

　　目前应急救援队伍指派问题是应急管理研究热点,考虑多任务的地震应急医疗救援队伍指派问题的理论与方法的发展因其强烈的现实背景有着重要研究意义。本书针对应急医疗救援队伍多任务指派问题,当应急医疗救援队伍在同样的到达时间对各类医疗救援任务开展救援时,由于各类医疗救援任务的时间紧迫度差异,各类医疗救援任务受困人员的生存概率也不同,相应医疗救援任务的时间满意度也就不同。将救援时间与受困人员生存概率联系起来,反映出医疗救援任务时间满意度的大小,能够更加直观地体现出应急医疗救援队伍指派决策的成效。

　　针对应急医疗救援队伍多任务指派问题,通过地震应急医疗救援队伍的特征评价指标,给出了应急医疗救援队伍对地震医疗救援任务胜任能力的计算方法,以尽可能达到人尽其才的救援效果。将救援效率与应急医疗救援队伍胜任能力联系起来,能够直观表现应急医疗救援队伍参与地震灾害救援工作效率的高低。

在建立多目标规划模型中,是以各类医疗救援任务时间满意度最大、应急医疗救援队伍胜任能力最佳为目标,并没有考虑成本对应急医疗救援队伍指派的影响。实际上,虽然地震灾害应急医疗救援初期具有弱经济性的特点,但是随着救援活动的开展,当灾区伤员的生命安全得以保障之后,决策者会逐渐对应急医疗救援队伍的派遣成本予以重视,因此在地震应急医疗救援队伍的指派中,下一步的研究方向是将成本纳入考虑。

第九章 应急物流定位选址模型与算法

第一节 应急物流基本概念

我国对应急物流的研究起步较晚,近几年才逐渐完善应急物流的定义。这方面的先行者有欧忠文教授认为应急物流是指以提供突发性自然灾害、公共卫生事件等突发性事件所需应急物资为目的,以追求时间效益最大化和灾害损失最小化为目标的特种物流活动。具有时间、空间和形质效用,由流体、流向、载体、流量、流速等要素构成。国家颁布的《国家标准物流术语》(GB/T18354—2006)中对应急物流的定义为:针对突发事件的发生已做好预案,并在事件发生时能够迅速付诸实施的物流活动。随着物流和信息技术的不断进步,应急物流发挥着更为显著的作用,同时有了更加全面的定义。还有定义认为应急物流是指以提供突发性事件(如自然灾害、公共卫生事件、重大事故等)所需应急物资为目的,借助现代信息技术,追求时间效益最大化和灾害损失最小化,将应急物资的运输、包装、装卸、搬运、仓储、流通加工、配送及相关信息处理等进行整合,形成的一种特殊物流活动。

一、应急物流的特点

应急物流是特种物流活动,与一般物流不同,具有突发性、时间紧迫性、弱经济性、信息不确定、物资需求量大、非常规性和政府与市场共同参与等特点。

（一）突发性

突发事件引起应急物流,突发事件的不可预知性会导致应急物流的突发性。突发事件发生后必须在短时间内快速开展应急救援工作,应急物流也随之突然进行,在保障应急物资顺利运达的同时还要确保时效性和安全性。

（二）时间紧迫性

为降低灾难的危害,救援行动在突发事件后必须及时实施,关键是在最短时间内运送物资到灾难配送中心。应急物流活动在营救中尤为重要,为突出时间的紧迫性,应急物资的运输和调度都必须优先考虑。

（三）弱经济性

应急物流与一般物流不同的地方就在于完成物流活动的时效性,一般物流活动需要同时考虑时间价值和物流成本收益两方面。而应急物流往往会忽略经济效益,因为其目标是尽快满足受灾人群的实际需要,出发点为人道主义救援。找到一个最合适的关键点,同时满足受灾人群需求时效性和物流成本。

（四）信息不确定性

由于突发事件的不确定性,无法提前准确判知事件的地点、时间、影响程度和范围,在进行应急物流活动时,也无法明确物资的需求量、受灾点的准确位置和现实路况。由于灾难的影响,往往无法正常联系受灾地点和救灾人员,信息的沟通不够顺畅,对救援活动的开展造成较大影响。因此,要达到降低灾难损失的目的,准确把握物资需求、交通状况、受灾程度等情况十分重要,需要成立专门的应急救援机构,减少救灾活动中不确定因素的影响。

（五）物资需求量大

一些重大突发事件发生时,救灾物资的需求量会非常巨大,同时由于路网的损坏和通信设施的破坏会给抢险救灾工作造成巨大障碍。在这种情况下,为保证灾区人们的正常生活,充足的救灾物资及时调集并运送至灾区是应急物流工作顺利完成的关键。

（六）非常规性

应急物流的非常规性强调救灾工作的时间紧迫性,与一般物流不同,许多中间环节会被省略,一切以尽可能降低灾害的损失为目的。应急物流在政府的支持和主导下减少不必要的环节有利于快捷有效地开展救援,最大限度地利用时间,促进应急物资协调运作。

（七）政府与社会共同参与

我国政府工作的一个重点是民生问题,采取了许多措施来保障人民生活。重大突发事件发生后,政府主导应急物流工作,协调多个部门(如军队、医疗、消防、卫生等)协同开展应急物流活动。汶川地震发生后,全社会都伸出了援助之手,从四面八方汇聚了大量救灾物资运往灾区,政府在应急救灾物流过程中参与监管,保障救灾物资的顺利送达。

另外,应急物流在目标、实施周期、服务对象、设施、外部环境、运输工具等与一般常规物流存在很大的差异,具体情况如表9.1所示。

表9.1　常规物流与应急物流的区别

项目	常规物流	应急物流
目标	收益最大化或成本最低	尽量降低突发灾害造成的损失
实施周期	因实际情况而定,长、中、短都有	前期准备时间长,具体运行时间短
设施	一般长期使用	长期使用和短期使用的都有
服务对象	生产、供应、批发及零售商、客户	突发事件受灾区
外部环境	外部环境一般比较稳定	不确定,可控性差
运输工具	一般长期使用	临时组织使用

概言之,应急物流的特点包含突发性、时间紧迫性、弱经济性、信息不确定、物资需求量大、非常规性和政府与社会共同参与等。在管理应急物流时需要科学的方法、策略和应急预案,突发事件发生时,为尽可能减少生命和财产损失,依托应急预案,结合实时信息,利用先进救灾方法,协同相关部门,确保

救灾决策的正确高效。因此在编制应急预案时，需结合应急物流的特点，选择科学的模型和算法来辅助决策应急物流设施选择，保障应急物资的运输。

二、应急物流系统

以完成突发性的物流需求为目的，将物流的元素、环节、实体组成一个相互联系、协调、作用的有机整体，就是应急物流系统，具有快速反应的能力，同时还兼备开放性及可拓展性等特点。不同于企业内部的物流系统或供应链物流系统，应急物流系统除了具有基本要素外，还具有"时间"要素。

各个环节的有效配合能够保障应急物流系统的顺利运行。广义的应急物流系统研究内容如图9.1所示，主要涉及基本研究问题、信息技术平台、运行机制、服务中心的建立、专项资金的筹集与管理、物资的储备和调度以及物资配送等。

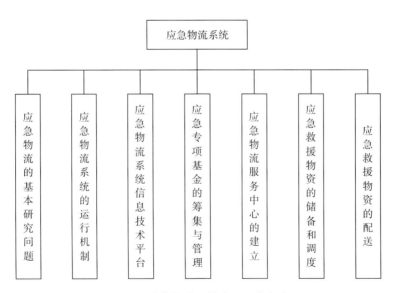

图9.1 应急物流系统主要研究内容

为保障应急物流救援活动顺利进行还需要对管理应急物流系统，针对事前进行全方位的预防；针对事中进行及时的应急救援服务；针对事后恢复重建提供保障物资。一般的应急管理分为平时状态管理、紧急状态管理和事后的恢复管理。

突发事件发生前的正常应急管理活动称为平时状态管理,即没有任何预兆下的常态管理。主要目的是防止突发事件的发生,主要工作内容是在常规物流服务前提下保持充足的应急物资。

突发事件发生时的管理属于紧急状态应急管理,首先确定事件的危险程度、波及范围,在此基础上制定合理的应急救援方案。这个过程中为尽可能地减小危害,形成一个统一的指挥管理,对各相关应急服务部门协同管理。而应急物流的作用就是向受灾地区尽快提供应急物资。

当突发事件处置结束时就进入应急恢复管理,这期间的主要工作是救援和恢复重建。应急物资的持续供应能力和应急物流服务设施的建设对此阶段至关重要。灾害周期内自然灾害应急管理的主要活动如图 9.2 所示。可以看出,应急物流设施的选址在灾害准备阶段和响应阶段都十分重要,影响着灾害应急的顺利进行。应急物流设施选址合理与否直接关系到服务成本的高低,应急服务的及时高效。

应急物流系统中与物流联系紧密的关键技术问题多种多样,如应急预案的评价选择、应急物流服务设施的选址优化、路径优化问题、物资调度问题、应急物资的装载问题等。本章主要深入研究应急物流服务设施选址问题。

应急物流服务设施(如应急物流服务中心、消防设施、公共医疗机构等)的选址,需结合应急物流的特点,在考虑达成目标的基础上选择合适的位置,确保应对突发事件时能及时有效地提供应急服务,以较低的成本实现最大限度地降低灾害。学术上应急物流服务设施的选址问题一般分为单个设施选址、多个设施选址和限定条件下的多设施选址。目前,学术界对此已取得了一定的成果,采用网格图的绝对中心点问题可以解决单个设施选址;通过求网格图的 p 个绝对中心点可以解决多个设施选址问题;限定条件下的多设施选址问题则可转化为集合覆盖问题。

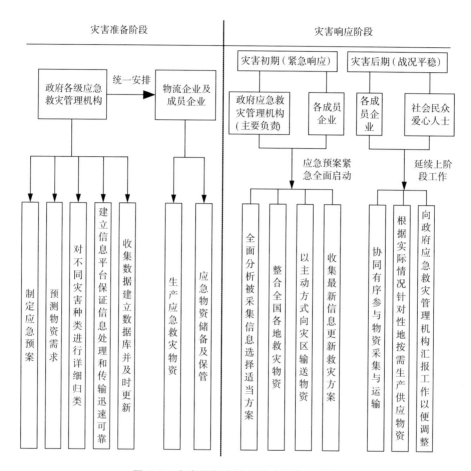

图9.2 灾害周期内的主要应急管理活动

三、应急物流设施选址相关概念

应急物流设施选址的目标是在兼顾成本的情况下追求最短时间、最快速度来满足需求,同时保证安全可靠的应急服务过程。应急物流设施选址的影响因素很多且部分难以用数学化表现。目前的热点问题是应急物流设施选址的模型方法。

(一)应急物流设施选址定义

考虑应急服务设施节点的设置,其选址问题通常分为两种类型。

1. 单个应急服务设施点的选址问题。城市规划中会遇到如公共应急服务设施的选址优化问题,在选择合适的地址进行设施点建设时往往需要判断是否有利于城市发展,例如 110 出警中心、消防大队、急救中心、交通控制点等,关键是事件发生后能够尽快地达到现场进行处置,这些地点的选址应在广泛搜集资料的基础上综合相关因素做出尽可能合理的判断。公安部就有标准(GNJI–82)规定:消防站是城市的重要设施,其布局纳入城市规划,城镇消防站的布局,应以消防队尽快到达火场,即从接警起 15min 内到达责任区最远点为一般原则。

通常可以借鉴网络图的绝对中心问题来解决节点选择问题,确定应急服务设施地点的位置。其定义如下。

定义 1 在网络图 G 中,弧 $e_j = (v_p, v_q)$ 上某点 x 到某点 v_i 的最短距离,定义为图中点到顶点的距离,记作 $d(v_i, x)$。

定义 2 在网络图 G 中,如果弧 e_j 上的点 x_j 能够满足:

$$\min_{x \in e_j} \max_{1 \leq i \leq n} d(v_i, x) = \max_{1 \leq i \leq n} d(v_i, x_j) = r(x_j)$$ 则称 x_j 为 G 弧 e_j 上的局部中心点,$r(x_j)$ 为弧 e_j 上的局部半径。

定义 3 如果对于网络 G 中的点 x_0 能够满足:

$$\min_{x \in G} \max_{1 \leq i \leq n} d(v_i, x) = \max_{1 \leq i \leq n} d(v_i, x_0) = r(x_0)$$ 则称点 x_0 为网络 G 的绝对中心点,$r(x_0)$ 为绝对半径。

在应用网络图的绝对中心点模型解决实际问题时,需辨别现实中的限制条件。为使设施点更好地为实际需要服务,要考虑满足时间紧迫的前提下,各个顶点(附权重)的距离之和最小。

2. 多个应急服务设施点的选址问题。在某一固定区域中选择多个应急服务设施点就是多个应急服务设施点的选址问题,其目标是用最少的选择成本实现不同设施点联合提供服务时产生的总费用最少。求解方法并不等同于单个应急服务设施点问题的叠加,而是采用组合优化的方法进行求解。

多个应急服务设施点的选址问题可以借鉴网络图的 p 个绝对中心点问题进行求解,定义如下。

设为网络图 G 中的 p 个需要进行确定的应急服务设施点集,则有:

定义4 网络图 G 中的一个顶点 v 到点集 X_P 的距离为 $d(v,X_P) = \min_{1 \leq i \leq p}\{d(v,x_i)\}$。

定义5 如果网络图 G 中的点集 X_p^*,对于 G 上的任何点集 X_p,都存在 $\max_{v \in V} d(v,X_p) \geq \max_{v \in V} d(v,X_p^*)$,则称 X_p^* 为网络图 G 的 p-绝对中心点。

定义6 当 X_p^* 为网络图 G 的 p-绝对中心点,记 $r_p(G) \geq \max_{v \in V} d(v,X_p^*)$,称为网络图 G 的 p-绝对半径。

为使优化方案更高效地服务生活、处置突发状况,在满足时间紧迫性的前提下,通常把 X_p 中离各个应急地点 i 距离最近的 k 个应急服务设施点到各个应急地点 i 的距离之和(附权重)最小作为系统的优化目标。

(二)应急物流设施选址影响因素

随着突发事件应急系统重要性增强,人们也逐渐开始关注应急物流服务设施选址的影响因素。应急物流设施在灾害发生时能否及时启动提供应急服务与损失大小直接相关,选址要考虑的因素如下:

1. 人口因素。应急物流设施的服务对象是覆盖范围内的全体人员而非某些个体,考虑到我国不同地区的人口密度差异,为了尽可能地保障人身财产安全,应急物流设施应尽量选择人口密度大的地区。

2. 灾害因素。对区域范围内的灾害发生情况进行了解,分析灾害多发地点,进行有针对性的选址,能够保证应急物流设施有效应对灾害、降低损失。

3. 时间因素。应急救援工作的时间非常紧迫,因此应急物流设施选址最重要的是时间要素,为了最大限度地降低灾害需要将救援物资在最短时间内送到灾害发生地。

4. 交通因素。救灾物资的调运和配送过程中需要便捷的交通环境,良好的交通环境才能保证应急物资及时、安全可靠地送往受灾地区。

5. 容量因素。设施的容量限制也是选址考虑的一个因素,一方面考虑设施平时储存的应急物资,另一方面考虑调运过程中的设施承载能力。应急物资储备过少会影响应急救援工作,过多则会增加成本、造成浪费。因此,必须在满足应急需求的基础上合理配置设施容量。

6. 成本因素。由于公益性应急物流设施不会主要考虑成本因素,但是应急物流设施的建设、日常运营和维护都需要一定的费用。应急物流设施的使用率因为突发事件的频率小而较低,设施如果长期闲置会造成浪费。因此,在应急物流设施选址时仍然需要考虑成本因素。

(三)遵循原则

根据一般设施选址的原则,结合我国应急管理工作的原则和思想,本书提出了应急物流设施选址的原则如下:

1. 成本费用原则。应急物流设施是以政府主导、企业组织经营,除了突发事件发生时提供应急服务外,还要满足服务区域内正常的物流需求。因此在投资建设过程中要在满足应急物流需求的基础上,尽可能地降低投资和运营成本。

2. 需求导向原则。应急物流设施选址以需求为导向,尽可能地接近受灾点,以降低应急服务时间和提高服务效率。

3. 公平性原则。接受应急服务时,规划区域内的任意点应平等对待。避免选址时只满足大多数人的应急物流需求,还要考虑偏远地区的应急需求。

4. 适应性原则。一方面,从国家的政策和长远发展来看,应急物流设施的选址要适应各项应急资源分布和地区经济发展。另一方面,作为应急物流网络的重要组成部分,应急设施要适应应急物流需求,其地域分布、服务能力和技术水平等要相互协调。

(四)应急物流设施选址常用模型

应急物流设施选址的常用模型主要有以下三种:

1. 中值模型。设施选址时主要考虑能够使应急设施点和受灾点之间平均权重距离(可用交通或运输时间来表示)最小。应急物流中最重要的一般是时间紧迫性,而该模型考虑的平均权重更有利于帮助分析解决实际问题。

假设 h_i 为点 i 的权重,表示 i 点发生事故的频率或重要程度,则中值模型可以表述成:

$$\min \sum_{i=1}^{n} h_i d(v_i, x) \tag{9.1}$$
$$\text{s.t.} \max_{1 \leqslant i \leqslant n} d(v_i, x) \leqslant \lambda$$
$$x \in G$$

2. 绝对中心点模型。该模型重点考虑 Hakimii 提出的 p-center 问题,即设施点的选址满足灾害发生后最短时间内能将应急物资送到受灾点。

假设一个无向网络 $G = (U, E)$, $V = \{v_1, v_2, \cdots, v_n\}$ 是 G 的点集, $E = \{e_1, e_2, \cdots, e_n\}$ 是 G 的弧集, $b(e_i)$ 表示弧 e_i 的长度,若弧 e_i 连接顶点 v_p 和 v_q,则弧 e_i 可以表示成 $e_i = (v_p, v_q)$, $b(e_i)$ 可以表示成 $b(e_i) = b(v_p, v_q)$,对于 G 中任意两点 x, y, $d(x, y)$ 表示 x 点和 y 点之间的最短路径。具有以下性质:

$$d(v_i, x) = \min \{d(v_i, v_p) + b(v_p, x), d(v_i, v_q) + b(v_q, x)\}$$

绝对中心点模型可以描述为:

$$\min \max_{1 \leqslant i \leqslant n} d(v_i, x) \tag{9.2}$$
$$\text{s.t.} \ x \in G$$

由于模型主要考虑到达指定受灾点的时间最短,可能存在无法覆盖同样受到灾害影响的其他地点,为了保证能够达成救援目标,则必须在该点附近建立应急的设施点,由于只为单一的受灾点服务会造成资源浪费。

3. 覆盖模型。主要有集合覆盖模型和最大覆盖模型两种。前者主要考虑满足需求的前提下花费的设施建设成本最少。这类问题在每个设施建设成本相同的情况下转变为求解需要建设设施的最少数目。

假设 c_j 表示建设成本,

$$a_{ij} = \begin{cases} 1, p_r(t_{ij} \leq t_i) \geq r_{ij} \\ 0, p_r(t_{ij} \leq t_i) < r_{ij} \end{cases} \tag{9.3}$$

t_{ij} 表示从应急设施点 j 到达受灾点 i 之间的最短时间, r_i 表示 i 点所需的服务水平, 集合覆盖模型可以描述为:

$$\min c_j X_j$$

$$s.t. \sum_{j=1}^{n} a_{ij} X_j \geq 1, \forall i \tag{9.4}$$

$$X_j \in \{0,1\}, \forall j$$

其中 在 j 点修建应急设施时 X_j 值为 1, 反之为 0。该类模型假设设施点可以满足所有需求。

四、灾民风险感知对选址配送的影响

应急物资有效配送需要依赖以下知识: 一是决定使用什么样的应急物资配送的技术手段, 这主要来自对物资配送本身的科学分析与定量计算; 二是决定应对应急物资配送的非技术手段, 主要来自人对突发事件的感知。目前很多学者的研究集中在对应急物资配送进行调查、评估和定量研究等技术层次上, 这些虽然是必不可少的, 但只是应急管理有效的必要条件。主要依赖直觉和经验导致人类目前对灾害条件下的风险感知存在较大偏差, 甚至在某些情况下还会导致极度的恐慌行为, 作为受灾群众, 最为关心的就是应急物资的配送, 如果因为不了解这些行为反应导致错误的处理会带来更大的负面影响, 灾害的影响会由于灾民的心理偏差反应超过其本身所带来的影响, 伴随着负面舆论效应, 有时会威胁到一个国家的政权和制度。

除了突发事件本身造成灾民风险感知之外, 有很大一部分是由于无法及时得到应急物资的恐慌所造成的。因此着重考虑灾民的风险感知情况, 通过对应急物资配送方式、方案的优化, 满足灾民的期望, 能有效降低灾民恐慌心理, 有助于应急救援工作的展开。

第二节　应急物流选址中的受灾点影响

一、系统分析

根据应急物资需求紧迫程度可以划分不同级别的受灾点，有助于更好地调配应急救援物资。首先大规模突发事件的受灾面积广、破坏性强，会产生多个受灾点，如何将有限的救援资源（车辆、人员）进行分配，需要按需求紧迫程度对受灾点进行优先级区分，根据级别不同对应急物资调配进行安排；再者受灾点的需求紧迫性分级，可以将救援物资效用最大化，有利于提高救援物资的时效性。

现有研究仅仅是先分组受灾点，再以组为单位进行紧迫性排序，往往只适用于单一品种物资配送调度，具有较大的局限性。现实中一般采取多品种、混装配送应急物资，而且不同受灾点对物资种类和数量的需求都不相同，不利于根据受灾点的需求紧迫性进行物资配送。因此，本书从受灾点出发，直接根据其本身信息进行需求紧迫性分级。

考虑大规模突发事件中救灾物资供给和相关的物流资源不满足需求时，受灾点的需求紧迫性分级工作就显得尤为重要，直接影响应急物资救援的效率效果。本书提出基于模糊 TOPSIS 的受灾点的需求紧迫性分级方法。

二、基础理论

（一）模糊综合评价法

美国自动控制专家查德（L.A.Zadeh）教授在 1965 年提出模糊集合理论的概念，用以表达事物的不确定性。模糊综合评价法是基于模糊数学的一种综合评标方法。依据模糊数学的隶属度理论变定性评价为定量评价，研究对象是受到多种因素制约的事物，即用模糊数学对其做出一个总体的评价。该方法在解决非确定性问题时具有结果清晰、系统性强的特点,尤其是解决模糊、难以量化的问题效果较好。

（二）熵权法

熵权法是一种根据各指标的变异程度,利用信息熵计算出各指标的熵权,再修正权重的客观赋值方法。某个指标的熵权越小,表明指标值的变异程度越大,能够提供更多的信息量,权重就越大;反之,权重越小。

（三）TOPSIS 算法（Technique for Order Preference by Similarity to an Ideal Solution）

TOPSIS 算法是一种对有限个评价对象进行优劣排序的方法,在多目标决策分析中效果较好,通过设定理想化目标来判断评价对象与其接近程度。理想化目标分为最优和最劣两个,最靠近最优目标而最远离最劣目标的评价对象就是最优对象。其主要步骤是对数据归一化构造规范化矩阵,确定最优和最劣目标,计算各评价对象与最优、最劣解的距离（一般用欧式距离）,获得各目标与理想解的贴近度（取值在 0 和 1 之间）,以贴近度的大小作为评价目标优劣的依据,贴近度接近 1 的评价目标越接近最优,反之,评价目标越接近最劣。

三、救援需求紧迫程度矩阵

（一）问题描述

设 $x = \{x_1, x_2, \cdots, x_n\}$ 为需要进行需求紧迫性分级的 n 个受灾点,在考虑影响受灾点需求的多个因素的基础上,如何将 n 个受灾点按需求紧迫性排序。假设 $u = \{u_1, u_2, \cdots, u_m\}$ 表示进行受灾点需求紧迫性分级的 m 个指标集,对应的权重向量为 $w = \{w_1, w_2, \cdots, w_m\}$。这是典型的多属性决策问题,首先要确定指标体系以及指标权重。

（二）救援需求紧迫程度指标体系构建

应急物流对时间的紧迫性要求较高,本书按照受灾点人口密度、被困人员占总人数的比例、老人与儿童占总人数的比例、基础设施受损程度等指标对受灾点的救援需求紧迫程度进行排序,如表 9.2 所示。物资配送的过程中按照需求紧迫程度从高到低的顺序进行分配,优先满足人员伤亡与财产损失严重区域的救援需求,这样处理的好处表现在:不仅能进行可用资源的有效分配,而且可以根据这些受灾点救援需求的紧急程度,采取快速的应对措施。

表 9.2 影响受灾点救援需求相对紧迫程度的指标体系

指标	定义
f_i^1	表示受灾点的人口密度,通常情况下,相应区域的人口密度越高,则可以推断大规模灾难造成损害的潜力更大,因此物资应被优先分配给救援需求相对紧迫程度更高的地区
f_i^2	表示观测到的受灾点的被困人数占该区域总人数的比例,在一般情况下,被困人数所占的比例越高,其相应的救援需求紧迫程度越高
f_i^3	表示某一受灾点相对于总人口而言,老人与儿童等弱势群体所占的比例。受身体状况与损伤严重程度的影响,随着时间的推移被困人员在灾难中生存概率可能会降低。儿童与老人被看作最弱势的群体,相对于其他人而言,需要救援的紧急程度最高,因此,在确定按紧急程度进行优先物资配送的过程中需要考虑到老人与儿童所占的比例
f_i^4	表示基础设施的受损程度,比如严重或完全毁坏的程度,在一般情况下,基础设施的损坏程度可以反映灾难对被困人员的生存概率影响的严重性。因此,基础设施造成损坏相对程度较高的情况,可能表明相应受灾点的救援需求紧迫程度更高

在原始数据指标中,人口密度、被困人员占总人数的比例、老人与小孩占总人数的比例、基础设施的受损程度四个指标都是效益型指标,即指标值越大需求越紧急。指标体系中 f_i^4 的评价值是模糊数,是模糊数型指标,其他的三个指标 $\{f_i^1, f_i^2, f_i^3\}$ 是精确实数性指标。

(三)模糊数型指标的处理

三角模糊数在表达多种语言变量时具有直观、简便、易于理解的特点,可以用来表达模糊数型指标。三角模糊数的定义以及语言变量评价与三角模糊数的对应关系如下:

定义 1　称一个模糊数 $\tilde{a} = \{a_1, a_2, a_3\}$ 为三角模糊数,如果它的隶属函数为

$$u_a = \begin{cases} 0, x < a_1 \\ \dfrac{x - a_1}{a_2 - a_1}, a_1 \leqslant x \leqslant a_2 \\ \dfrac{a_3 - x}{a_3 - a_2}, a_2 \leqslant x \leqslant a_3 \\ 0, x \geqslant a_3 \end{cases} \quad (9.5)$$

式中: $x \in R$, $0 \leqslant a_1 \leqslant a_2 \leqslant a_3$,当 $a_1 = a_2 = a_3$ 时, $\tilde{a}$ 蜕化为实数。语言变量隶属函数图如图 9.3 所示。

表 9.3　语言变量评价与三角模糊数的转换关系

语言变量评价	对应的三角模糊数
很严重	$(0.7, 1, 1)$
严重	$(0.5, 0.7, 0.9)$
一般	$(0.3, 0.5, 0.7)$
轻	$(0.1, 0.3, 0.5)$
很轻	$(0, 0, 0.3)$

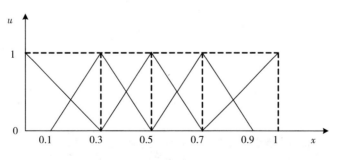

图 9.3　语言变量隶属函数图

设各个受灾点对应于各个指标值，得到的初始决策矩阵为 A：

$$A = \begin{bmatrix} f_{11} & f_{12} & \cdots & f_{1m} \\ f_{21} & f_{22} & \cdots & f_{2m} \\ \vdots & \vdots & \cdots & \vdots \\ f_{n1} & f_{n2} & \cdots & f_{nm} \end{bmatrix} \qquad (9.6)$$

其中 u_4 指标对应的评价值为模糊数，即矩阵中第四列，那么，需要对模糊数去模糊化，使模糊值变为清晰值。本书采用公式(9.7)来计算。从而，将决策矩阵 A 经过去模糊化处理，变为全部为清晰值的决策矩阵 B。

$$\widetilde{a} = (a_1, a_2, a_3) \quad \widetilde{a} = \frac{a_1 + 2a_2 + a_3}{4} \qquad (9.7)$$

（四）权重确定

在确定权重时要考虑到实际中环境、人口因素的比重会因为灾害类型不同而不同。本书采用的熵值法不依赖决策者的主观判断，直接利用决策矩阵的信息来计算权重。利用决策矩阵计算指标的信息熵，值越小表明信息无序度越低，效用值越大，指标的权重越大；反之，信息熵越大，效用值越小，指标权重也越小。

对于决策矩阵 B，用 p_{ij} 表示第 j 个指标下，第 i 个受灾点的贡献度。

$$p_{ij} = \frac{B_{ij}}{\sum_{i=1}^{n} B_{ij}} \qquad (9.8)$$

熵是描述系统紊乱程度的函数，是系统的无序状态的量度。那么第 j 个指标的熵为 E_j，公式如(9.9)所示。

$$E_j = -K \sum_{i=1}^{n} p_{ij} \ln p_{ij}, j = 1, 2, \cdots, m \qquad (9.9)$$

其中，K 是一个常数，为 $\frac{1}{\ln n}$。从而保证 $0 \leqslant E_j \leqslant 1$。

那么，熵权重 $w = \{w_1, w_2, \cdots, w_m\}$ 中，第 j 个指标的权重，可用公式

(9.10)得到。

$$w_j = \frac{1 - E_j}{m - \sum\limits_{j=1}^{m} E_j}, j = 1, 2, \cdots, m \tag{9.10}$$

从上面的计算过程可以看出,当某个指标下各个受灾点的贡献度趋于一致时,E_j 趋于1,特别是,当某个指标对各个受灾点的指标值都相等时,可以不考虑该指标的作用,即此时该指标的权重为零。

第三节 基于 TOPSIS 的救援需求紧迫程度模型

一、算法原理

TOPSIS 的基本原理是通过规范化矩阵找出最优目标(理想解)和最劣目标(负理想解),计算各评价目标与"理想解"和"负理想解"的距离,获得各目标的贴近度,将贴近度的大小作为评价目标优劣的依据。评价方案中各属性值都最优就是所谓的"理想解";反之就是"负理想解"。将各备选方案分别与"理想解"和"负理想解"进行比较,如果存在最接近"理想解"同时又远离"负理想解"的方案,就是要求解的最优方案。

二、求解步骤

受灾点的需求紧迫性分级问题是一个混合型多属性决策问题,本书运用TOPSIS 方法来求解该问题。具体而言,计算步骤如下:

步骤1 设4个指标的原始数据去模糊化构成的决策矩阵为 B。

$$B = \begin{bmatrix} f_{11} & f_{12} & \cdots & f_{1m} \\ f_{21} & f_{22} & \cdots & f_{2m} \\ \vdots & \vdots & \cdots & \vdots \\ f_{n1} & f_{n2} & \cdots & f_{nm} \end{bmatrix} \tag{9.11}$$

步骤 2 由 B 可以构成规范化的决策矩阵 E,其元素为 E_{ij},且有

$$E_{ij} = \frac{f_{ij}}{\sqrt{\sum\limits_{i=1}^{n} f_{ij}^2}}, i = 1,2,\cdots,n; j = 1,2,\cdots,m \tag{9.12}$$

式中,f_{ij} 由决策矩阵 B 给出。

步骤 3 利用熵值法确定指标集的权重向量 $w = \{w_1, w_2, \cdots, w_m\}$ 。

步骤 4 对标准化决策矩阵 E,进行权重集结,得到加权规范决策矩阵 Z。

$$Z = \begin{bmatrix} Z_{11} & Z_{12} & Z_{13} & \cdots & Z_{1m} \\ Z_{21} & Z_{22} & Z_{23} & \cdots & Z_{2m} \\ \vdots & \vdots & \vdots & \vdots & \vdots \\ Z_{n1} & Z_{n2} & Z_{n3} & \cdots & Z_{nm} \end{bmatrix} \tag{9.13}$$

其元素 Z_{ij} 为:

$$Z_{ij} = w_j \times E_{ij}, (i = 1,2,\cdots,n; j = 1,2,\cdots,m) \tag{9.14}$$

w_j 为第 j 个目标的权。

步骤 5 确定"理想解" Z^+ 与"负理想解" Z^- 。

决策矩阵 Z 中元素 Z_{ij} 值越大表示方案越好,设决策问题有 m 个目标 $f_j (j = 1,2,\cdots,m)$,n 个可行解 $Z_i (Z_{i1}, Z_{i2}, \cdots, Z_{im})$ $(i = 1,2,\cdots,n)$;并设该问题的规范化加权目标的理想解是 Z^+ ,其中:

$$Z^+ = (Z_1^+, Z_2^+, \cdots, Z_m^+) = \{ max\, Z_{ij} \mid i = 1,\cdots,n; j = 1,\cdots,m \} \tag{9.15}$$

$$Z^- = (Z_1^-, Z_2^-, \cdots, Z_m^-) = \{ min\, Z_{ij} \mid i = 1,\cdots,n; j = 1,\cdots,m \} \tag{9.16}$$

步骤 6 计算每个方案到理想点的距离 S_i^+ 和到负理想点的距离 S_i^- 。

采用欧几里得范数作为距离的测度,则从任意可行解到"理想解" Z^+ 的距离为:

$$S_i^+ = \sqrt{\sum_{j=1}^{m} (Z_{ij} - Z_j^+)^2} \quad i = 1,2,\cdots,n \tag{9.17}$$

同理,任意可行解到"负理想解" Z^- 之间的距离为:

$$S_i^- = \sqrt{\sum_{j=1}^{m} (Z_{ij} - Z_j^-)^2} \quad i = 1,2,\cdots,n \tag{9.18}$$

步骤7　计算各个受灾点到"理想解"的贴近度 C_i。

$$C_i = \frac{S_i^-}{S_i^- + S_i^+}0 \leqslant C_i \leqslant 1, \quad i = 1,\cdots,n \tag{9.19}$$

若 Z_i 是"理想解",则相应的 $C_i = 1$；若 Z_i 是"负理想解",则相应的 $C_i = 0$。愈靠近"理想解", C_i 愈接近于1；反之,愈接近"负理想解", C_i 愈接近于0。

步骤8　根据"理想解"的贴近度 C_i 大小进行排序。

基于上述 C_i 的求解步骤,可以对受灾点救援需求的相对紧迫程度进行排序,以方便优先对救援需求相对紧迫程度高的受灾点进行需求物资的分配。并按每个方案的相对接近度 C_i 的大小排序,找出满意解。"理想解"的贴近度 C_i 的值越大,对应的受灾点的需求紧迫程度越大,即越紧迫,相反地,贴近度 C_i 越小,对应的受灾点的需求紧迫程度越小,即越不紧迫。

第四节　灾民心理变化对应急物流选址的影响

随着大数据时代的来临,互联网、手机等通信技术飞速发展,突发事件发生后灾民能够迅速了解各类信息,灾民的心理风险感知程度如果不纳入考量对象,很可能引发不良的舆论效应甚至导致一系列严重的社会问题。因此,将灾民的心理作为应急物流设施选址与物资配送的一个重要影响因素,减少其对突发事件的风险感知对应急物流定位分配非常重要。

在现有的关于应急物资调度的研究中,绝大部分都假定物资需求信息、供应信息以及道路等相关信息是精确的,然而,由于突发事件的突发性和不确定性的特点,往往导致需求信息不确定。本节基于模糊需求和三级供应网络,研究应急物流定位分配问题。

一、基于前景理论的灾民风险感知分析

(一)前景理论与参考点的选择

前景理论是描述性范式的决策模型,用来描述人对损失和收获的不同敏感程度。卡尼曼(Kahneman)等把前景理论的总体评价值 V 用 π 和 ν 描述,其中 π 是决策权重函数,概率 p 和 q 对应的概率权重 $\pi(p)$ 和 $\pi(q)$,表示对前景整体价值的影响,ν 是价值函数,把结果 x 和 y 赋予一个数值 $v(x)$ 和 $v(y)$,该值反映了结果的主观价值,与期望价值理论不同的是,$v(x)$ 和 $v(y)$ 表示的是相对于参考点的变化量。其模型如下:

$$V(x,p;y,q) = \pi(p)\,v(x) + \pi(q)v(y) \tag{9.20}$$

式中,$\pi(0)=0$;$\pi(1)=1$;$v(0)=0$。前景理论的价值函数模型如下:

$$v(x) = \begin{cases} x^{\alpha}, & x \geqslant 0 \\ -\lambda\,(-x)^{\beta}, & x < 0 \end{cases} \tag{9.21}$$

其中 α 和 β 分别表示价值幂函数在收益和损失区间的凸凹程度,$\alpha,\beta<1$ 表示敏感性递减,系数 λ 表示损失区间比收益区间更陡的特征,$\lambda>1$ 表示损失厌恶,其曲线如图9.4所示。

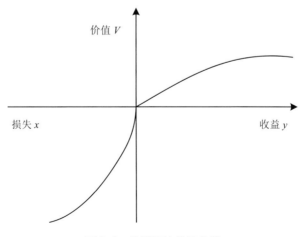

图9.4 前景理论价值曲线

信息是灾民对突发事件的风险感知的重要依据,灾民通过从各种渠道获取事件本身及政府处理事件的相关信息来进行心理决策判断。灾民特别关心受灾区域应急物资的供应情况,当获得应急物资的时间与其心理预期时间不符时,会增加对突发事件的风险感知程度,产生额外的心理恐慌。设受灾区域 i 的集合为 D, $i \in D$,灾民得知运载车辆到达每个区域的大致时间 T'_i,且对应急物资获得时间存在攀比心理,从而产生一个心理预期时间 T_0,设 T_0 为各受灾区域 T'_i 之和的均值。令灾民的心理预期时间为时间参考点,各受灾区域的实际获得应急物资的时间为 T_i,若 $T_i > T_0$,则会增加灾民对突发事件的心理风险感知程度。

（二）灾民心理风险感知分析

灾民的风险感知程度不仅和灾害自身有关,更与灾民心理和获得应急物资的时间 T_i 有密切的关系。设灾害造成损失的客观概率为 p,带来机遇的客观概率为 q,带来的客观价值为 V,灾民在担心应急物资获得时间时,会有:

$$\pi(p(T_i)) > \pi(p) > 0 \tag{9.22}$$

$$\pi(q) > \pi(q(T_i)) > 0 \tag{9.23}$$

根据前景理论价值函数特征,灾民面对损失时 $x<0$,有 $v(x) \leqslant 0$,面对收益时 $y>0$,有 $v(y) \geqslant 0$,所以有:

$$\pi(p(T_i)) v(x) < \pi(p) v(x) \tag{9.24}$$

$$\pi(q(T_i)) v(y) < \pi(q) v(y) \tag{9.25}$$

则灾民对突发事件的价值判断为:

$$V(T_i) = \pi(p(T_i)) v(x) + \pi(q(T_i)) v(y) < \pi(p) v(x) + \pi(q) v(y) = V \tag{9.26}$$

此时,灾民普遍存在高估事件损失,夸大风险的倾向。所以,在非常规突发事件发生后,灾民心理感知价值<客观价值<0;则相对地,心理感知风险>客观风险>0,如图9.5所示。

以灾民的心理预期时间为参考点,其心理风险感知程度大于0。根据前

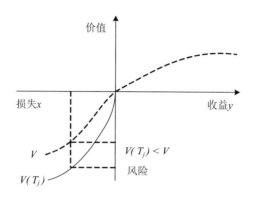

图 9.5 突发事件发生后灾民心理感知价值曲线

景理论,当 $T_i < T_0$,即应急物资获得时间小于灾民心理预期时间时,灾民的心理风险感知相对较小,且随着 T_i 不断逼近于 T_0,风险感知程度逐渐小幅增加;当 $T_i = T_0$ 时,设其风险感知程度为 R_0,是一个适当大的数;当 $T_i > T_0$ 时,灾民的心理风险感知相对较大,且会陡然增加。所以,以突发事件发生时间 T 为横坐标,灾民心理风险感知程度 R 为纵坐标,由前景理论价值曲线可得出灾民对应急物资获得时间的心理风险感知曲线,大致如图 9.6 所示。

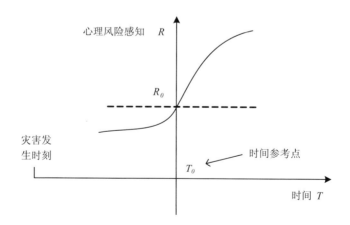

图 9.6 灾民对应急物资获得时间的心理风险感知曲线

对比图 9.4 和图 9.5 可知,图 9.6 大致是由图 9.4 通过中心对称变换后上移 R_0 右移 T_0 得到的,根据前景理论的价值函数模型可知,灾民心理风险感

知函数模型为 $R(T) = -V(-x + T_0) + R_0$，即可得出每个受灾区域 i 内灾民对应急物资获得时间的心理风险感知函数模型，为：

$$R(T_i) = \begin{cases} -(T_0 - T_i)^{\alpha} + R_0, T_i \leqslant T_0 \\ \lambda(T_i - T_0)^{\beta} + R_0, T_i > T_0 \end{cases} \tag{9.27}$$

二、应急物流定位分配模型

（一）问题描述与假设

根据应急物流的特性，与商业物流设施点的长期性与稳定性相比，应急物流设施是临时建立的且存在时间短（如灾难发生后，在学校、车站等公共设施点建立临时的物资存储与配送中心等）。地震、泥石流、洪涝等重大自然灾害发生时，往往会造成一些基础设施的严重损坏，导致某些应急物流的相关设施点难以维持救灾过程中应急物资的储存、配送等相关功能，从而使灾后的应急物流设施开放不足，导致物资配送效率低下。由于低效的应急物流配送造成的损失约占灾害总损失的 15% 至 20%，如 SARS 造成的损失总额达 176 亿美元，其中应急物流配送造成的损失约 30 亿美元。考虑到商业物流与应急物流系统在许多领域共享相同的资源（如都考虑了物资名称、车辆的数量、运输模式、仓库的数量、物资的需求量、交通运输网络、车辆容量、运输时间和多样的运作模式；它们共同的目标是在最小的总体运输时间、车辆规模最小化、服务容量最大化、最小化固定、变动成本的各种变量中寻求结合；与商业物流配送系统类似，应急物流也由三个不同部分组成：需求、供应与配送），突发事件应急救援过程中可以征用商业物流的配送中心、存储仓库、车辆等相关资源，通过调用受灾点周围分布的商业物流的设施点为应急救援服务，避免应急物流设施点由于灾难等原因开放不足，加快应急物资的配送效率，提高应急救援的效率。

应急物流最突出的特点就是时效性和明显的弱经济性。但是，应急物流的弱经济性并非不考虑经济效益问题，由于应急资源、资金的有限性，不计任何代价的盲目高效率是不可行的。对于应急物流候选配送中心选址问题,需要研究怎样确定地址,既能对突发事件响应速度最快,又能将应急费用降到最低,因此,在应急物流候选配送中心选址时要考虑到所选配送中心的建设成本以及灾害条件下的运作成本与运输成本。

应急物流定位分配问题(Location Allocation Problem,LAP)实质上就是依据优化路径的原则来确定在什么地方建立配送中心,同时满足特定的需求,从而实现资源的有效分配的过程。根据定位—分配问题的定义,本书所讨论的应急物流定位分配优化模型可以描述为:给定一系列受灾点周围位置已知的商业物流配送中心与候选应急物流配送设施点,合理选择已有的商业物流配送中心或建立若干应急物流配送设施点,将其作为候选的配送中心完成救灾物资从物资供应点到受灾点的转运,考虑到应急物流的时效性,运用模糊TOPSIS,优先对救援需求相对紧迫程度高的受灾点进行物资配送,见图9.7。与传统应急物流弱经济效应不同,应急物流定位—分配优化模型的决策目标是兼顾应急物流的经济效益,如何在尽可能减少受灾点灾民的心理风险感知的同时,使其总成本最小。

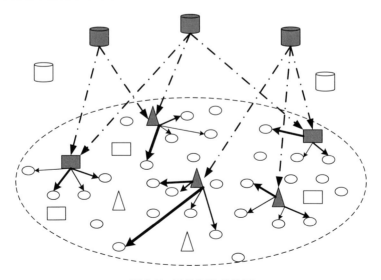

图 9.7 网络拓扑结构图

在网络拓扑结构图中：

█:选中的救灾物资供应点;:未选中的救灾物资供应点;

▲:选中的应急物流配送设施点;△:未选中的应急物流配送设施点;

・:参与应急救援的商业物流配送中心;□:未参与应急救援的商业物流配送中心;

・○:受灾点;

━・━・━・━・━▶:供应点向物流配送中心的运输路线;

━━━━━━▶:配送中心向受灾点的运输路线(线条越粗,表示受灾点的救援需求相对紧迫程度越高)。

假设条件为：

(1)从配送效率来讲,应急情况下一般不考虑同级设施间的转运,即物流配送中心只对受灾点进行物资配送;

(2)应急物流配送设施点的建立成本与其规模大小有关;

(3)每个受灾点只能被一个物流配送中心服务,但每个物流配送中心可以服务多个受灾点;

(4)已知候选配送中心及受灾点的位置;

(5)已知候选配送中心到各个受灾点的距离矩阵。

(二)参数与变量定义

模型中所用到的其他符号和变量定义如下：

W 表示所有候选应急物流配送设施点的集合, $W = \{1,2,\cdots,m\}$;

G 表示所有候选商业物流配送中心集合, $G = \{m+1,m+2,\cdots,n\}$;

R 表示所有物流配送中心集合, $j \in R$ 且 $R = W \cup G$;

D 表示所有受灾点集合, $D = \{1,2,\cdots,k\}$,且 $i \in D$;

Φ 表示所有节点的集合,且 $\Phi = R \cup D$;

H 表示应急物资的种类, $h \in H$;

W_j^1 表示应急物流配送设施点 $j = \{1,2,\cdots,m\}$ 的建立成本,单位为元;

W_j^2 表示应急物流配送设施点 $j = \{1, 2, \cdots, m\}$ 的运作成本,单位为元;

G_j^1 表示商业物流配送中心 $j = \{m + 1, m + 2, \cdots, n\}$ 的运作成本,单位为元;

G_j^2 表示参与应急救援的商业物流配送中心的运作成本,单位为元;

σ^h 表示从候选物流配送中心至受灾点单位距离应急物资 h 的运输成本,单位为元/km;

d_{ij} 表示从受灾点 $i(i \in D)$ 到候选物流配送中心 $j(j \in R)$ 的道路距离,单位为 km,其中 $d_{ij} = \gamma \times \sqrt{(x_i - x_j)^2 + (y_i - y_j)^2}$, x_i 和 y_i 分别为节点 i 的横坐标和纵坐标, γ 表示平面欧氏距离转换成道路实际距离的系数,有 $\gamma > 1$ 。

$\overline{DM}_i^h$ 为模糊参数,表示受灾点 i 对应急物资 h 预测的需求量。

决策变量:

ϑ_j :如果在候选点 $j = \{1, 2, \cdots, m\}$ 建立应急物流配送设施点,则 ϑ_j 为 1,否则为 0;

φ_j :如果候选商业物流配送中心 $j = \{m + 1, m + 2, \cdots, n\}$ 参与应急救援行动,则 φ_j 为 1,否则为 0;

P_{ij} :如果所建的应急物流配送设施点或参与应急救援的商业物流配送中心 $j(j \in R)$ 分配给受灾点 $i(i \in D)$,则 P_{ij} 为 1,否则为 0。

(三)模型构建

在应急设施选址—分配问题中,对于受灾点周围灾前已有的商业物流配送中心与灾后候选的应急物流配送设施点,选择合适的设施作为应急物流配送中心,完成救灾物资从供应点到受灾点的转运,使其既能对突发事件响应速度最快,又能将配送中心的建设成本以及灾害条件下的运作与运输成本降到最低。从商业物流配送中心不参与应急救援行动与商业物流配送中心充当临时救援物资配送中心两个方面构建模型。拟构建的规划模型有两个目标函数:一是减少灾民对应急物资获得时间的心理风险感知,二是使定位分配模型的成本最小化。

（1）应急情况下，商业物流配送中心不参与应急救援，仍从事商业物流运作。

$$min \, R^1 = \sum_{i \in D} R_i \tag{9.28}$$

$$min \, Z_1 = \sum_{j=1}^{m} (W_j^1 + W_j^2) \, \vartheta_j + \sum_{j=m+1}^{n} G_j^1 + \sum_{i=1}^{k} \sum_{j=1}^{n} \sum_{h=1}^{H} P_{ij} \, \sigma^h d_{ij} \, \bar{DM}_i^h \tag{9.29}$$

$$s.t. \, R_i = \begin{cases} -(T_0 - T_i)^{\alpha} + R_0, T_i \leqslant T_0 \\ \lambda \, (T_i - T_0)^{\beta} + R_0, T_i > T_0 \end{cases} \tag{9.30}$$

$$\sum_{j \in R} P_{ij} = 1, i \in D \tag{9.31}$$

$$P_{ij} - \vartheta_j \leqslant 0, \forall i \in D, j \in R \tag{9.32}$$

$$\vartheta_j \in \{0,1\}, \forall i \in D, j \in R \tag{9.33}$$

$$P_{ij} \in \{0,1\}, \forall i \in D, j \in R \tag{9.34}$$

目标函数（9.28）表示使灾民对应急物资获得时间的心理风险感知最小化。

目标函数（9.29）表示应急情况下，商业物流配送中心不参与应急救援，仍从事商业物流运作，应急物流与商业物流的总成本最小，成本 Z_1 由三部分构成：第一部分表示在灾区建立应急物流配送设施点的建立成本与运作成本，第二部分为现有商业物流配送中心的运作成本，第三部分表示救灾物资从应急物流配送设施点到受灾点的运输成本。

约束（9.30）为灾民对应急物资获得时间的心理风险感知函数表达式。

约束（9.31）表示每个受灾点至多只分配给一个已建的应急物流配送设施点。

约束（9.32）表示仅对确定设立的应急物流配送设施点指派受灾点。

约束（9.33）与（9.34）为0—1约束。

（2）应急情况下，商业物流配送中心参与应急救援行动，充当临时救援物资配送中心。

$$min \ R^2 = \sum_{i \in D} R_i \tag{9.35}$$

$$min \ Z_2 = \sum_{j=1}^{m} (W_j^1 + W_j^2) \vartheta_j + \sum_{j=m+1}^{n} G_j^2 \varphi_j + \sum_{j=m+1}^{n} G_j^2 (1 - \varphi_j) + \sum_{i=1}^{k} \sum_{j=1}^{n} \sum_{h=1}^{H} P_{ij}$$

$$\sigma^h d_{ij} \overline{DM}_i^h \tag{9.36}$$

$$\text{s.t.} \ R_i = \begin{cases} - (T_0 - T_i)^{\alpha} + R_0, T_i \leq T_0 \\ \lambda (T_i - T_0)^{\beta} + R_0, T_i > T_0 \end{cases} \tag{9.37}$$

$$\sum_{j \in R} P_{ij} = 1, i \in D \tag{9.38}$$

$$P_{ij} - \vartheta_j \leq 0, \forall i \in D, j \in R \tag{9.39}$$

$$P_{ij} - \varphi_j \leq 0, \forall i \in D, j \in R \tag{9.40}$$

$$\vartheta_j \in \{0,1\}, \forall i \in D, j \in R \tag{9.41}$$

$$\varphi_j \in \{0,1\}, \forall i \in D, j \in R \tag{9.42}$$

$$P_{ij} \in \{0,1\}, \forall i \in D, j \in R \tag{9.43}$$

目标函数(9.35)表示使灾民对应急物资获得时间的心理风险感知最小化。

目标函数(9.36)表示应急情况下,商业物流配送中心参与应急救援行动,充当临时救援物资配送中心,商业物流与应急物流集成的总成本最小,成本 Z_2 由四部分构成:第一部分表示在灾区建立应急物流配送设施点的建立成本与运作成本,第二部分为参与应急救援的商业物流配送中心的运作成本,第三部分表示不参与应急救援的商业物流配送中心的运作成本,第四部分表示救灾物资从应急物流配送设施点或参与救援的商业物流配送中心到受灾点的运输成本。

约束(9.37)为灾民对应急物资获得时间的心理风险感知函数表达式。

约束(9.38)表示每个受灾点至多只分配给一个已建的应急物流配送设施点或参与应急救援的商业物流配送中心。

约束(9.39)表示仅对确定设立的应急物流配送设施点指派受灾点。

约束(9.40)表示仅对参与救援的商业物流配送中心指派受灾点。

约束(9.41)、约束(9.42)与约束(9.43)为0—1约束。

三、混合整数规划算法设计

(一)算法设计思路

在现有研究中,解决整数规划问题一般使用分支定界法,但随着实际问题规模的增大和复杂度的提高,计算时间将极大地增加,不能再适应某些优化调度问题。本书建立的模型是含模糊数的多目标混合整数规划模型,要求解该模型,模糊化首先要被去除,同时还要处理序关系,模型的目标是追求最小的定位分配模型的成本,考虑的是灾民心理风险感知最小,为此针对目标灾民的心理风险感知和定位分配成本设计了多层搜索算法求解。整体流程如图9.8所示。

求解思路如下:

第一步:对模型去模糊化,得到确切值范围的带有序关系的多目标优化模型。

第二步:优先考虑需求灾民心理风险,计算最优值并转化为约束条件。

第三步:利用优化软件 LINGO 求解模型最优解。

(二)模糊约束处理

本章建立的模型中只有式(9.29)和式(9.36)含有模糊数,本书的模糊数是因为需求量的模糊不确定造成的,公式中的参数只有每个受灾点应急物资预测的需求量 $\overline{DM}_i^h$ 是模糊数,因此本书这对这个参数设计去模糊化的规则。

因三角模糊数直观、易理解,能够很好表达应急状态下的决策者对估计值的悲观、正常和乐观时的模糊状态,所以本书选用三角模糊数来描述模糊量。

三角模糊需求量记为 $\overline{DM}_i^h = ([DM_i^h]^L, [DM_i^h]^C, [DM_i^h]^R)$,其中 $[DM_i^h]^L \leq$

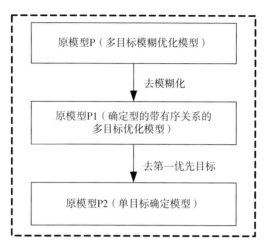

图9.8 求解算法总体思想图

$[DM_i^h]^C \leqslant [DM_i^h]^R$。$[DM_i^h]^L$ 表示最悲观值,$[DM_i^h]^C$ 表示最可能值,$[DM_i^h]^R$ 表示最乐观值。其模糊隶属度函数为式(9.44)。

$$u_{D^-M_{ih}}(x) = \begin{cases} \dfrac{x - A_{ih}}{B_{ih} - A_{ih}}, A_{ih} \leqslant x \leqslant B_{ih} \\[3mm] \dfrac{C_{ih} - x}{C_{ih} - B_{ih}}, B_{ih} \leqslant x \leqslant C_{ih} \\[3mm] 0, else \end{cases} \tag{9.44}$$

综合考虑决策者的风险偏好和属性值可能度,在决策者给定置信水平 α(最小可接受隶属水平)后,$\alpha \in [0,1]$,采用平均权重法将三角模糊数转化为确定值。应急物资预测的模糊需求量 $\overline{DM}_i^h$ 可用式(9.45)表示出来。这个公式中的 ω_1、ω_2 和 ω_3 分别表示决策者对模糊数最悲观值的权重、最可能值的权重和最乐观值的权重。本书采用最可能值法,即 $\omega_1 = \omega_3 = 1/6$、$\omega_2 = 4/6$ 且 $\alpha = 0.5$。较高的权重一般赋予最可能值,较小的权重一般赋予最消极值和最乐观值,因为最可能值在模糊数中通常最重要,最消极值和最乐观值提供了模糊数的边界约束。基于此,可用式(9.45)中的右边替换掉模型中相应的模糊变量,从而实现模型的去模糊化。

$$\overline{DM_i^h} = \omega_1 \times [DM_i^h]_\alpha^L + \omega_2 \times [DM_i^h]_\alpha^C + \omega_3 \times [DM_i^h]_\alpha^R \qquad (9.45)$$

（三）带序关系目标的处理

带序关系的目标处理的基本策略是按目标的优先级从高到低排序,再依次以降序的目标作为单一目标,求得最优值,再直接将该目标等于最优值加入约束,从而实现去掉多目标的目的。先不考虑应急成本,以灾民的心理风险感知最小作为单目标,其他条件作为约束,求解规划模型的最优解,从而得到灾民的心理风险感知的最小值。假设灾民的心理风险感知的最优值为 R_{min}。则直接让 $R = R_{min}$ 来替代第一个目标函数,使其变成一个约束条件,从而去掉第一个目标函数。经过处理后的模型 P1 如下：

$\min Z$

s.t. $R = R_{min}$ 　　　　　　　　　　　　　　　　　　　（P1）

（四）求解步骤

1. 求解第一个目标函数,使灾民的心理风险感知最小化。

第 1 步：目标转化。第一个目标函数是最小化灾民心理风险感知程度 R,且其只与各受灾区域 i 获得应急物资的时间有关。由图 9.7 可知,R 与 T_i 是单调递增的关系,只要使 T_i 越小,则 R 越小,所以第一个目标函数可以转换为最小化所有区域的 T_i,即 $\min \sum T_i$。考虑每个受灾点距离物资配送中心地的最短路径,设其时间为 $T_{min(i)}$,满足第一个目标函数使 T_i 尽量趋近于 $T_{min(i)}$,便可确保灾民心理风险感知程度最小。

第 2 步：搜索各受灾区域备选最优路径集合 L_i。根据深度优先搜索算法搜索出到达每个受灾点的所有路径 r,标记出每条路径的出发点（即物资配送中心 j）和行驶时间,路径的排列按照行驶时间由小到大,形成各区域备选最优路径集合 L_i。其中,最小行驶时间即为此区域的 $T_{min(i)}$,此路径即为最优路径。

第3步:初始路径选择。根据各区域的 L_i 搜索出最优路径是以物资配送中心 j 为开始的区域集合 N_j,N_j 中区域的存储顺序是以其最优路径的行驶时间由小到大排列,以最优路径对集合 N_j 中的受灾点进行物资配送。

2. 求解第二个目标函数,使应急物流定位配送模型成本最小化。

模型(P1)是单目标整数规划模型,有许多求解方法,如分支定界法、遗传算法、禁忌搜索算法。三种方法的原理、特点和适用情况如表9.4所示。

表9.4 单目标整数规划模型方法的对比分析

评估方法	基本原理	主要特点	适用情况
分支定界法	将问题分支为子问题并对这些子问题定界	优点:可以求得最优解、平均速度快; 缺点:要存储很多叶子结点的界限和对应的耗费矩阵	整数规划、生产进度表、货郎担、选址、背包问题以及许多可行解的目为有限的问题
遗传算法	以自然选择和遗传理论为基础,适者生存规则与群体内部染色体随机信息交换机制为搜索准则	优点:运算简单、收敛速度快、鲁棒性强、并行搜索、群体寻优; 缺点:局部寻优能力差、易出现早熟收敛现象、对搜索空间变化的适应能力差、终止条件等参数不易确定	非线性、多模型、多目标的函数优化问题;求解旅行商、背包、装箱、图形划分等 NP 难题;生产调度问题、自动控制、机器人学、图像处理、人工生命、遗传编码和机器学习等
禁忌搜索算法	基于邻域搜索技术,沿着可能改进解的质量方向进行搜索的方法	优点:最好解的产生概率大、记忆功能和藐视准则灵活性强; 缺点:依赖初始解、算法策略复杂、算法收敛速度慢	函数全局优化、组合优化、生产调度、机器学习、电路设计和神经网络等领域寻找局部最优解

分支定界法通过不断分割全部可行的解空间,形成越来越小的子集,同时计算为每个子集内解的值的下界或上界。分支在界限超出已知可行解值那些子集时停止。这样,通过排除解的许多子集小搜索范围。重复这一过程直到找出可行解,该可行解的值不大于任何子集的界限。因此这种算法一般可以求最优解。遗传算法(Genetic Algorithm)通过编码组成初始群体后,通过自

然选择、遗传、变异等作用机制,对群体反复筛选,根据物竞天择、适者生存的进化规则,按照预定的目标适应度函数评价每个个体,不断优化群体。遗传操作通过一代又一代的优化使问题的解逼近最优解。而禁忌搜索算法在搜索过程中可以接受劣解,搜索时能跳出局部最优解,而转向解空间的其他区域,获得更好的全局最优解的概率较大,是一种常用的寻找局部最优解的方法。

考虑到算法的适用性与复杂性,本书第二个目标函数时采用分支定界法,采用 LINGO 软件进行编程计算,同时得到最优方案对应的模型 P 的 Pareto 最优解和最优目标值。

第 1 步:放宽或取消原问题的某些约束条件,如求整数解的条件。如果求出的最优解是原问题的可行解,也即最优解,计算结束。否则这个解的目标函数值是原问题的最优解的上界。

第 2 步:将放宽了某些约束条件的替代问题分成若干子问题,要求各子问题的解集合的并集要包含原问题的所有可行解,然后对每个子问题求最优解。这时的可行解就是原问题的最优解,计算结束。否则其目标函数值就是原问题的一个新的上界。另外,各子问题的最优解中,若有原问题的可行解的,选这些可行解的最大目标函数值,就是原问题的最优解的一个下界。

第 3 步:对于最优解的目标函数值小于这个下界的问题,其可行解中必无原问题的最优解,可以放弃。对最优解的目标函数值大于这个下界的子问题,先保留下来,进入第 4 步。

第 4 步:在保留下的所有子问题中,选出最优解的目标函数值最大的一个,重复第 1 和第 2 步。如果已经找到该子问题的最优可行解,那么其目标函数值与前面保留的其他问题在内的所有子问题的可行解中目标函数值最大者,将其作为新的下界,重复第 3 步,直到求出最优解。

本章在对国内外应急物流设施选址、应急物资配送及公众心理风险相关文献研究的理论基础上,考虑到应急物流的时效性与经济性,把行为运筹的相关理论运用到应急物流定位分配模型当中，分析对比了受灾区域内灾民的心理感知，并通过合适的应急物资到达时间点的选择，量化了灾民的心理风险感知程度，基于前景理论构建了应急物流定位分配优化模型，求解出使灾民心理风险感知与应急物流成本最小的配送方案。通过实证研究，验证了模型的科学性和可行性。

在分析应急物流的基础上，对应急物流设施选址的常用模型进行梳理，提出必须着重考虑灾民的心理风险感知程度，使之更符合现实需求。运用经济学中的前景理论，对灾民的心理风险感知进行分析，实现了对心理感知从定性分析到定量刻画的转变，并将定量模型加入应急物流定位分配模型中。

直接基于受灾点的相关信息，进行需求紧迫性分级，为救援物资配送提供支持。按照受灾点人口密度、被困人员占总人数的比例、老人与儿童占总人数的比例、基础设施受损程度四个指标，运用模糊 TOPSIS 方法对各受灾点的救援需求相对紧迫程度进行排序，确定各受灾点物资分配的优先度。

从商业物流配送中心不参与应急救援行动与商业物流配送中心充当临时救援物资配送中心两个方面，以最小化灾民心理风险感知与应急成本（包括建设成本、运作成本和运输成本）为目的，构建了多目标定位—分配模型，该模型综合了灾后与灾前两个阶段的设施选址问题，其中：商业物流配送中心是在灾前已经建立的，应急物流配送设施点是灾后建立的，选择已有的商业物流配送中心或建立一定数量的应急物流配送设施点，完成应急物资从物资供应点到受灾点的转运，从而构成"供应点—中转点—受灾点"的两级应急物资网络配送结构。设计双层求解算法，据此为应急物流设施定位—分配问题寻求最优的解决方案。

参考文献

一、中文学术期刊

[1]姜波、陈涛、袁宏永等:《基于情景时空演化的暴雨灾害应急决策方法》,《清华大学学报(自然科学版)》2022年第1期。

[2]徐晓滨、朱伟、徐晓健等:《基于平行多种群与冗余基因策略的置信规则库优化方法》,《自动化学报》2022年第8期。

[3]王喆、邵鸿远、丛子皓等:《考虑供应商聚类的应急医疗物资协同配送仿真》,《系统仿真学报》2022年第10期。

[4]王喆、涂圣友、徐一旻等:《面向多部门不确定性资源需求的应急任务规划模型》,《武汉理工大学学报(信息与管理工程版)》2022年第2期。

[5]魏思源、丛子皓、谢梦婷等:《疫情防控常态化下社区交通网格化管理博弈模型分析》,《物流技术》2021年第6期。

[6]王喆、孔维磊、方丹辉等:《基于贝叶斯网络的城镇洪涝应急情景推演研究》,《中国安全科学学报》2021年第6期。

[7]段志飞、王喆、陈方宇等:《基于HTN规划的应急行动执行中资源异常处理方法》,《武汉理工大学学报(信息与管理工程版)》2021年第2期。

[8]范维澄:《推进国家公共安全治理体系和治理能力现代化》,《人民论坛》2020年第33期。

[9]王喆、蒋壮、王世昌等:《应急智能规划中基于约束满足的资源协作方

法》,《系统工程学报》2020 年第 6 期。

[10]张忠义、宋英华、王喆等:《多层级防汛应急物资储备库公私协同 LAP 模型》,《中国安全科学学报》2020 年第 5 期。

[11]王喆、王世昌、涂圣友等:《应急行动方案决策研究综述》,《武汉理工大学(信息与管理工程版)》2019 年第 5 期。

[12]范维澄、霍红、杨列勋等:《"非常规突发事件应急管理研究"重大研究计划结题综述》,《中国科学基金》2018 年第 3 期。

[13]宋叶、宋英华、刘丹等:《基于时间满意度和胜任能力的地震应急救援队伍指派模型》,《中国安全科学学报》2018 年第 8 期。

[14]安天杭、杨桦:《佑护百姓生命,牢筑安全屏障——2017 年山洪灾害防御工作成效概览》,《中国水利》2017 年第 20 期。

[15]叶光辉、夏立新、徐健等:《信息融合视角下的专家应急会诊平台研究》,《情报理论与实践》2017 年第 11 期。

[16]于海峰、王延章、卢小丽等:《基于知识元的突发事件风险熵预测模型研究》,《系统工程学报》2016 年第 1 期。

[17]封超、杨乃定、桂维民等:《基于案例推理的突发事件应急方案生成方法》,《控制与决策》2016 年第 8 期。

[18]唐攀、祁超、王红卫:《基于层次任务网络规划的应急行动方案制定方法》,《管理评论》2016 年第 8 期。

[19]刘爱华、吴超:《基于复杂网络的灾害链风险评估方法的研究》,《系统工程理论与实践》2015 年第 2 期。

[20]陈述、余迪、郑霞忠等:《重大突发事件的动态协同应急决策》,《中国安全科学学报》2015 年第 3 期。

[21]蔡玫、曹杰:《基于知识管理视角的非常规突发事件模糊案例推理应急决策方法》,《软科学》2015 年第 9 期。

[22]黄超、佘廉:《文本案例推理技术在应急决策中的应用研究》,《情报

理论与实践》2015 年第 12 期。

［23］程先富、戴梦琴、郝丹丹等：《基于情景分析的区域洪涝灾害风险评价——以巢湖流域为例》，《长江流域资源与环境》2015 年第 8 期。

［24］李纲、叶光辉：《面向应急决策的专家参考咨询过程探讨》，《情报理论与实践》2015 年第 6 期。

［25］王喆、高维义、王红卫等：《应急任务规划中基于软目标约束的资源缺项识别方法》，《中国安全科学学报》2015 年第 7 期。

［26］刘丹、王红卫、宋英华等：《考虑外部信息的应急目标协商僵局消解方法研究》，《中国安全科学学报》2015 年第 5 期。

［27］周超、王红卫、祁超：《基于层次任务网络的应急资源协作规划方法》，《系统工程理论与实践》2015 年第 10 期。

［28］张海波、童星：《中国应急管理结构变化及其理论概化》，《中国社会科学》2015 年第 3 期。

［29］刘跃进：《非传统的总体国家安全观》，《国际安全研究》2014 年第 6 期。

［30］史培军、吕丽莉、汪明等：《灾害系统：灾害群、灾害链、灾害遭遇》，《自然灾害学报》2014 年第 6 期。

［31］徐少军、孙又欣、罗应贵：《湖北强化措施规范管理充分发挥山洪灾害防治非工程措施作用》，《中国水利》2014 年第 18 期。

［32］张玲、董银红、张敏：《基于情景分析的应急资源布局决策》，《系统工程》2014 年第 3 期。

［33］徐迎春：《太原市城市内涝的原因分析及对策建议》，《山西建筑》2014 年第 35 期。

［34］滕敏敏、韩传峰、刘兴华：《中国大型基础设施项目社会影响评价指标体系构建》，《中国人口·资源与环境》2014 年第 9 期。

［35］唐玮、姜传胜、佘廉：《提高突发事件应急预案有效性的关键问题分

析》，《中国行政管理》2013 年第 9 期。

［36］刘丹、王红卫、祁超等：《基于多主体的应急决策组织建模》，《公共管理学报》2013 年第 4 期。

［37］王红卫、王剑、祁超等：《基于层次任务网络的应急响应决策方法及其应用》，《中国应急管理》2013 年第 7 期。

［38］刘铁民：《应急预案重大突发事件情景构建——基于"情景—任务—能力"应急预案编制技术研究之一》，《中国安全生产科学技术》2012 年第 4 期。

［39］马祖军、谢自莉：《基于贝叶斯网络的城市地震次生灾害演化机理分析》，《灾害学》2012 年第 4 期。

［40］袁晓芳、李红霞、田水承：《煤矿重大瓦斯事故案例推理应急决策方法》，《辽宁工程技术大学学报（自然科学版）》2012 年第 5 期。

［41］丁继勇、王卓甫、郭光祥：《基于贝叶斯和动态博弈分析的城市暴雨内涝应急决策》，《统计与决策》2012 年第 23 期。

［42］饶东宁、蒋志华、姜云飞：《规划领域定义语言的演进综述》，《计算机工程与应用》2010 年第 22 期。

［43］覃燕红：《突发事件应急预案有效性评价》，《科技管理研究》2010 年第 24 期。

［44］董存祥、王文俊、杨鹏：《基于约束满足问题的应急决策》，《计算机工程》2010 年第 7 期。

［45］钟开斌：《"一案三制"：中国应急管理体系建设的基本框架》，《南京社会科学》2009 年第 11 期。

［46］范维澄：《国家突发公共事件应急管理中科学问题的思考和建议》，《中国科学基金》2007 年第 2 期。

［47］祁明亮、池宏、赵红等：《突发公共事件应急管理研究现状与展望》，《管理评论》2006 年第 4 期。

［48］薛澜、钟开斌:《突发公共事件分类、分级与分期:应急体制的管理基础》,《中国行政管理》2005 年第 2 期。

［49］闪淳昌:《建立突发公共事件应急机制的探讨》,《中国安全生产科学技术》2005 年第 2 期。

［50］汪季玉、王金桃:《基于案例推理的应急决策支持系统研究》,《管理科学》2003 年第 6 期。

二、英文学术期刊

［51］Chen N, Liu W J, Bai R Z, et al. Application of computational inteligence technologies in emergency management:a literature review［J］. Artificial Intelligence Review, 2019, 52(3):2131-2168.

［52］Muñoz-Morera J, Alarcon F, Maza I, et al. Combining a hierarchical task network planner with a constraint satisfaction solver for assembly operations involving routing problems in a multi-robot context［J］. International Journal of Advanced Robotic Systems, 2018, 15(3):22-28.

［53］Meneguzzi F, Magnaguagno M C, Singh M P, et al. GoCo:planning expressive commitment protocols［J］. Autonomous Agents and Multi-Agent Systems, 2018, 32(4):459-502.

［54］Qi C, Wang D, Muñoz-Avila H, et al. Hierarchical task network planning with resources and temporal constraints［J］. Knowledge-Based System, 2017, 133:17-32.

［55］Santofimia M J, Martinez-del-Rincon J, Hong X, et al. Hierarchical task network planning with common-sense reasoning for multiple-people behavior analysis［J］. Expert Systems With Applications, 2017, 69:118-134.

［56］Lin S, Peng J, Kai X, et al. Algorithms;Findings in the area of algorithms reported from national university of defence science and technology

（Modified adversarial hierarchical task network planning in real-time strategy games）[J]. Science Letter, 2017, 7(9):872-880.

[57]Schattenberg B. Hybrid planning and scheduling[J]. Kunstliche Intelligenz, 2016, 30(1):95-97.

[58]Liu D, Wang H W, Qi C, et al. Hierarchical task network-based emergency task planning with incomplete information, concurrency and uncertain duration[J]. Knowledge-Based Systems, 2016, 112:67-79.

[59]Li M L, Wang H W, Qi C, et al. Handling temporal constraints with preferences in HTN planning for emergency decision-making[J]. Journal of Intelligent & Fuzzy Systems, 2016, 30(4):1881-1891.

[60]Tang P, Shen G Q. Decision-making model to generate novel emergency response plans for improving coordination during large-scale emergencies [J]. Knowl.-Based Syst, 2015, 90:111-128.

[61]Georgievski I, Aiello M. HTN planning:overview, comparison, and beyond [J]. Artificial Intelligence, 2015, 222:124-156.

[62]Vallati M, Chpa L, Grzes M, et al. The 2014 international planning competition:progress and trends[J]. AI Magazine, 2015, 36(3):90-98.

[63]Wex F, Schryen G, Feuerriegel S,et al. Emergency response in natural disaster management:allocation and scheduling of rescue units[J]. European Journal of Operational Research, 2014, 235(3):697-708.

[64]Zheng Y J, Ling H F, Shi H H,et al. Emergency railway wagon scheduling by hybrid biogeography-based optimization[J]. Computers & Operations Research, 2014, 43(1):1-8.

[65]Zhuo H H, Munoz-Avila H, Yang Q. Learning hierarchical task network domains from partially observed plan traces[J]. Artificial Intelligence, 2014, 212(7):134-157.

［66］Li N, Cushing W, Kambhampati S, et al. Learning probabilistic hierarchical task networks as probabilistic context-free grammars to capture user preferences［J］. ACM Transactions on Intelligence Systems and Technology, 2014, 5 (2):1-32.

［67］Zhou C, Wang H W, Zhuo H H. A multi-agent coordinated planning approach for deadline required emergency response tasks［J］. IET Control Theory & Applications, 2015,9(3):447-455.

［68］Wang Z, Wang H W, Qi C,et al. A resource enhanced HTN planning approach for emergency decision-making［J］. Applied Intelligence,2013,38(2): 226-238.

［69］González-Ferrer A, Fernández-Olivares J, Castillo L. From business process models to hierarchical task network planning domains［J］. The Knowledge Engineering Review, 2013, 28(2):175-193.

［70］Tang P, Wang H, Qi C, et al. Anytime heuristic search in temporal HTN planning for developing incident action plans［J］. AI Communications, 2012, 25(4):321-342.

［71］Liu D, Wang H W, Qi C, et al. ORECOS:an open and rational emergency command organization structure under extreme natural disasters based on China's national conditions［J］. Disaster Advances, 2012, 5(4):63-73.

［72］Tian J, Li Z. Emergency tasks planning based on formal modeling of emergency plan and HTN planning system SHOP2［J］. Intelligent Information Management, 2012, 4(6):357-363.

［73］Zhang W P, Shen L C , Chen J . Learning and Fatigue Inspired Method for Optimized HTN Planning［J］. Journal of Systems Engineering and Electronics, 2012, 23(2):233-241.

［74］Penna G D, Magazzeni D, Mercorio F. A universal planning system for hybrid domains[J]. Applied Intelligence, 2012, 36(4):932-959.

[75] Salmon P, Stanton N, Jenkins D, et al. Coordination during multi-agency emergency response:issues and solutions[J]. Disaster Prevention and Management, 2011, 20(2):140-158.

[76] Sardina S , Padgham L . A BDI agent programming language with failure handling, declarative goals, and planning[J]. Autonomous Agents and Multi-Agent Systems, 2011, 23(1):18-70.

[77] Benton J, Do M B, Kambhampati S. Anytime heuristic search for partial satisfaction planning[J]. Artificial Intelligence, 2009, 173(5-6):562-592.

[78] Kopena J B, Sultanik E A, Lass R N, et al. Distributed coordination of first responders[J]. IEEE Internet Computing, 2008, 12(1):45-47.

[79] Lin F, Kuo H, Lin S. The enhancement of solving the distributed constraint satisfaction problem for cooperative supply chains using multi-agent systems [J]. Decision Support Systems, 2008, 45(4):795-810.

[80] Sheu J B. An emergency logistics distribution approach for quick response to urgent relief demand in disasters[J]. Transportation Research Part E: Logistics and Transportation Review,2007, 43(6):687-709.

[81] Chiu Y C, Zheng H. Real-time mobilization decisions for multi-priority emergency response resources and evacuation groups:model formulation and solution[J]. Transportation Research Part E:Logistics and Transportation Review, 2007, 43(6):710-736.

[82] Paik I, Maruyama D. Automatic web services composition using combining HTN and CSP[C].In 2007 7th International Conference on Computer and Information Technology, 2007:206-211.

[83] Hisashi H. Stratified multi-agent HTN planning in dynamic environments [J]. Lecture Notes in Computer Science, 2007, 449(6):189-198.

［84］Ayan N F, Kuter U, Yaman F, et al. Hotride:hierarchical ordered task replanning in dynamic environments［C］. In the ICAPS Workshop, 2007,38:1603-1609.

［85］Delaasuncion M, Castillo L, Fdez-Olivares J,et al. SIADEX:an interactive knowledge-based planner for decision support in forest fire fighting［J］. AI Communications,2005,18(4):257-268.

［86］Nau D S, Au T C, Ilghami O, et al. Applications of SHOP and SHOP2［J］. IEEE Intelligence Systems, 2005, 20(2):34-41.

［87］Cruz F R B, Smith M G J, Medeiros R O. An M/G/C/C state-dependent network simulation model［J］. Computers & Operations Research, 2005, 32(4):919-941.

［88］Marc A, Luis C, Juan F O, et al. SIADEX:an interactive knowledge-based planner for decision support in forest fire fighting［J］. AI Communications, 2005,18(4):257-268.

［89］Kornienko S, Kornienko O, Priese J. Application of multi-agent planning to the assignment problem［J］. Computers in Industry, 2004, 54(3):273-290.

［90］Nagatani T, Nagai R. Statistical characteristics of evacuation without visibility in random walk model［J］. Physica A:Statistical Mechanics and Its Applications, 2004 (341) :638-648.

［91］Özdamar L, Ekinci E, Küçükyazici B. Emergency logistics planning in natural disasters［J］. Annals of Operations Research, 2004, 129(1-4):217-245.

［92］Erol K, Hendler J, Nau D. Complexity results for HTN planning［J］. Annals of Mathematics and Artificial Intelligence, 1996, 18(1):69-93.

［93］Nau D S, Au T C , Ilghami O , et al. SHOP2:an HTN planning system［J］. The Journal of Artificial Intelligence Research, 2003, 20:379-404.

[94] Finnie G, Sun Z. R5 model for case-based reasoning[J]. Knowledge-Based Systems,2003,16(1):59-65.

[95] Mendonca D, Beroggi G E G, Wallace W A. Decision support for improvisation during emergency response operations[J]. International Journal of Emergency Management,2001,1(1):30-38.

[96] Ziliaskopoulos A K. A linear programming model for the single destination system optimum dynamic traffic assignment problem[J]. Transportation Science,2000,34(1):37-49.

[97] List G F, Turnquist M A. Routing and emergency-response-team siting for high-level radioactive waste shipments[J]. IEEE Transactions on Engineering Management,1998,45(2):141-152.

[98] Cosgrave J. Decision making in emergencies[J]. Disaster Prevention and Management,1996,5(4):28-35.

[99] Erol K, Nau D S, Subrahmanian V S. Complexity, decidability and undecidability results for domain-independent planning[J]. Artificial Intelligence, 1995, 76(1):75-88.

[100] Shoham Y, Tennenholtz M. On social laws for artificial agent societies: off-line design[J]. Artificial Intelligence, 1995,73(1):231-252.

[101] Foulser D E, Li M, Yang Q. Theory and algorithms for plan merging [J]. Artificial Intelligence, 1992,57(2-3):143-181.

[102] Wilkins D E. Can AI planners solve practical problems[J]. Computational Intelligence, 1990, 6(4):232-246.

[103] Osman M , Ram B . Evacuation route scheduling using discrete time-based capacity-constrained model[C].In 2011 IEEE International Conference on Industrial Engineering and Engineering Management, 2011:161-165.

[104] Liu H , Li Q S , Yun H S , et al. A domain-independent exception

handling method in multi-agent system[C]. In 2009 International Conference on Artificial Intelligence and Computational Intelligence. IEEE, 2009,1:258-262.

[105]Komenda A, Pechoucek M, Biba J, et al. Planning and re-planning in multi-actors scenarios by means of social commitments[C]. In 2008 International Multiconference on Computer Science and Information Technology. IEEE, 2008: 39-45.

[106]Warfield I, Hogg C, Lee-Urban S, et al. Adaptation of hierarchical task network plans[C].In Twentieth International Florida Artifical Intelligence Research Society Conference, 2007:429-434.

[107] Pechoucek M, Recgak M, Marrk V. Incrementally refined acquaintance model for distributed planning and resource allocation in semi-trusted environments[C].In 2007 IEEE/WIC/ACM International Conferences on Web Intelligence and Intelligent Agent Technology-Workshops, 2007, 391-394.

[108]Castillo L, Fdez-Olivares J, García-Pérez Ó, et al. Temporal enhancements of an HTN planner [C]. In Conference of the Spanish Association for Atificial Intelligence, 2005, 429-438.

[109] Saladi B R, Khemani D. Planning for PDDL3-an OCSP based approach[C]. In Proceedings of the 16th International Conference on Automated Planning and Scheduling, 2006:398-401.

[110]Asuncion M, Castillo L, Fdez-Olivares J, et al. Knowledge and plan execution management in planning fire fighting operations [J]. Planning, Scheduling and Constraint Satisfaction:from Theory to Practice, 2005:149-153.

[111]Nigenda R S, Kambhampati S. Planning graph heuristics for selecting objectives in over-subscription planning problems[C]. In Proceedings of the 15th International Conference on Automated Planning and Scheduling, 2005:192-201.

[112]Macedo L, Cardoso A. Case-based, decision-theoretic, HTN planning

[C]. In European Conference on Case-Based Reasoning, 2004:257-271.

[113]Mors A T, Valk J, Witteveen C, et al. Coordinating autonomous planners[C]. In International Conference on Artificial Intelligence, and International Conference on Machine Learning, Models, Technologies and Applications, 2004: 795-801.

[114]Do M B, Kambhampati S. Partial satisfaction (over-subscription) planning as heuristic search[C].In Proceedings of the 5th International Conference on Knowledge Based Computer Systems, 2004:1-10.

[115]Briel M, Sanchez R, Kambhampati S. Over-subscription in planning:a partial satisfaction problem [C]. In Proceedings of the 14th International Conference on Automated Planning and Scheduling, 2004:91-98.

[116]Tormos P, Barber F, Lova A. An integration model for planning and scheduling problems with constrained resources[C]. In Proceedings of the 8th International Workshop on Project Management and Scheduling, 2002:354-358.

[117]Muñoz-Avila H, Aha D W, Nau D S, et al. SiN:integrating case-based reasoning with task decomposition[C]. In Proceedings of the 17th International Joint Conference on Artificial Intelligencev.2, 2001:999-1004.

[118]Lippert M,Lopes C V. A study on exception detection and handling using aspect-oriented programming[C]. In Proceedings of the 2000 International Conference on Software Engineering, 2000:418-427.

[119]Nau D, Cao Y, Lotem A, et al. Shop:simple hierarchical ordered planner[C].In Proceedings of the 16th International Joint Conference on Artificial Intelligence, 1999:968-973.

[120]Wang X M, Chien S. Replanning using hierarchical task network and operator-based planning[C]. In European Conference on Planning:Recent Advances in AI Planning, 1997:427-439.

［121］Erol K, Hendler J, Nau D. UMCP：a sound and complete procedure for hierarchical task-network planning［C］. In Proceedings of the 2nd International Conference on AI Planning System, 1994：249-254.

［122］Austin T. Generating project networks［C］. In Proceedings of the 5th International Joint Conference on Artificial Intelligence, 1977：926-931.

［123］Sacerdoti E D. The nonlinear nature of plans［C］. In Proceedings of the 4th International Joint Conference on Artificial Intelligence, 1975：204-212.

三、中文学术著作

［124］蔡自兴、姚莉:《人工智能及其在决策支持系统中的应用》,国防科技大学出版社 2006 年版。

四、外文学术著作

［125］Ghallab M, Nau D, Traverso P. Automated planning：theory and practice［M］. USA：Morgan Kaufmann, 2004.

［126］Zsambok C E, Klein G A. Naturalistic decision making［M］. USA：Lawrence Erlbaum Assoc Inc,1997.

［127］Klein G A. Recognition-primed decisions［M］. USA：JAI Press,1989.

五、中文学位论文

［128］王世昌:《考虑资源联动的 HTN 应急行动方案分布决策算法研究》,武汉:武汉理工大学,2019 年。

［129］刘晓慧:《基于预案的突发地质灾害智能应急决策支持模型研究》,武汉:中国地质大学,2014 年。

［130］李永海:《基于相似案例分析的决策方法与应用研究》,沈阳:东北大学,2014 年。

［131］王喆：《基于层次任务网络的应急资源规划方法》，武汉：华中科技大学，2012 年。

［132］郭瑞鹏：《应急物资动员决策的方法与模型研究》，北京：北京理工大学，2006 年。

六、外文学位论文

［133］Siebra C. A unied approach to planning support in hierarchical coalitions［D］. Edinburgh：University of Edinburgh，2006.

后　记

党和国家高度重视应急管理工作,将国家安全体系和能力现代化建设上升至国家战略。2014 年,习近平总书记提出总体国家安全观。2018 年,国务院机构改革方案批准设立应急管理部。2019 年,十九届四中全会首次将"安全"与"发展"提到同一高度。党的二十大报告指出,要健全国家安全体系,推进应急管理现代化。

当前,我国应急管理体系建设正处于重要的战略机遇期。自 2022 年以来,国家及应急管理部先后启动了《突发事件应对管理法》修订、《突发事件应急预案管理办法》修订、第一次全国自然灾害防御能力普查、《安全生产法》修订、《自然灾害防治法》修订等多项工作。发展与改革的同时,我国的应急管理体系面临自然灾害防御体系和安全生产管理体系整合过程中的信息壁垒问题、应急响应"上面千条线,下面一根针"的问题、应急执法能力与依据不足的问题、应急管理中的政策工具选择问题、"政府—市场—社会"的定位及关系问题、部分领域安全意识淡薄的问题等诸多挑战。面对这些系统性的工作和挑战,亟须构筑应急管理学科知识体系,培养好新一代的应急管理专业人才。

随着人工智能、大数据、云计算等多种新兴信息技术在应急管理领域应用的深入,综合应急管理信息平台建设的普及,以规划与调度相集成的决策方法为代表的智能应急决策方法已经成为现代决策科学中特色鲜明的增长点。规划与调度技术已经成为现代应急决策科学发展过程中的"卡脖子"技术。围绕规划与调度相集成的应急决策方法,本书力图全面梳理现有应急决策理论,从论述公共安全与应急管理发展形势出发,界定关键概念,详细分析了应急情景建模、应急任务规划、应急资源调度等应急决策各环节的关键科学问题。

本书主要适用于高等院校公共安全与应急管理相关学科的本科生与研究生,为他们掌握应急决策的原理与实务提供较全面的综合性、专业性书籍。本书的内容还可以用于支持公共安全与应急管理领域的工作人员进行突发事件应急行动方案决策工作,熟练运用规划与调度等现代智能决策方法。本书同样适用于灾害学、人工智能、运筹学、控制科学、系统科学、管理科学等领域的专家学者,使其能够将自身的研究领域延伸至公共安全与应急管理领域,进一步丰富公共安全与应急管理的理论基础。

本书的具体内容安排如下。第一章绪论由王喆执笔,在分析公共安全与应急管理发展态势的基础上,通过灾害系统三角形和公共安全三角形的对比分析,界定了公共安全与应急管理领域的主要概念,并阐述了应急管理四阶段理论、一案三制和应急管理战略分析等基础理论。第二章由王喆、李墨潇执笔,介绍了应急行动方案制定决策,重点分析了规划与调度相结合的决策框架。第三章由王喆、孔维磊执笔,介绍了应急情景构建与推演。第四章由王喆、王世昌执笔,介绍了应急任务规划理论与应用,包括 HTN 规划和分布式规划。第五章由王喆、杨栋梁执笔,介绍了基于 HTN 规划的多 Agent 应急行动方案决策模型。第六章由王喆、涂圣友执笔,介绍了基于 HTN 规划的应急协商模型与方法。第七章由李墨潇、张忠义执笔,介绍了应急物资公私协同储备模型与算法。第八章由李墨潇、宋叶执笔,介绍了应急救援队伍多任务指派模型与算法。第九章由李墨潇执笔,介绍了应急物流定位选址模型与算法。

本书力图全面地阐述现有应急决策理论与方法;有限于作者的学识和水平,有些地方恐怕未如人意,敬请各位学者不吝赐教。本书得到了国家自然科学基金青年项目(71501151)、教育部人文社会科学研究青年基金(20YJC630154)和武汉理工大学研究生教材专著资助建设项目资助。

责任编辑:杨瑞勇

封面设计:姚　菲

图书在版编目(CIP)数据

公共安全与应急管理:规划与调度/王喆 著. —北京:人民出版社,2024.3

ISBN 978－7－01－026184－3

Ⅰ.①公…　Ⅱ.①王…　Ⅲ.①公共安全－安全管理　Ⅳ.①D035.29

中国国家版本馆 CIP 数据核字(2024)第 000673 号

公共安全与应急管理:规划与调度
GONGGONG ANQUAN YU YINGJI GUANLI GUIHUA YU DIAODU

王　喆　李墨潇　著

人民出版社 出版发行

(100706　北京市东城区隆福寺街 99 号)

环球东方(北京)印务有限公司印刷　新华书店经销

2024 年 3 月第 1 版　2024 年 3 月北京第 1 次印刷

开本:710 毫米×1000 毫米 1/16　印张:17.75

字数:244 千字

ISBN 978－7－01－026184－3　定价:118.00 元

邮购地址 100706　北京市东城区隆福寺街 99 号

人民东方图书销售中心　电话 (010)65250042　65289539